U0597654

作者简介

盛新娣　1964年出生，毕业于中国人民大学哲学系，获哲学博士学位。中国社会科学院哲学研究所文化研究中心访问学者，现为新疆财经大学马克思主义学院马克思主义基本原理教研室主任，副教授。主要从事马克思主义哲学与文化发展研究。

范聪卓　1964年出生，毕业于新疆大学经济研究所，硕士研究生学位。现任新疆人民出版总社党委副书记、副总编辑。主要从事区域文化研究。

本专著得到国家社会科学基金项目（课题号10XKS010）和新疆财经大学马克思主义理论学科基金资助

盛新娣　范聪卓◎著

新疆社会主义新农村文化建设研究

人民日报学术文库

人民日报出版社

图书在版编目（CIP）数据

新疆社会主义新农村文化建设研究／盛新娣，范聪卓著.
—北京：人民日报出版社，2018.4
ISBN 978－7－5115－5431－4

Ⅰ.①新… Ⅱ.①盛… ②范… Ⅲ.①农村文化—建设—
研究—新疆 Ⅳ.①G127.45

中国版本图书馆 CIP 数据核字（2018）第 083731 号

书　　名：新疆社会主义新农村文化建设研究
作　　者：盛新娣　范聪卓

出 版 人：董　伟
责任编辑：陈　红　黄慧琳
封面设计：中联学林

出版发行：人民日报出版社
社　　址：北京金台西路 2 号
邮政编码：100733
发行热线：(010) 65369509　65369846　65363528　65369512
邮购热线：(010) 65369530　65363527
编辑热线：(010) 65369844
网　　址：www.peopledailypress.com
经　　销：新华书店
印　　刷：三河市华东印刷有限公司

开　　本：710mm×1000mm　1/16
字　　数：208 千字
印　　张：14
印　　次：2018 年 8 月第 1 版　　2018 年 8 月第 1 次印刷

书　　号：ISBN 978－7－5115－5431－4
定　　价：68.00 元

目　录
CONTENTS

绪　论

文化建设是社会主义新农村建设的核心内容。新农村文化建设，能够满足广大农民多方面、多层次的精神文化需求，有利于农民科学文化素质以及道德思想水平的提高，有助于新农村精神文明建设水平的提升和社会稳定。新农村文化建设，能够有力地推动乡风文明建设，为新农村营造出"促和谐、树新风"的社会主义新风尚，带领广大农村群众树立起文明意识和正确思想观念，既是实现全面建成小康社会的助推器，又是建成全面小康社会的必然要求。社会主义先进文化的发展离不开新农村文化建设，只有不断推进新农村文化建设，才能为农村群众提供文化创造力，为做好马克思主义的宣传工作、运用先进文化武装农村群众头脑、占领农村思想文化阵地打造良好的文化生态环境。因而，文化建设能为新疆农村社会稳定和长治久安营造良好的文化生态和有利的社会氛围。

一、新疆农村文化建设的重大意义

习近平总书记在第二次中央新疆工作座谈会上的重要讲话，对维护新疆社会稳定和实现长治久安工作总目标作出全面部署，新疆农村的社会稳定和长治久安是重中之重。为此，首要的、根基性的工作是增强社会主义意识形态的领导力和社会主义核心价值观的凝聚力、培育为社会主义先进文化道德所滋养的文明风尚和团结友善的环境及氛围，同时，培养一大批有热情、有意愿、有能力、具有科学思维观念、能够投身现实生产生活实践的新型农牧民积极参与。加强新疆农村文化建设,既是新疆农村的社会稳定和长治久安的最重要内容之一,也是完成这项艰巨任务的一种前提基础。

当今世界,各国综合国力中的文化软实力日渐重要,国际学界普遍认为:"发展最终以文化来定义,文化的繁荣是发展的最高目标。"①习近平总书记指出,文化的力量,或者我们称之为构成综合竞争力的文化软实力,总是"润物细无声"地融入经济力量、政治力量、社会力量之中,成为经济发展的"助推器"、政治文明的"导航灯"、社会和谐的"黏合剂"。同样,新疆农村文化发展是新疆农村社会整体发展中的重要组成,它具有润物无声、无形却巨大的力量。因而,大力推动农村文化建设,对于新疆农村经济、政治、社会、生态等各个方面的发展进步及其整体实力的持续提高,都有极大的促进作用。今天,在实现新疆社会稳定和长治久安的历史进程中,文化建设对增强社会主义意识形态的领导力和社会主义核心价值观的凝聚力具有润物无声的作用,这在很大程度上有助于培育形成新疆农村的社会主义文明风尚,持续性地培养造就建设新疆社会主义新农村、积极维护社会稳定和长治久安的一大批新型农牧民。

(一)培厚益于社会主义意识形态及核心价值观生长的文化根基

作为社会主义社会,社会主义意识形态及核心价值观在文化系统中具有根本性的地位,是社会文化的"灵魂",它贯通于制度文化和器物文化等层面,体现于多种多样文化形式之中。反之,制度、器物层面的文化或多种具体文化载体形式表现着意识形态及核心价值观,后者若要切实落地生长、发挥作用,就必须建立健全公共文化服务供给体制、提高公共文化服务水平、加大文化产品供给力度、优化思想文化宣传方式,也就是加强文化建设。

意识形态领域是境内外敌对势力与我争夺的一个格外重要的领域,敌对势力要搞乱一个社会、颠覆一个政权,往往先从意识形态领域打开突破口,先从搞乱人们的思想入手。新疆——特别是新疆农村,多民族、多宗教,多元文化相互影响、相互作用,宗教极端思想的影响不容小觑,意识形态领域斗争异常复杂,面临着同"三股势力"的长期尖锐斗争。现实的经验教训告诉我们,

---

① 转引自章建刚.制度创新推动文化发展繁荣[C].云南大学出版社 2013 年 9 月,第 83 页。

"三股势力"往往打着民族、宗教的幌子宣扬其分裂主张,从而,为其分裂破坏活动特别是暴力恐怖活动进行思想文化的准备,如叶城县阿不力克木·买合苏木等人就曾叫嚣"十年舆论宣传、十年游击战、十年正规战"①。可见,"三股势力"对于文化宣传在其分裂破坏一整套策划中的重要地位的重视程度。"三股势力"在进行暴力恐怖"武"的破坏活动的同时,从来没有放弃"文"的煽动,即意识形态领域里与我们的争夺,其实施"文"的破坏手段主要利用其掌握的文化设施、控制的文化平台、提供的文化载体等,损害、瓦解社会主义意识形态及核心价值观在新疆——尤其是在新疆农村落地、生长、发挥作用的文化根基。惊心动魄的事实,更从反面证明了,在新疆农村,培厚益于社会主义意识形态及核心价值观生长的文化根基的重要意义。

1. 文化建设有助于提高社会主义意识形态在新疆农村的领导力,有利于我们有效地开展意识形态领域的反渗透斗争,进而,铲除"三股势力"分裂破坏活动的文化根基。

第一,提高宣传舆论引导水平对于增强社会主义意识形态领导力至关重要。

当前,随着我国经济体制深刻变革、社会结构深刻变动、利益格局深刻调整,人们思想活动的独立性、选择性、多变性、差异性明显增强,价值观念也呈现出多样化的趋势,各种社会思潮空前活跃,尤其是外来各种思想文化的影响,使得各种思想文化互相交融、相互激荡。这样,难免会存在非社会主义的意识形态在一些领域抬头、封建主义残余思想沉渣泛起和资本主义腐朽思想观念乘虚而入的现象。在这种复杂背景和形势下,一些人思想上产生迷惘、困惑乃至无所适从。而加强文化建设,借助文化设施和载体形式,坚持进行正确的舆论导向,提高舆论引导能力,对于将新疆各族群众的思想认识统一到新时代中国特色社会主义这面旗帜、这条道路和这个理论体系上来,引导广大农村群众自觉把个人理想融入建设新时代中国特色社会主义的共同理想之中,坚定其对马克思主义的信仰、对社会主义和共产主义的信念、对改革开放和现代

---

① 张秀明. 新疆反分裂斗争和稳定工作的实践与思考[M]. 新疆人民出版社 2009 年 5 月,第 5–6 页。

化建设的信心,进而"形成各民族奋发向上的精神力量和团结和睦的精神纽带"①,对于增强社会主义意识形态在新疆农村的领导力具有非常重要的意义。

由于特殊区情所致,新疆农村成为"三股势力"进行意识形态渗透的一个重点区域。一直以来,"三股势力"以分裂国家为目的,利用广播、网络、手机、出版物和反动宣传品,对新疆意识形态领域进行渗透、干扰和破坏。其重点是利用农村信教群众朴素的宗教感情,煽动宗教狂热,挑起民族仇恨,大肆进行"圣战"宣传,诸如"宗教至上论"、"政教合一论"、"汉族入侵论"、进行"圣战"论等,恶毒攻击我们党和国家建设新疆的大政方针、策略,包括西部大开发战略和新疆的少数民族劳务输出、国家通用语言教学、就业政策等。乌鲁木齐"7.5"事件就是"境内外'三股势力'长期以来对我进行反动宣传渗透的一种恶果"②。对此,高度重视新疆农村的意识形态工作,进一步加大正确的舆论引导,加强意识形态阵地管理,用正确舆论占领农牧区思想文化阵地,抵御境内外敌对势力在意识形态领域的渗透,意义重大。

第二,加大新疆农村文化基础设施及平台的建设力度对增强社会主义意识形态领导力具有重要意义。当前新疆意识形态领域反分裂斗争面临诸多威胁和挑战,新疆农村处于分裂与反分裂斗争的前沿,并成为我国意识形态领域反渗透斗争的一个主要战场。一直以来,以美国为首的西方发达国家把新疆作为对我实施"西化"、"分化"战略的突破口,特别是苏东剧变以后,进一步加强了其通过文化和意识形态的无形力量加紧对我渗透的脚步。进入新世纪以来,他们利用各种新闻媒介尤其是互联网等新型传播工具,大肆宣扬西方资产阶级的世界观、人生观、价值观,干扰破坏我国社会意识形态的传播,打着民族、宗教、人权的幌子,歪曲报道、恶意攻击我们党和政府的形象。据统计,截至2014年,境外针对新疆进行反动宣传的网站就有80多家,针对新疆地区影响较大的实验对象台有6个。这些电台用汉语、维吾尔语、乌兹别克语3种语言,不断变换频率绕过我试验台干扰,每天用130个频率播出320个小时"③,

---

① 张可让. 马克思主义与新疆实践[M]. 新疆人民出版社 2014 年 8 月,第 23 页。
② 张可让. 马克思主义与新疆实践[M]. 新疆人民出版社 2014 年 8 月,第 24 页。
③ 张可让. 马克思主义与新疆实践[M]. 第 22 页。

对新疆农村构成了严峻的文化挑战。

对此,我们应当按照中央的部署,坚持不懈地开展集中整顿社会治安,认真贯彻党的宗教工作方针和政策,紧密结合新疆农村实际,不断加强基础设施的建设,建立起反意识形态渗透的硬件体系。需要强调的是,互联网已经成为今天意识形态领域斗争的主战场,西方敌对势力和境内外"三股势力"妄图以这个"最大变量"来扳倒中国。境外宣扬民族分裂的电台、网站不断增多,"东突信息中心"、"自由亚洲电台"等网站每天都将境外"三股势力"的分裂活动进行夸大宣传,对新疆区内政策和一些重大事件进行歪曲、诋毁,造成的影响和危害很大。因此,加强新疆农村互联网的建设力度,打造一个风清气正的文化互联互通的网络平台,对于新疆农村今后不断巩固马克思主义在意识形态领域的指导地位,增强社会主义意识形态的领导力特别重要。

第三,加大新疆农村文化产品服务的提供力度对增强社会主义意识形态领导力具有重要意义。近些年来,民族分裂组织在境外设立"东突"历史研究机构,出版了40多种反动刊物,撰写了50多部鼓吹圣战、伪造新疆历史的专著,并且通过各种途径将这些书刊等输入新疆。有关部门仅在新疆边境口岸就查缴此类书刊10万余册。民族分裂组织还有意识、有计划地围绕若干重点、利用一些敏感日期或话题进行宣传活动,频繁组织游行示威、集会、报告、文艺演出等宣传活动。同时,出版《中国公安罪行》《谁是恐怖分子》等书籍或录像片,通过各种手段收集所谓中国镇压"东突"人民的所谓"罪证",向一些国际人权组织及国家政要投送,用以应对、反击中国公布"东突"恐怖名单。"世维会"制作出3种宣传其组织活动情况的维吾尔语 VCD 光碟,在往来于中亚、西亚、南亚等地的维吾尔族商人中散发。以美国为首的西方敌对势力利用其经济优势,通过好莱坞电影、音像图书向我国大量输出反映西方意识形态及价值观念的文化产品。此外,"在宗教狂热持续升温的影响下,新疆意识形态领域杂音、噪音等鼓噪之声有所增大"[①]。

因此,我们应当针锋相对,加大新疆农村文化各类出版物的提供力度,增加文化产品数量、品种。这对增强社会主义意识形态领导力具有重要意义。

---

① 张秀明. 新疆反分裂斗争和稳定工作的实践与思考[M]. 第84 - 85 页。

2. 文化建设有助于扩大和增强社会主义核心价值观的影响力和凝聚力。

文化建设有利于我们从容应对外来文化的影响和多元文化的冲击,发挥其对多种文化的整合作用和凝聚人心的作用,因而,有助于扩大和增强社会主义核心价值观的影响力和凝聚力。对于新疆农村同样如此。

习近平总书记指出,培育和弘扬社会主义核心价值观,必须使之融入社会生活,让它的影响像空气一样无所不在、无时不有。就是说,要坚守我们的核心价值观,不仅要准确理解它是什么,而且还应清楚明了怎样能够做到"坚守"。这就需要大力进行社会主义核心价值观的宣传教育,积极探索其认同教育的途径,以便新疆农村干部、群众深刻理解其科学内涵,从而提高价值观教育的实效性、针对性。加强文化建设,通过制度、器物文化层次或多种文化形式生动表现其承载的社会主义核心价值观这种内容或深层意义,无疑是进行宣传教育的有效途径。

第一,丰富多样的文化形式对于表现和扩大社会主义核心价值观在新疆农村的影响力具有重大意义。社会主义核心价值观体现了以当代中国工人、农民、知识分子为主的人民群众对于当今社会发展客观规律的反映,是被我国社会公众普遍认同、共同持有的公共性文化价值。新疆农村公共精神文化价值,是新疆农村社会全体成员或绝大部分成员共同选择的、对于其精神世界完善具有实际效用的文化价值取向和共同持有的价值观念,主要包括两层含义:其一,指新疆农村社会成员在从事社会活动时所遵从的公共文化目标取向和公共文化价值判断;其二,指一种文化服务行为结果或一类文化事务对新疆农村社会成员的有用性。当新疆农村公共文化利益被自觉意识到之后,会进入相关利益主体的文化需求结构,成为衡量新疆农村社会文化利益得失、文化形象善恶、文化产品美丑的价值尺度。因而,新疆农村公共精神文化价值的实现,就意味着新疆农村社会成员共同选择、遵从和持有了能够有效满足新疆农村社会公共文化需要、有益于新疆农村社会整体生存和发展、有利于铸就促使新疆农村社会文明进步的意义系统和价值观念,并且运用这种价值观念作为衡量或判断新疆农村社会公共文化利益得失、善恶、美丑的价值尺度。一旦这种观念被接受,就会对新疆农村成员的生活、生产活动产生无可估量的能动作用。

新疆农村公共文化服务以物质性载体形式(空间场地和项目设施之类)承载着新疆农村社会的公共文化需求、公共文化权益、公共精神文化价值,亦即承载着新疆农村社会的公共性文化这一内核,而公共性文化价值则构成新疆农村公共文化服务的最深层本质内涵或内容。对我们这个国家而言,新疆农村公共文化服务体系的建设及其完备,能够促进社会主义核心价值观的传播,并能将之作为衡量新疆农村每个个体或某群体的言论行为和文化产品对于国家、民族共同文化利益得失的价值尺度,作为判断其善恶、美丑的价值标准,进而,具有提高新疆农村成员政治认同、维护既有政治秩序的功能。

基于以上,新疆农村公共文化服务建设,对于新疆农村整个社会和谐、稳定的发展和村民文明素质的提高及其价值观念的更新,对于增强社会主义核心价值观在新疆农村的影响力及引导力,都是至关重要的。

第二,各种民俗节日及民间文化活动对于增强社会主义核心价值观的凝聚力具有十分重要的意义。社会主义核心价值观具有增强民族凝聚力、向心力的整合功能。构建社会主义核心价值观,不仅是构建社会主义和谐社会的重要任务和内在要求,而且是化解社会矛盾、维护社会和谐的重要精神纽带。这又是维护国家意识形态安全的基础。在全球化时代,作为国家软实力的体现,社会主义核心价值观已成为我国综合实力的重要组成部分,它不仅为政治经济制度的建立和运行提供合法性的理论诠释及广泛的社会心理基础,而且通过其对社会成员的教化塑造,为国家的政治稳定、经济发展提供丰厚的精神资源和人力资源。社会主义核心价值观这种作用的发挥,则有赖于各层面和多种类文化形式。通过加强文化建设,促进新疆农村文化软实力的提高,就意味着其凝聚力、向心力、感召力的提高,这种力量"有利于提高和增强人们对本国或本民族文化的高度认同感、归属感和自豪感"①。

文化具有凝聚社会成员共识、保持社会成员认同、促进社会成员统一的作用,文化环境的世俗形态、理论形态和物质形态等都具有这种作用。从世俗形态看,节日风俗文化是世俗形态文化的重要内容之一,节日风俗像一剂强力黏

---

① 张可让. 马克思主义与新疆实践[M]. 第24-27页。

合剂,黏合着新疆农村社会中的每个成员,成为密切人际交往、维系人际情感的特殊的精神纽带。参加同一节日的人们使用能相互理解的同一种语言、同一种象征符号、同一种价值判断并分享同一种情感体验而形成认同,包括家族认同、宗族认同、村落认同、社区认同、民族认同到多民族国家的国家认同;从理论形态看,其主要表现形式——世界观、人生观、价值观对形成社会成员的思想政治道德素质具有重要作用。文化环境中占主导地位的世界观、人生观、价值观以及由此决定的社会理想和信仰观念在与其他观念的比较、交流中,会对其他各种观念起到整合和统一作用,进而促使大多数社会成员都遵循和接受社会占统治地位的核心观念。在文化环境的长期熏陶、教化、培育中,整个社会成员的思维习惯、情感表达、价值追求会逐渐趋同,这种趋同又会促进社会共同理想信念的形成,由此产生社会和民族的凝聚力;从物质形态看,如烈士丰碑、历史博物馆、民族英雄纪念馆、考古遗迹、名胜古迹以及各种有丰富内涵的人文景观等,会使参观接触者内心产生极大共鸣,产生巨大的心灵震撼,从而增加他们对社会、民族的认同感和凝聚力,这使得社会成员的共识、认同与统一成为现实。

3. 有助于提升新疆农村各级政府管理者的服务能力和治理水平。

通过文化建设,可促使新疆农村各级政府形成马克思主义理论学习氛围,促进文化社区及平安社区的建设,从而,提升新疆农村各级政府管理者的服务能力和治理水平。

第一,加强马克思主义理论学习、形成浓厚的理论学习氛围对于提升新疆农村各级政府及其管理者的服务能力和治理水平具有重要意义。坚持和巩固马克思主义在意识形态领域的指导地位,务求在真学、真懂、真信、真用上下功夫,一方面要积极探索和完善马克思主义理论学习并加强理论武装的长效机制,建立健全党委理论学习中心组学习制度等,形成对学习的有效监督机制,使新疆农村各级干部群众不断增强马克思主义理论水平,改变理论学习自觉性不高、理论学习氛围不浓,以及对马克思主义基本理论似懂非懂的现象,另一方面理论联系实际,不断提高新疆农村各级干部群众利用马克思主义解决实际问题的能力,紧密联系实际以真正学懂、真正用好。

党的十八大和十九大提出了以社会主义核心价值观引领整个社会思潮的重大任务,我们应当进行具体、深入的探究,不断深化和细化社会主义核心价值观的认识,特别是加强对相关重大理论和现实问题的研究,提高社会主义核心价值观引领社会思潮的能力。马克思曾说过,理论只要彻底就能征服群众,而要征服群众就必须使理论为群众所理解、所掌握。同样,要使社会主义核心价值观在新疆农村真正发挥作用,亦即彻底征服各族农村群众,就应当大力宣传和践行社会主义核心价值观,使之被新疆农村广大群众普遍接受、理解和掌握,以转化为社会群体意识,并为其所自觉遵守和奉行。通过加强文化建设,采取新疆农村群众喜闻乐见的形式,广泛开展多种形式的宣传教育,在新疆农村营造浓厚热烈的学习和宣传社会主义核心价值观的氛围,并把社会主义核心价值观融入国民教育和精神文明建设的全过程,才能使社会主义核心价值观在新疆农村深入人心,人人皆知,成为新疆广大农村群众普遍接受、自觉遵守奉行的根本价值规范。

第二,建设文化社区对于促进新疆农村各民族间文化交流、调动起具有文化力量以加强平安社区建设具有重要意义。

通过新疆农村文化建设,不仅能增强新疆农村各族群众对于自己作为中华民族大家庭中一员、自己的文化作为中华文化组成部分的自豪感,而且能够进一步促使各民族文化之间相互取长补短,促使少数民族学习和提高使用国家通用语言的水平,从而,引导新疆农村各族群众之间增强日常交往和文化交流,使之在一个社区中共事、共乐、共享,不断强化"中国人""中华民族共同体"等意识,逐步减少并消除民族"区隔"的心理,在潜移默化中增强对"三股势力"在意识形态领域的渗透,进而,建设文化社区、平安社区。

(二)培育浸润当代社会文明规范及习俗风尚的美丽乡村

"良好的发展环境,是一个区域得以快速发展的基本前提"①。文明风尚既濡养着农村的良好发展环境,又是美丽村庄的主要标志,还为农村发展赢得时间、空间和持续的动力,因而,文化建设能够为新疆农村经济社会发展营造

---

① 牟振江 丁守庆. 以现代文化为引领——目标与途径[M]. 北京:中共中央党校出版社,2014:90.

良好的发展环境。

1. 发挥文化的规范整合作用对于培育新疆农村团结、和谐的文明风尚具有重要意义。文化本身具有规范的功能,为了维护人与社会和人与人之间的正常秩序而产生的伦理制度、政治制度等,都是规范人们行为、保证社会存在和发展而形成的文化现象。社会发展水平越高,社会越复杂,此种社会性需求也就越多,因此,加强农村文化的建设能够让社会中人与人之间更加有序地互动、交往与发展。

文化具有整合的功能,作为文化的一种重要功能,它使文化的各部分整合为结构紧密、彼此关联的文化整体,进而,凝聚各族农民群众的力量,促使他们紧密团结、一致抵御外来敌对势力的渗透和侵扰。通过宣传和践行社会主义核心价值观并以之去整合各种不同的价值观,能够极大地提升新疆农村的整个精神境界,这样,"可以架起沟通心灵的桥梁,协调各族农民之间的关系,粘合各种心理裂痕,从而舒缓压力、娱悦身心、化解矛盾、增进融合"①。就是说,加强文化建设,能够使新疆各族群众增强对社会主义核心价值观的认同,有利于其在共同的观念基础上,增进相互之间情感的交流、信息的沟通,化解纠纷,减少矛盾,促进和谐。通过文化建设,还能够提高农村群众的道德水平和法制观念,使之继承和发扬尊老爱幼、睦邻友好、家庭和谐的优良传统,培养团结互助、诚信友爱、以和为贵的道德观念,形成"知荣辱、树新风、促和谐"的农村新风尚,促进新疆农村"民主法治、公平正义、诚信友爱、充满活力、安定有序、人与自然和谐相处"②。加强文化建设,深入宣传和践行社会主义核心价值观,可以引领新疆农村社会朝着有序、团结的方向前进,有效防范"三股势力"制造的民族仇视,使各族群众消除隔阂,达成理解与信任,形成深层次的认同和相互包容的自觉意识,从而,"把反分裂的钢铁长城建筑在心灵的边疆和精神的防线上"③。

---

① 徐承英. 对社会主义新农村文化建设的思考[J]. 探索与争鸣,2007 年第 1 期。
② 巴文泽. 新农村文化建设的意义与实现路径[J]. 人民论坛 2012.12。
③ 牟振江 丁守庆. 以现代文化为引领——目标与途径[M]. 北京:中共中央党校出版社,2014:24.

新疆农村文化建设有助于引导和促使信教群众宗教情感的理性发展,抑制狂热和偏激,避免宗教极端思想的滋生,为实现民族关系和谐与宗教和睦创造良好的文化氛围。通过文化建设,政府加强宣传和教育,引导信教群众将爱教的这种宗教情感与爱国的意识统一起来,使信教者从内心深处产生对国家的认同,做到"爱教必先爱国",自觉维护民族团结、祖国统一和社会稳定。

文化建设有利于在新疆农村各族群众中强化公民意识、法律意识和国家意识,有利于在新疆农村社会形成统一的指导思想和共同的理想信念,有利于维护各族群众之间平等、团结、互助、和谐的社会主义民族关系,使之牢固树立"中华民族大家庭"意识,你中有我、我中有你,相互依存、荣辱与共,就像石榴籽一样紧紧抱在一起。

文化建设可促进新疆农村"五观"、"五个认同"、"三个离不开"、"热爱伟大祖国、建设美好家园"和"民族团结一家亲"等活动的开展,进一步树立起中华民族意识和公民意识,凝聚中国力量和社会共识,有效地克服狭隘族群意识,使"民族团结"成为新疆农村各族群众的牢固理念、行为导向,并融入生产生活之中。

2. 建立健全法律规范、营造法治公正的社会环境对于培育浸润现代社会文明规范及习俗风尚的美丽乡村必不可少。新疆农村文化建设有助于新疆广大农民运用法律武器维护民族团结、政治稳定、社会和谐、祖国统一,反对分裂主义、极端主义、恐怖主义,在全社会树立法律权威。这就是说,在有序社会生活中,让法律作用于新疆农村的各个角落,当其他行为规范与法律抵触时,坚持法律至高无上。源于历史传统、民族文化、宗教信仰和风俗习惯的规矩,都必须在法律框架下寻找存在的依据。法律制定及实施有利于社会秩序与进步,确立新疆农村干部和群众及组织机构"当为"、"可为"或"能为"的程度和信心,坚持依法管理国家和社会事务及调整行为,在法律面前人人平等原则。因而代表了广大群众的根本利益、体现了新疆农村"社会进步的目的或观念"①。而新疆农村通过法治文化建设,能够使"尊重少数民族文化习俗与增

---

① 牟振江,丁守庆. 以现代文化为引领——目标与途径[M]. 北京:中共中央党校出版社,2014:44.

强国家意识、法律意识、公民意识相统一,坚持依法行使民族区域自治权与贯彻执行党和国家方针政策相统一,坚持享有少数民族合法权益与依法履行公民义务相统一"①。

3. 注重村容村貌和绿色环保的建设对于培育浸润现代社会文明规范及习俗风尚的美丽乡村具有重要意义。当代社会,文化与经济、政治相互交融,在综合国力竞争中的地位和作用越来越突出,加强文化建设,能保证农村精神文明和基层民主的健康发展,实现"乡风文明,管理民主"的目标。一方面,加强文化建设,提高广大村民的科学文化素质,培养道德品质高尚而又适应社会潮流的新型农牧民,弘扬尊老爱幼、勤俭节约、吃苦耐劳的传统文化主题和爱国主义、集体主义、和谐社会的时代要求,加强农村精神文明建设,实现乡风文明的目标。另一方面,能够抓住提高村民文化素质这一根本,通过文化教育,提高广大民众的文化素质,提高他们的民主意识,使他们认识到自己应得到的民主权利,同时自觉和那些不合法、不符合法治精神及程序的错误行为做斗争,更好地行使自己的民主权利,实现民主管理的目标。通过农村文化建设,提高农民的文化素质,在生活更加富裕的同时,实现"村容整洁"的目标。这不仅对于建设绿色环保、人与自然和谐的新疆美丽乡村非常重要,而且对新疆农村独有文化资源的保护性开发也是十分必要的。新疆特有的地理环境和古丝绸之路的繁荣,使之成为东西方文化交流的枢纽和汇聚地,多种文化在这里相互碰撞和融合,形成了丰厚的文化底蕴和独具特色的文化风貌,而新疆农村则是这种文化风貌的原生地和储藏库。文化建设能够促使我们充分把握这种文化的特点,并从厚重的历史文化积淀中,从多姿多彩的各民族文化元素中,从改革开放和现代化建设的生动实践中,大力挖掘民族文化和传统文化中的优势资源,打造一批特色文化品牌,把资源优势转化为产品优势,充分展现新疆乡村文化的独有魅力。

(三)培养具有现代思维观念和科学知识技能的新型农民

农民是农村的主体,也是新农村建设的基本力量,其主动性、积极性和创

---

① 牟振江 丁守庆. 以现代文化为引领——目标与途径[M]. 北京:中共中央党校出版社,2014:23.

造性的发挥,是社会主义新农村建设的关键因素。新疆的新农村文化建设,正是通过各种途径,提高新疆农村群众的教育文化程度、科学技术水平、市场竞争意识、创业精神、科学管理能力等,培养和造就"有文化、懂技术、会经营"的新型农牧民,推动新疆社会主义新农村的建设步伐。

"新农村文化建设承担着培养新型农民的重大历史使命"[1],所谓"新型农民",包括农业知识技能和思想道德觉悟的提高、科学文化素养和精神境界的提升。在新农村建设过程中,加强农村文化建设,提升农村文化软实力,是全面建成小康社会的内在要求,是树立和落实科学发展观、构建和谐新农村的重要内容,对于培养造就有文化、懂技术、善经营、讲道德、有觉悟的新型农民,对于推动农村文化大发展大繁荣,促进农村物质文明、政治文明和精神文明全面发展具有重要意义。通过新疆农村文化建设,就是要以社会主义先进文化引领农业现代化,以产业化经营理念引领农业现代化,以标准化理念推进农业生产,以市场理念加强农产品市场体系建设,以多功能理念引领农业现代化建设,以科技兴农理念加快农业科技创新,以人才兴农理念支撑农业现代化建设。

1. 文化建设对于培养具有当代健康行为方式和科学知识技能的新型农牧民具有重要意义。正确看待新疆与世界的关系,正确评价自己与他人的差距,是激发新疆农村稳定发展冷思考的"深层动力"[2]。加强新疆农村文化建设,能够激活社会主义先进文化对于新疆农村广大群众成为新型农牧民的教育和定向作用。

"教化作用就是指文化环境中处于统治地位的思想理论体系、民族精神体系、道德规范体系对社会成员思想观念的教化、精神状态的培育、行为准则的规范,它能使新疆农牧民在思想观念上与社会经济关系相适应,行为准则上与

---

① 曹为玲. 应重视和加强新农村文化的教育教化功能[J]. 毛泽东邓小平理论研究2016年第6期。
② 牟振江 丁守庆. 以现代文化为引领——目标与途径[M]. 北京:中共中央党校出版社,2014:34.

社会道德规范相协调,精神状态上与社会主导精神相承接"①。正是这种教化,使新疆各族农牧民在思想观念、精神状态、行为准则各个方面成为符合当今社会发展要求的合格成员。定向作用是指文化环境通过社会共同理想的制约,来指导社会成员思想政治道德素质的发展方向;通过对人们认知方式和思维方式的制约,在一定程度上制约着社会的发展特色和方向。文化环境的凝聚作用、教化作用、定向作用对于塑造新疆农牧民现代人格行为意义重大。在新疆农村进行现代文化建设,能够及时把那些与社会稳定和长治久安不相符、甚至相冲突的思想和制度设计淘汰出局;能够积极倡导各族农牧民自觉遵守职业伦理,积极履行职业责任,珍视职业荣誉;特别是有利于培养新疆农牧民的主体意识和科学精神,实现"树立形象"、"凝心聚力"、"提升能力"的目标;有利于在新疆农村尽快形成坚持以社会主义先进文化为引领的集体意识、坚持五大发展理念的良好风尚与体制机制。通过文化建设,发挥其教化和定向作用,能够在更大程度上服务于新疆社会稳定和长治久安的总目标。

通过科学知识的学习、技能的培训以及文化素养的提高对于新疆农牧民参与并适应当代社会生产生活具有重要意义。"当今时代已向知识密集型社会转变,对人力资源的文化素质的依赖和要求将越来越强、越来越高。以科技教育和人力资源开发为基础的智力因素,是软实力的一个重要内容"②。在新疆农村,通过科技教育和人力资源开发,农牧民的文化素质、劳动技能能够得以提高,创新潜能得以挖掘和发挥,从而,为新疆农村社会稳定和经济发展提供强大的智力支持。只有加强新疆农村文化建设,以丰富多彩的形式让新疆农牧民接受当代科学精神和文化知识的教育,"才能充分利用西部农村现有的广播、电视及电脑等传播媒体,加大对农村先进文化的传播和宣传,营造一种崇尚先进文化的良好氛围"③,增强新疆农牧民提高文化素质的意识和自觉性,提高其科学知识和农业种植养殖的技术水平。

---

① 牟振江 丁守庆. 以现代文化为引领——目标与途径[M]. 北京:中共中央党校出版社,2014:100.
② 牟振江 丁守庆. 以现代文化为引领——目标与途径[M]. 北京:中共中央党校出版社,2014:89.
③ 谈建成. 对西部农民文化现代化的几点思考[J]. 涪陵师范学院学报 2003.11。

2. 通过社会主义先进文化建设激发开放包容、积极向上的精神状态对于培养具有现代思维观念的新型农牧民具有重要意义。在新疆农村社会发展中,各族农牧民的精神状态如何,是否积极进取,是否拥有与时代发展相吻合的道德素质和价值理念,具有至关重要的作用。文化建设能够促使人们形成积极向上的精神状态、高尚的理想情操、创新的价值理念、不懈的创业激情,从而,最大限度地调动各族农牧民的积极性和创造性。

加强新疆农村文化建设,有利于克服片面意识、狭隘观念,打破狭隘的固化了的"新疆特殊论"、片面的"唯资源论"、消极的"等靠要思想"等,改变"贫困农村的'官逼民富'、自上而下的简单命令、按部就班的循规蹈矩以及与之形影相吊的庸懒散等"①,形成全面、开放意识和积极进取的精神。文化建设有助于新疆农民树立与改革开放、经济日益全球化、文化多元化社会环境相适应的"等不起"的紧迫感、"慢不得"的危机感、"坐不住"的责任感、"后发赶超"的使命感,使之自觉抢抓机遇、自加压力、奋勇争先,破除和克服自然经济观念、农耕游牧文化观念、官本位观念、封闭保守观念和计划经济观念等,用现代意识、现代观念、现代方式力促传统文化的现代转型与发展,克服"盆地"意识,全面地正视自己、审视自己、认清自己,客观地评价自己。文化建设能够使新疆农民在新的时代坐标下克服狭隘观念,走出去看世界,以世界的眼光去审视世界、度量未来,并把新疆农村的发展和世界的发展连为一体,走开放发展之路。同时,促使新疆农民将维护祖国统一、反对民族分裂的自发意识上升到自觉高度,真正意识到自己是国家的主人,自己的文化是中华优秀文化中的一部分,强化"五个认同"意识,进而,从根本上保持新疆农村社会的政治稳定。

文化建设能够促使新疆农民永葆进取向上的精神。要做到乘势而上、奋发有为,就得使人们始终保持时不我待、只争朝夕的精神状态,始终保持自力更生、艰苦奋斗的精神状态,始终保持锐意进取、争创一流的精神状态,始终保持求真务实、奋发有为的良好精神状态。使由机遇所激发的期盼情感向积极理性的方向健康发展,尤其要下定决心培育自我克制、毅力、信心和顽强不屈

---

① 牟振江 丁守庆. 以现代文化为引领——目标与途径[M]. 北京:中共中央党校出版社,2014:25.

的精神动力,通过各种形式,挖掘和释放各族农牧民的潜能,把新疆农村全面小康社会和长治久安"构筑在人力资源富足、人才资本强农之上"①。

面对新疆农村的落后现实,面对新疆少数民族聚居地区和边境团场农牧民相对贫困,面对南疆四地州和边远山区、高寒山区生存条件艰苦、生产生活条件恶劣,以及农牧民生活贫困,缺乏自我积累和自我发展能力的状况,唯有在全面深化改革的基础上,加强文化建设,才能充分激活各类要素,把潜在优势转化为现实动力。通过加强农村文化建设,进一步深化农村精神文明宣传教育活动,引导农牧民及时跟上时代前进的步伐,清除妨害农村稳定发展的思想障碍,抛弃因循守旧、故步自封的小农意识,引导农民不断增强自立意识、竞争意识和开拓意识,奋发进取,提高广大农村群众文化知识水平和科学文化素质、促进村民自觉抵制腐朽落后思想文化影响,促使新疆农村群众逐步确立或形成适应于社会主义市场经济的价值观念和生活方式,才能保证新疆农村社会稳定和长治久安。

二、新疆新农村文化建设的概念界定

文化已成为当今世界各国核心竞争力的基础内容,没有文化的大繁荣、大发展就谈不上国家的真正强大。党的十七届六中全会首次提出了"建设社会主义文化强国"的战略目标。随后,党的十八大和十八届三中全会都再次进行了突出强调和深入部署。党的十九大报告在"新时代中国特色社会主义思想和方略"中强调要发展社会主义先进文化,对"坚定文化自信、推动社会主义文化繁荣兴盛"的问题作了非常全面、详尽的论述,其中,就如何"推动文化事业和文化产业发展"问题阐述道:"要深化文化体制改革,完善文化管理体制,加快构建把社会效益放在首位、社会效益和经济效益相统一的体制机制;完善公共文化服务体系,深入实施文化惠民工程,丰富群众性文化活动;加强文物保护利用和文化遗产保护传承;健全社会主义先进文化产业体系和市场体系,创

---

① 牟振江 丁守庆. 以现代文化为引领——目标与途径[M]. 北京:中共中央党校出版社,2014:26.

新生产经营机制,完善文化经济政策,培育新型文化业态。"①由此可见,我们党和国家当前比历史任何时候都更加重视文化建设,其中农村的文化建设又是重中之重。同样,新疆广大农村,也迎来了文化事业大发展、并以文化建设强农富农的时代机遇。当前,新农村建设正在扎实深入开展,坚持"以工带农、以城促乡",给予了一系列倾斜政策。文化建设作为新农村建设的重要组成部分,面临着难得的政策机遇。

文化无疑是当今社会科学最热但是又最具挑战性的研究话题,因为有多少种关于文化的研究,就有多少种关于文化的界定。任何一项关于文化的研究议题,都要对文化本身进行界定,在既定的文化研究框架中,我们辨识并理解不一样的文化假设、分类与层次,并在整体上深化并推进了我们对文化的不一样层面的深刻认知。文化是价值观,是思维方式和生活方式,是传统和艺术,等等。那么,社会主义新农村文化建设中的文化到底是指什么? 我们到底在什么样的意义和层面上使用文化,并界定社会主义新农村文化建设,是新疆社会主义新农村文化建设必须要搞清楚的理论前提。

(一)"文化"的概念界定

关于"文化"的界定多达上百种,这里所说的文化涉及以下三层意思:第一,文化是以专属人的方式作用于自然界并打下自己意志烙印的实践本身,是人类改造世界、创造所有物质和精神成果的活动。这里的"自然界"包括先在于人的纯粹自然界、人类社会和人的思维等全部领域。这是最宽泛意义上的"文化",是和人有关的一切,也就是自然的人化;第二,文化是人的本质力量对象化以及这种对象化本质力量的符号表征系统,也就是以符号表征系统所映射的人类实践的展开过程及结果亦即人类自身存在,包括生产工具及技术系统、社会交往中介(如货币、语言)、服饰、饮食、建筑等等,是"人从自身及其世界中创造出来的,是他们思考和谈论的东西"②。通过它反映出人类历史的可理解过程,因而具有特定的社会历史内涵和意义;第三,在上述符号系统中,有

---

① 中国共产党十九大报告,人民网 2018 年 3 月 13 日。
② [德]彼得·科斯洛夫斯基. 后现代文化——技术发展的社会文化后果[M]. 毛怡红译,姚燕校,柴方国审校,中央编译出版社 2011 年版,第 10 页。

一些更加专门化、文化密度更高、文化内涵更多的符号表达形式,包括教育、文学艺术、节日庆典及各类仪式(如祭祖、宗教仪式)等。教育(包括科技培训)具有使人提高自己关于意义理解的自觉性和能力的功能,文学艺术、节日庆典及各类仪式则是人关于意义理解的明确表达诸形式,从这个意义上讲,文化也就是人学习和运用符号表达关于意义理解的形式,即,文化表达。显然,新农村文化建设中的"文化",属于第三层含义。在这个意义上,新农村文化建设也就是为农村提供积极向上、丰富多样性文化表达形式的创造和生产活动。新疆社会主义新农村文化建设,就是针对新疆农村具体实际,为新疆农村广大群众提供高品质、丰富多样文化表达形式的活动,包括为新疆农村群众提供的各类文化产品、为活跃新疆农村文化生活组织开展的多样文化活动以及为新疆农村提供的其他各种文化服务。

国内马克思主义哲学界对于"文化"有这样一种影响很广的理解,即,在广义上,"文化即人化,它映现的是历史发展过程中人类的物质和精神力量所达到的程度和方式"①,由于这种程度与方式都根源于社会实践状况,"因而,从根本上讲,文化是关于社会实践的映现"②,它既关涉"自然人化",又凸显"本质力量对象化"的意义,同时,外现为"文化表达"的诸多形式。就是说,文化映现的、一定物质和精神力量所达程度,表现为人类创造的物质和精神文明成果的总和,达到这种程度或创造这一成果总和的方式,是人对客观世界改造或对人类社会及人自身的改造,是具体社会实践活动中"人化"和"化人"之间的辩证统一体。这一整体涵盖精神文化、制度文化和物质文化等多层面。精神文化,也就是观念文化,是核心层面,包括人在长期的社会实践中形成的信仰信念、价值观念、思维方式、生活态度、社会心理等,亦即一定社会中为人们所共享的信念、态度和价值观;制度文化,指人类处理各种社会关系的社会规范和组织形式,既包括社会根本制度,又包括社会具体制度;物质文化,从广义上讲,不仅指人类在物质生产实践中创造的具有客观实在性的成果——物化了

---

① 肖前主编,黄楠森 陈晏清副主编. 马克思主义哲学原理[M]. 中国人民大学出版社 1998 年 10 月第 2 版,第 503 页。

② 盛新娣. 当代西方关于文化发展研究:概念与内涵[J]. 社会科学,2015(05):37-44。

主体精神力量的物质产品和物质活动,而且还包括人类生存和发展的生态环境。三个层面的文化之间相互作用并相互转化。这三个层面并非相互孤立、绝对静止的,而是在相互联系、相互影响、互相作用中形成的一种灵动系统。也就是说,文化是在特定社会现实中的人所产生的信念、态度、价值观及思维方式,通过文化产品、文化活动、文化环境并辅之以文化基础设施得以表现的过程,联结观念文化与物质文化的是制度文化,后者能够使精神文化得到现实性的表达,并使物质文化与精神文化保持内在的一致,因而,制度文化是作为基础的物质文化和作为灵魂的精神文化之间发生现实性相互联系与辩证统一的中介。文化运行是具体现实中的展开过程,随着不同时代、不同地域而赋予具体的内涵及特性。① 新农村文化建设丰富多样的内容,围绕社会主义意识形态及核心价值观展开、并使之引导力、影响力、凝聚力不断增强和提高,从建设的精神理念、思路规划的确定到制度机制和规范的建立健全,从体现精神理念并经由制度机制支撑而拥有的多种文化产品、文化活动到优秀传统文化资源的保护开发,从法治法规建设到人才队伍培育等,分别属于上述三个层面,其间既相互区别、又互相联系,形成全面、系统的新农村文化建设。同样,新疆新农村文化建设既具有如上所述的一般特性,又具有自身的独特性,除了国家有关全国新农村文化建所做的指示精神、所实施的工程项目、举措之外,还包括从中央到地方针对新疆农村文化建设出台的文件精神、实施的文化项目、采取的措施。本书主要是就这些指示精神和文件精神及其指导、文化工程项目的实施以及相关举措的采纳状况进行全面、系统、深入的阐述。具体而言,包括新疆农村文化建设的精神理念和思路规划的确定、公共文化服务网络的全面覆盖、文化基础设施建设、文化产品的提供、文化活动的开展、传统文化资源的保护与开发、文化人才队伍培育以及促进文化发展的法治建设等方面,对于新疆农村文化建设中产生的成效进行阐述,同时,分析存在的问题,进而,阐发推动新疆农村文化建设深化发展的深度思考,并提出相应的对策。

(二)新农村文化建设的内涵

新农村建设是在我国总体上进入以工促农、以城带乡的发展新阶段后面

---

① 周晓阳 张多来著. 现代文化哲学[M]. 湖南大学出版社 2004 年版,第 58 - 66 页。

临的崭新课题,是时代发展和构建和谐社会的必然要求。当前我国全面建成小康社会的重点难点在农村,农业丰则基础强,农民富则国家盛,农村稳则社会安;没有农村的小康,就没有全社会的小康;没有农业的现代化,就没有国家的现代化。世界上许多国家在工业化有了一定发展基础之后都采取了工业支持农业、城市支持农村的发展战略。我国国民经济的主导产业已由农业转变为非农产业,经济增长的动力主要来自非农产业,根据国际经验,我国现在已经跨入工业反哺农业的阶段,因此,建设社会主义新农村是我国现代化进程中的重大历史任务,我国新农村建设重大战略性举措的实施正当其时。如果说,社会主义新农村的经济建设,主要是在全面发展农村生产的基础上,建立农民增收长效机制,千方百计增加农民收入;社会主义新农村的政治建设,主要是在加强农民民主素质教育的基础上,切实加强农村基层民主制度建设和农村法制建设,引导农民依法实行自己的民主权利;社会主义新农村的文化建设,主要指在加强农村公共文化建设的基础上,开展多种形式的、体现农村地方特色的群众文化活动,丰富农村群众的精神文化生活,提高他们的文化道德水平。

进而言之,社会主义新农村建设是指在社会主义制度下,按照新时代的要求,对农村进行经济、政治、文化和社会等方面的建设,最终实现把农村建设成为经济繁荣、设施完善、环境优美、文明和谐的社会主义新农村的目标。而社会主义新农村文化建设是新农村建设的重点内容与组成部分,是实现社会主义新农村建设目标的重要精神文化力量与思想保证,也是"培养有文化、懂技术、会经营的新型农民,提高农民的整体素质"的重要前提与基础,社会主义新农村在未来的发展离不开新农村文化建设的进一步提升。社会主义新农村的文化建设,就是要在加强农村公共文化建设的基础上,在不断扩大对农村公共文化事业建设的同时,开展多种形式的、体现农村地方特色群众文化活动,特别是推进各种形式、符合乡村地区生活状态与特征的农民文化生活的建设,从而"真正确保丰富广大农村群众精神文化生活这一重要目标"①。根据中央历次文件精神,新农村文化建设的内容包括农村文化基础设施建设、为广大农村

---

① 王义杰等. 社会主义新农村乡村文化建设途径[J]. 南方农业,2016.4。

群众提供文化产品、组织开展面向农村群众的文化活动、保证农村文化持续健康发展的制度机制建设等。2014 年中共中央、国务院印发《关于全面深化农村改革加快推进农业现代化的若干意见》,强调有效整合各类农村文化惠民项目和资源,推动县乡公共文化体育设施和服务标准化建设。① 在当年的新农村工作会议中,首次提出要积极稳妥推进新农村建设,加快改善人居环境,提高农民素质,推动"物的新农村"和"人的新农村"建设齐头并进。"物的新农村"是指道路、饮水、电力设施和住房条件等人居环境的改善;"人的新农村"则是指建立健全农村基本公共服务、关爱农村"三留守"群体、留住乡土文化和建设农村的生态文明。这凸显了中央对新农村建设的更高要求,重申了我们党和国家构建进一步覆盖所有地区和所有群体的、决不落下一个人的农村公共文化服务网络的坚定意志,意涵着对农村传统文化资源保护性开发的高度关注。建设现代农业,最终要靠有文化、懂技术、会经营的新型农民。必须发挥农村的人力资源优势,大幅度增加人力资源开发投入,全面提高农村劳动者素质,为推进新农村建设提供强大的人才智力支持。② 这就是说,人才队伍建设是包括新农村文化建设在内的新农村建设非常重要的组成部分。

那么,新疆新农村文化建设,就是指在加强新疆农村公共文化建设基础上、在不断扩大对新疆农村公共文化事业建设的同时,开展多种形式的、体现新疆农村地方特色的群众文化活动,特别是推进各种形式、符合新疆农村群众生活状态与特征的农村文化生活的建设,从而确保丰富新疆各族农牧民精神文化生活之重要目标。而本书则重在阐明,为新疆广大农村群众提供公共文化产品及服务、满足其文化需要的文化建设工作所取得的成就及效果,分析其所存在的问题,探讨新疆农村文化建设的推进和深化问题并提出具体对策。

---

① 中共中央、国务院印发《关于全面深化农村改革加快推进农业现代化的若干意见》2014 年 1 月 19 日。
② 《中共中央、国务院关于积极发展现代农业扎实推进社会主义新农村建设的若干意见》(2006 年 12 月 31 日)。

（三）本课题的研究方法、研究重点和创新点

1. 研究方法

本研究以辩证唯物主义和历史唯物主义的方法论原则贯穿整体研究，以定性分析为主、定量分析为辅，实行文献研究与田野调查、普遍走访与典型案例、综合研究与专题研究相结合的方式，采取个别访谈、实地考察、问卷调查、案例分析和专家咨询等具体方法。在研究过程中，本课题组一方面关注以往的研究积累，并且尽可能详尽地收集学界、各级政府及相关机构部门已有的资料，另一方面，陆续派课题组成员或聘请调研员到新疆北疆、南疆、东疆的多个县、乡（镇）、村进行实地调研，获得了比较丰富的第一手资料。在此基础上，对于新疆农村公共文化建设及文化产业发展现状进行了全面、系统的阐述和概括，同时揭明存在的问题并提出了解决的建议。

值得一提的是，在本课题调研中，除了本课题组成员以外，还聘请了近二十位家在南北疆农村的学生，利用他们寒暑假回家乡度假的机会去做访谈、发放问卷，由于契合了中国传统遗留下来的"熟人社会"规则，因而，获得了大量第一手真实而宝贵的资料。这些学生调研员刚开始存在经验不足，与人沟通经验较欠缺，但经过慢慢地锻炼，与人沟通的能力得到了很大提升。他们一般都是先从身边的人入手，或选择亲戚或熟人作为调研对象是，以便访谈真实、顺利，还有助于消除访谈对象的戒备心理，而且沟通很方便，交流也很轻松。但毕竟身边的圈子很小，无法很好地进行调查，为了使调查结果能够更真实、更准确、更充分一些，他们利用过年的机会，等外地亲戚来自己家的时候，便选择性地去调查。还有的利用跟父母亲外出拜年的机会，有选择性地区采访一些人，这样，就使工作变得更简单、轻松了，而且还扩大了采访范围。他们亲身体会到，与人沟通时要面带微笑，在对方回答不上来时给他稍加解释和提醒，而且清楚耐心地对每个被采访人（访谈对象），使他们放下戒备，消除疑虑。这样就使得调研访谈能够顺利地进行下去。有些不便提问的（出于尊重），他们会侧面打听，确保访谈内容的翔实。调研之后，他们对于当地的文化建设的现状也有了更多的思考。而透过访谈记录的字里行间，我们也"读"到了那些地方的群众与我们同样的心声、强烈的精神文化诉求，从而，更增强了我们对于

农村文化建设——特别是偏远乡村文化建设进行深入研究的信心和责任心。

需要说明的是,由于本课题研究经历的时间较长,一些当初调研时存在的问题现在已得到一定程度的解决,不太突出了。一些对策也应作适当调整。具体如下:

在第112－113页中的"(一)公共文化服务网络建设的全面性不够"这一议题中,谈到南疆某村群众曾自发筹资建文化活动室。这种事现在不会发生了,因为,通过各级政府拨款筹资、对口援疆、"访惠聚"工作队筹资等多种渠道,在很大程度上缓解了文化建设的资金困难,因而,资金奇缺的问题已不太突出了。同样,自然村的文化建设困境,也得到了很大改善。

在第113－114页中的"(三)公共文化服务网络建设的针对性不够"这一议题中,关于文化活动流于形式的问题,通过"访惠聚"工作队积极开展群众喜闻乐见的文化活动,极大地调动了群众参与的能动性,因而,群众被动参与的状况也得到一定程度的解决。

在第173－175页中的"(二)不断优化基层公共文化管理的方式方法"这一议题中,关于村干部的管理方式方法问题,由于"访惠聚"工作队帮助驻村的村干部提高管理水平、改进管理方式等,村干部自身素质逐渐提高,这个问题也在很大程度上得到了解决。

在第193页"(二)积极吸纳高学历、高素质及高层次人才"这一议题中,关于吸收大学生充实文化队伍的对策,目前,通过"西部志愿者""访惠聚"工作队员参与驻村文化建设工作等途径,使基层文化建设队伍吸纳了新鲜血液,在一定程度上提高了农村基层文化队伍的整体水平。

通过大量近距离调研访谈,广泛搜集相关资料,同时运用文化哲学、文化人类学、文化社会学、文化经济学和文化传播学等相关理论方法,对于新疆农村文化建设的现状及成效、存在问题等都有了比较全面的了解和认识,在此基础上,对于如何推进新疆农村文化建设有关问题进行深度思考,并提出相应的具体对策。

2. 研究重点和创新点

本研究的重点:全面阐述新疆新农村文化建设的现状,特别是2005年以后新疆农村文化建设的现状,包括国家和自治区各级政府推动新疆农村文化建设而采取的一系列措施及开展的一系列工作。具体包括:有关新疆农村文化建设的精神理念、思路规划,实施的重大文化建设工程或项目,为新疆农村各族群众提供的公共文化产品服务,在新疆农村开展的丰富多样的文化活动,对新疆农村传统文化资源的保护和开发,旨在促进新疆农村文化建设的法治建设,能够承担以上任务的新疆农村文化人才队伍建设等。通过系统地呈现上述工作取得的建设成效,分析存在的问题,对于如何进一步推动新疆农村文化建设的问题作深度探讨,并提出相应对策。从而,探究怎样通过新农村文化建设促使新疆农村形成健康向上的氛围,如何通过提供充满正能量、丰富多样的文化产品及服务促使新疆广大农村群众树立正信、强化正念、濡养正思、熏陶正行,使我国主流意识形态及核心价值观在潜移默化之中浸润新疆农村各族群众的内心。

进一步而言,新疆新农村文化建设就是为社会主义意识形态及核心价值观在新疆农村落地生根而展开的实践活动。通过文化建设增强社会主义意识形态及核心价值观在新疆农村的引导力、影响力和凝聚力,就是按照新农村文化建设的精神理念、思路规划,制定和落实关于新疆农村文化建设的各项制度机制,提供新疆农村广大群众需要的文化产品服务,根据新疆农村群众的兴趣喜好组织文化活动,保护和开发新疆农村优秀而宝贵的传统文化资源并引进现代市场机制促进这项工作,还必须大力培养能够担当起新疆新农村文化建设的人才队伍,以保证实现新疆农村文化发展目标任务的建设主体亦相应得到壮大和提高。因而,本课题研究,本身就是对于马克思主义、社会主义意识形态、社会主义核心价值观如何在新疆农村落地生根问题的一种全面、深入、具体的思考或探讨。

本研究的创新点:当前,学界有关新疆农村文化建设的研究虽然不少,但大多是对于其中某个侧面的探讨,也就是在某些点上进行的研究,而关于新疆新农村文化建设的全面研究还很少见。本研究对新疆新农村文化建设进行了全面、系统、深入的阐述和探讨,涵盖了相关的多层面、多视角,从宏观性的中央和自治区各级政府的精神理念和思路规划,到具体实施的重大文化建设工程或项目,既包含为新疆农村群众提供的公共文化产品服务、开展的丰富多样的文化活动,又包括对传统文化资源的保护、挖掘利用,乃至促进新疆农村文化建设的法治建设、承担新疆农村文化建设任务的人才队伍建设,等等,使我们在比较全面、系统、清晰掌握新疆新农村文化建设现状的基础上,进一步明了推动其改进、完善的一些深度问题并提出具体对策。这在新农村文化建设研究方面具有较大的创新意义。

需要说明的是,根据中央文件精神,新农村文化建设主要包括面向新疆农村创建完善文化基础设施、提供文化产品、开展文化活动、完善文化体制机制等,不包括语言的学习与掌握情况。因此,本书没有对新疆农村群众学习和掌握国家通用语言状况进行深入探讨,也未将这方面的工作纳入研究范围。不过,这并不意味着新疆农村文化建设与群众学习和掌握国家通用语言的状况无关。实际上,新疆农村群众对国家通用语言学习、掌握及运用的水平越高,就越有利于新疆农村的文化建设,因而,应当不断加大国家通用语言在新疆农村普及、推广的力度,千方百计促使群众兴起学习和使用国家通用语言的热潮。同时,加强相关的理论研究,使两者相互促进、相辅相成,形成正确、科学的理论,并指导实践,以推进新疆农村文化建设及国家通用语言的学习和运用实践。

第一章　新疆农村文化建设取得的成效

自 20 世纪 90 年代后期,特别是 2005 年以来,从中央到地方乃至基层,对于新农村文化建设以及新疆农村的文化建设越来越重视、认识越来越明确,切身感受到不能唯 GDP 论,逐渐形成了促进农村文化发展的思路、规划,出台一系列政策、措施,在多方面取得了比较显著的成效。

一、各级政府日益重视文化建设的地位和作用

自 2005 年以来,中共中央办公厅、国务院办公厅连续颁布实施了有关我国农村公共文化服务体系建设的许多重要文件。在这些文件当中,我国提出了农村公共文化建设的重要理念及战略构想,全面阐述了加强农村文化建设的重要性和紧迫性、指导思想和目标任务,并从加强农村公共文化建设、丰富农民群众精神文化生活、新农村文化建设的体制和机制、动员社会力量支持农村文化建设以及加强对农村文化建设的组织领导等方面论述了如何进一步加强农村文化建设的问题。其中,论及农村公共文化的建设时,强调了"加强政府投入"和"加强文化基础设施建设、构建公共文化服务体系、实现和保障农民群众基本文化权益"的指导思想,明确了"县、乡、村文化基础设施相对完备、公共文化服务切实加强、农村文化工作体制机制逐步理顺、现有文化资源得到有效利用"的目标任务。在关于如何加强农村公共文化建设的问题上,明确以一系列重大文化工程或项目为载体的建设思路,出台了"加强乡村文化设施建设"并构建农村公共文化服务多级网络及发挥其多种功能、加大文化资源向农村

倾斜并对重要的公共文化资源进行合理调整及逐步增加为农村服务的资源总量等举措。这表明,我国政府对其作为依靠公共财政资源、满足农民群众基本文化需求和保障农民群众基本文化权益的主要责任主体,已有清晰明确的认定。加大农村重大文化建设项目实施力度,完善农村公共文化服务体系,鼓励社会力量参与农村文化建设。巩固农村宣传文化阵地,加强农村文化市场管理。切实提高农村广播电视"村村通"水平,做好送书下乡、电影放映、文化信息资源共享等工作。①

繁荣农村文化事业。各级财政要增加对农村文化发展的投入,加强县文化馆、图书馆和乡镇文化站、村文化室等公共文化设施建设,继续实施广播电视"村村通"和农村电影放映工程,发展文化信息资源共享工程农村基层服务点,构建农村公共文化服务体系。推动实施农民体育健身工程。积极开展多种形式的群众喜闻乐见、寓教于乐的文体活动,保护和发展有地方和民族特色的优秀传统文化,创新农村文化生活的载体和手段,引导文化工作者深入乡村,满足农民群众多层次、多方面的精神文化需求。扶持农村业余文化队伍,鼓励农民兴办文化产业。加强农村文化市场管理,抵制腐朽落后文化。倡导健康文明新风尚。大力弘扬以爱国主义为核心的民族精神和以改革创新为核心的时代精神,激发农民群众发扬艰苦奋斗、自力更生的传统美德,为建设社会主义新农村提供强大的精神动力和思想保证。加强思想政治工作,深入开展农村形势和政策教育,认真实施公民道德建设工程,积极推动群众性精神文明创建活动,开展和谐家庭、和谐村组、和谐村镇创建活动。引导农民崇尚科学,抵制迷信,移风易俗,破除陋习,树立先进的思想观念和良好的道德风尚,提倡科学健康的生活方式,在农村形成文明向上的社会风貌。② 2008 年 10 月召开的中国共产党第十七届中央委员会第三次会议《关于推进农村改革发展若干重大问题的决定》进一步强调指出:要坚持用社会主义先进文化占领农村阵地,满足农民日益增长的精神文化需求,提高农民思想道德素质;扎实开展社会主义核心价值体系建设,坚持用中国特色社会主义理论体系武装农村党

---

① 2005 年中央一号文件(全文),2015 年 2 月 5 日 新华网。

② 中共中央国务院关于推进社会主义新农村建设的若干意见(中发[2006]1 号)。

员、教育农民群众,引导农民牢固树立爱国主义、集体主义、社会主义思想;推进广播电视村村通、文化信息资源共享、乡镇综合文化站和村文化室建设、农村电影放映、农家书屋等重点文化惠民工程,建立稳定的农村文化投入保障机制,尽快形成完备的农村公共文化服务体系;扶持农村题材文化产品创作生产,开展农民乐于参与、便于参与的文化活动,建立文化科技卫生"三下乡"长效机制,支持农民兴办演出团体和其他文化团体,引导城市文化机构到农村拓展服务;重视丰富农民工文化生活,帮助他们提高素质。广泛开展文明村镇、文明集市、文明户、志愿服务等群众性精神文明创建活动,倡导农民崇尚科学、诚信守法、抵制迷信、移风易俗,遵守公民基本道德规范,养成健康文明生活方式,形成男女平等、尊老爱幼、邻里和睦、勤劳致富、扶贫济困的社会风尚;加强农村文物、非物质文遗产、历史文化名镇名村保护。发展农村体育事业,开展农民健身活动。

十七届六中全会报告的形成,标志着我党在当代社会经济增长方式发生极大变化、国际政治舞台局势风云变幻、人们思想观念文化多样交错的大背景下,对于文化建设和发展的重大意义、价值目标、功能作用、方向趋势的深刻理解,宣告了我国在建设全面小康社会关键时期关于文化发展战略性大纲的正式发布。作为现代社会文化建设重要组成部分,公共文化服务及与之紧密关联的公益性文化构成农村文化发展的基本方式或路径。十七届六中全会公报高度重视公共文化服务,指出:"满足人民基本文化需求是社会主义文化建设的基本任务。必须坚持政府主导,加强文化基础设施建设,完善公共文化服务网络,让群众广泛享有免费或优惠的基本公共文化服务。要构建公共文化服务体系,发展现代传播体系,建设优秀传统文化传承体系,加快城乡文化一体化发展。"这体现出我们党和国家对于我国在社会主义历史新阶段上政府文化管理职能转变、文化治理模式、公共文化服务发展功能和目标的深刻理解与智慧结晶。同样,农村文化建设的主要部分是农村公共文化服务,农村文化建设的基本方式就是农村公益性文化及农村公共文化服务的建设。因而,十七届六中全会对公共文化服务体系建设的重视,也就包括了对农村公共文化服务建设的重视以及加快农村公共文化服务构建的基本任务。

2012 年 2 月 16 日发布的《国家"十二五"时期文化改革发展规划纲要》指出,将在"十一五"公共文化服务体系框架基本建立、服务能力和水平显著提高的基础上,以"覆盖全社会的公共文化服务体系基本建立,城乡居民能够较为便捷地享受公共文化服务,基本文化权益得到更好保障"为目标,加快构建公共文化服务体系的步伐。其中,特别提到,要"完善覆盖城乡、结构合理、功能健全、实用高效的公共文化服务体系",要"推动跨部门项目合作,统筹规划和建设基层公共文化服务设施,坚持项目建设和运行管理并重,实现资源整合、共建共享",要"加快城乡文化一体化发展。增加农村文化服务总量,缩小城乡文化发展差距,以农村和中西部地区为重点,加强县级文化馆和图书馆、乡镇综合文化站、村文化室建设,深入实施广播电视村村通、文化信息资源共享、农村电影放映和农家书屋等重点文化惠民工程,扩大覆盖、消除盲点、提高标准、完善服务、改进管理。大力推进农民体育健身工程。加大对革命老区、民族地区、边疆地区、贫困地区文化服务网络建设支持和帮扶力度。引导企业、社区积极开展面向农民工的公益性文化活动,尽快把农民工文化生活纳入城市公共文化服务范围,努力丰富农民工精神文化生活。建立以城带乡联动机制,合理配置城乡文化资源,鼓励城市对农村进行文化帮扶,把支持农村文化建设作为创建文明城市基本指标。鼓励文化单位面向农村提供流动服务、网点服务,推动媒体办好农村版和农村频率频道,做好主要党报党刊在农村基层发行和赠阅工作。扶持文化企业以连锁方式加强基层和农村文化网点建设,推动电影院线、演出院线向市县延伸,支持演艺团体深入基层和农村演出",并推动文化科技卫生"三下乡"活动。党的十八大会议报告,以高度凝练的风格精辟阐明了我国今后几年农村公共文化服务体系建设的战略方针:"坚持面向基层,服务群众,加快推进重点文化惠民工程,加大对农村和欠发达地区文化建设的帮扶力度,继续推动公共文化服务设施向全社会免费开放。"党的十八届三中全会指出,必须紧紧围绕建设社会主义核心价值体系、社会主义文化强国深化文化体制改革,加快完善文化管理体制和文化生产经营机制,建立健全现代公共文化服务体系、现代文化市场体系,推动社会主义文化大发展大繁荣。并提出,要建设社会主义文化强国,增强国家文化软实力,就必须坚持社会主义先进文化前进方向,坚持中国特色社会主义文化发展道路,坚持以人民为中心的工作导向,进一步深化文化体制改革。要完善文化管理体制,建立健全现代文化市场体系,构建现代公共文化服务体系,提高文化开放水平。党的十八届四中全会指出,要恪守以民为本、立法为民理念,贯彻社会主义核心价值观,保障每个公民的经济、文化、社会等各方面权利得到落实。强调必须弘扬社会主义法治精神,建设社会主义法治文化,为此,要推动全社会树立法治意识,深入开展法治宣传教育,把法治教育纳入国民教育体系和精神文明创建内容,并明确提出,要建立健全社会矛盾预警机制、利益表达机制、协商沟通机制、救济救助机制,畅通群众利益协调、权益保障法律渠道。十八届五中全会把统筹推进经济建设、政治建设、文化建设、社会建设、生态文明建设和党的建设作为"十三五"时期我国发展指导思想中的重要内容,首倡创新、协调、绿色、开放和共享的五大发展理念,提出不断推进文化创新,重审推动物质文明和精神文明协调发展,加快文化改革发展,加强社会主义精神文明建设,建设社会主义文化强国,强调坚持可持续发展,坚定走生产发展、生活富裕、生态良好的文明发展道路,推进美丽中国建设,推进"一带一路"建设,按照人人参与、人人尽力、人人享有的要求,加大对革命老区、民族地区、边疆地区、贫困地区的转移支付,实施精准扶贫、精准脱贫。同时,格外关注农村发展问题,提出,大力推进农业现代化,加快转变农业发展方式,走产出高效、产品安全、资源节约、环境友好的农业现代化道路;推动城乡协调发展,健全城乡发展一体化体制机制,健全农村基础设施投入长效机制,推动城镇公共服务向农村延伸,提高社会主义新农村建设水平,提高公共服务共建能力和共享水平。针对农村特点,围绕培育和践行社会主义核心价值观,深入开展中国特色社会主义和中国梦宣传教育,广泛开展形势政策宣传教育,提高农民综合素质,提升农村社会文明程度,凝聚起建设社会主义新农村的强大精神力量。深入推进农村精神文明创建活动,扎实开展好家风好家训活动,继续开展好媳妇、好儿女、好公婆等评选表彰活动,开展寻找最美乡村教师、医生、村官等活动,凝聚起向上、崇善、爱美的强大正能量。倡导文艺工作者深入农村,创作富有乡土气息、讴歌农村时代变迁的优秀文艺作品,提供健康有益、喜闻乐见的文化服务。创新乡贤文化,弘扬善行义举,以乡情乡愁为纽带吸引和凝聚各方人士支持家乡建设,传承乡村文明。① 在党的十九大报告中,习近平总书记提出"实施乡村振兴战略"指出,优先发展农业农村应按照"产业兴旺、生态宜居、乡风文明、治理有效、生活富裕"的总要求,加快推进农业农村现代化。这也就是说,文化建设是我国农村现代化的总要求之一。

从以上文件精神和会议讲话中可以看出,我们党对于新农村建设和文化建设的重视程度越来越高,对于农村文化建设——特别是农村公共文化服务进一步发展大意义目标、价值原则、功能作用、方向趋势、规划方案、政策举措、方式方法、落实执行等的深刻理解和具体实施的强大力度。也成为自治区今后进行农村文化建设、进一步完善农村公共文化服务的指导思想。随着自治区经济实力的逐渐增强和人民群众物质生活水平的不断提高,人们对于精神文化产品的需求日渐高涨。对此,自治区第八次党代会强调,我们"要以为人民群众提供基本的公共文化服务为根本任务,着力构建覆盖全疆的比较完备的公共文化服务体系。"并具体阐明了发展的方向、目的及目标,即:"高度重视文化民生,加强'区、地、县、乡、村'五级公共文化服务基础设施建设,进一步完善公共服务网络,优先建设关系群众切身利益的文化惠民工程和公益性文化项目,让各族群众享有免费或优惠的基本公共文化服务。"这具体阐明了自治区今后一个时期公共文化建设发展的重心、方向、目的、成效及其衡量标准。针对"三股势力"的煽动、破坏活动,自治区以"访惠聚"活动为载体,积极促进新疆村级文化建设。以自治区党委文化工作会议为起点,围绕自治区"由文化资源大区向文化发展大区转变"的文化建设目标,新疆文化大发展大繁荣的新征程已经开启。

2011年在乌鲁木齐市举办的首届中国-亚欧博览会,首次推出了一个重要组成部分:"中外文化展示周",这标志着自治区首次将文化服务产业和经贸放在了同等重要的地位。②作为新疆现代经济社会的重要支撑,现代服务业属

---

① 2015年中央一号文件《中共中央国务院关于进一步深化农村改革加快推进农业现代化的若干意见》,2015年2月2日。
② 新疆文化服务:因地制宜 挖掘潜能,亚心网,2012年5月17日。

于重大民生产业,不仅可以提升城市的品质,增加现代文化气息,提高人民群众的生活质量,还可以调整经济结构,吸纳就业。新疆现代服务业正处在起步和创业阶段,自治区党委政府要求努力构建充满活力、就业容量大、社会功能强的现代服务业体系。新疆"十二五"规划指出,按照"发挥优势、服务全局、突出重点、创新发展"的原则,优化服务结构,不断提高文化服务的发展质量和水平。富有新疆独特风味儿的旅游成为重点培育的战略性支柱产业。在新疆"十二五"规划中,自治区提出做大做强包括农村在内的新疆旅游业,着力建设好喀纳斯、喀什、那拉提、天池、吐鲁番等一批国家级乃至世界级旅游景点和景区,积极发展冬季冰雪旅游,逐步变旅游淡季为旅游旺季,把新疆建设成为我国重要的旅游目的地。上述思路和目标,对于新疆农村文化产业发展具有极大的促进意义。在中央和新疆关于新疆文化大发展的方针政策指导下,新疆农村文化建设的思路及规划逐渐确立。

二、逐渐确立文化建设的思路与规划

新世纪以来,特别是 2005 以后,新疆农村各级政府开始明确在增强硬实力的同时注重文化软实力的建设以提高综合实力的目标,越来越把思想文化建设放到整体工作当中的重要位置上,坚定不移地以社会主义先进文化为引领,打牢共同团结奋斗、共同繁荣发展的思想基础。坚持用社会主义核心价值观引领多元化社会思潮,充分发挥宣传思想工作在促进发展、构建和谐中的重要作用,牢牢把握主旋律,真正把蕴含在先进文化中的精神力量渗透、贯穿到经济社会发展的各个方面。大力弘扬各民族的优秀文化,增进各族人民的大团结、大融合,在全县上下形成开放、创新、包容、向上、感恩的社会氛围,凝聚起各族人民的智慧和力量,形成推动经济发展的强大精神动力。

(一)提出县域文化发展战略以及具体要求

新疆农村普遍提出了富有县域特色的文化发展战略,叶城县、莎车县、麦盖提县等等纷纷确定了"文化塑县"的战略。同时,许多县形成了文化发展的具体思路和要求。作为全国贫困县,乌什县县委、县政府提出"再穷不能穷文化,越穷越要抓文化"的要求,强调摆脱物质贫困的同时要消除精神贫困,把发展文化事业作为衡量各级领导干部年度政绩的一项重要标准常抓不懈。温宿县县委针对基层政权建设中农村文化阵地、学校管理、青少年教育、宗教管理等方面存在的薄弱环节,提出了加强农村思想文化建设的具体要求,并将其列入"一把手"工程,成立了县乡村三级文化阵地建设领导小组。昌吉回族自治州的奇台县着力完善文化产业政策,推进文化体制改革,增多文体产品消费量,文化产业发展展现广阔前景。2006年至2010年的五年间,奇台县相继建成了文化馆、图书馆、博物馆、影剧院等一大批基础设施,并组建了诸多社会团体。今后一个时期,奇台县树立文化兴县战略理念,以打造煤都、粮都、龙都、酒都、天山俪都"中国五都·新疆奇台"文化品牌为目标,挖掘汉文化、民俗文化、红色文化、商业文化、饮食文化、恐龙文化"六大文化资源"优势,将其转化为产业优势;实施基础设施建设工程、文化人才培养工程、文艺精品创作工程、群众文化普及工程、文化产业培育工程"五大文化工程",全力打造"丝路古城,金色奇台,时代新港,恐龙之乡"的县域名片。①

(二)形成综合性、一体化的公共文化建设思路

近年来,新疆农村公共文化服务建设逐步进入了较好的发展时期。

1. 各地根据实际情况,形成了综合性、一体化的建设思路与模式。例如,叶城县管理决策层认识到:文化建设是一项复杂的社会系统工程,不仅仅是文化部门的工作职责,也是全社会的共同责任。必须统筹协调各个方面的力量,在全社会掀起文化建设的新高潮。这也是新疆南疆乃至全区农村文化建设的共同思路。

2. 形成了新疆农村公共文化服务综合性、一体化建设的组织管理机制。各级基层文化单位注重加强领导,把推动农村文化建设和创建文化先进县(市)紧密结合起来,许多地方成立了创建领导小组,并把这一工作纳入当地经济和社会发展的总体规划中。这也是目前新疆农村公共文化服务建设普遍采取的组织管理机制。它从制度层面体现了鲜明的总体性、综合性、一体化特点。

3. 在实践中摸索出了一套具有实效的新疆农村公共文化服务综合性、一

① 新疆奇台县积极推进县域文化体制改革进程,中国广播网2011年11月7日。

体化建设的具体措施及做法。2005年以来,库车县以创建自治区文明县为契机,确立"大文化"建设思路,构建"大文化"建设机制,以文化促社会和谐稳定,以和谐稳定带动经济快速发展。具体而言,该县长期坚持把公共文化服务体系建设与节假日文体活动、文明乡风和健康卫生工作、精神文明及文明乡风建设、创建自治区文明县活动、公民道德建设及民族团结教育、各民族传统节日、未成年人思想道德教育及校园文化建设、远程教育、双拥工作、社会稳定以及反对"三股势力"等工作紧密结合,统一领导、综合安排。这种做法使新农村文化建设工作免于单调和孤立的状态,将农村文化建设与农民增收致富联系在一起,把满足农民致富的迫切需求和富而求知、富而求智的渴望置于农村文化建设的首要位置,改变农民的传统思想观念,全方位提升农民文化素质,以真正实现城乡文化一体化发展。

4. 推广典型,以点带面。如2000年以后,塔城地区每年召开"基层文化工作现场会",把裕民县《关于加强农牧区文化建设的实施意见》作为先进经验及时转发给各县(市)。温宿县"文化户"农民自办文化的经验已辐射到许多地方,并推广到自治区。

(三)出台旨在推动文化产业化发展的政策和措施

1. 各地(州)、县,以及一些乡(镇),根据本地实际,明确了发展思路,出台了扶持新疆农村文化产业化发展的政策。昌吉州对乡村文化旅游产业在政策上引导,在资金扶助、营销宣传上都做了大量的扶持。2005年以来,随着市域经济的不断发展和美食节庆活动的连续开展,昌吉市以城郊乡村旅游为核心,以"观音寻根·妙善老家"和西域回民风情旅游文化为主题,以北部荒漠探险游、南部天山风光生态游、城市特色休闲游为品牌的"一心、二魂、三品牌"的旅游格局逐步形成,通过旅游资源的整合和精品线路的开发,有效带动了民族服装服饰设计制作、玉石加工销售、餐饮荟萃展示等相关旅游文化产业的发展。吐鲁番地区一直在坚持寻找文化与旅游的结合点,坚持"以文化促旅游、以旅游兴文化",努力打造旅游精品工程。库车古称"龟兹",历史悠久,文化灿烂,曾是联系和沟通亚欧大陆的桥梁,中西文化在这里交融,是举世闻名的龟兹文化发祥地。在库车这片神秘辽阔的土地上,不仅有绚丽的自然风光,更有悠久的历史文明,加之粗犷豪放的草原游牧文化,创造出了谜一般的西域龟兹文明。为尽快使这里成为中外游客的旅游目的地、文化旅游热点,把旅游资源优势转换为经济优势,库车人创造性地开展了一系列工作。依托得天独厚的旅游资源,围绕"大抓旅游、抓大旅游"的工作思路,正在精心打造龟兹文化旅游品牌,确立了以龟兹文化旅游资源为突破口,加快文化旅游资源大整合、品牌大推介、景区大建设、产业大发展的中心思想。库车旅游业沿着科学发展的大道已进入不断上规模、上档次、上水平的快速发展时期,成为库车国民经济的又一支柱产业。过去,古龟兹文化虽然存在,但没有一个系统的资料和说明,同属古龟兹文化地域的库车周边县在旅游发展中交流合作很少,使本来分散的旅游景点没有发挥整体效应,因此,库车县率先提出旅游资源共享、共同打造龟兹文化大旅游圈的发展思路。

2. 制定了规划措施。从自治区到地州到各县乡政府,纷纷把发展文化产业提上本地今后经济社会进一步发展的议事日程,制定文化产业发展或文化兴区战略规划,或出台相关决议、政策、措施。早在 2005 年 2 月 23 日的自治区文化文物会议上,自治区政府就出台了新疆第一个文化事业发展中长期规划《自治区文化事业发展中长期规划》(征求意见稿),明确提出了建成文化大区的目标和时间表。2013 年 1 月,由新疆维吾尔自治区文化厅汇编、新疆人民出版社出版的、新疆发行的第一本有关文化产业的专业书籍——《新疆文化产业工作手册》首发仪式在乌鲁木齐举行,这为新疆文化产业的发展提供理论指导与政策支持,成为新疆广大文化从业者、经营者、管理者、研究者的工具书。《新疆文化产业工作手册》汇编工作历时一年多,汇集收录了最新的国家与新疆文化产业宏观指导政策,国家级文化产业政策(包括文化产业综合性政策、演出业政策、动漫游戏业政策、文化娱乐业政策、网络文化业政策、文化旅游业政策、艺术品业政策、出版印刷业政策与影视业政策),文化产业基地、园区、资金申报文件和新疆文化产业示范企业名单,它的出版发行,旨在为新疆各级文化产业行政主管部门更好地开展文化产业工作和推动地方文化产业发展提供政策指导,为文化产业经营者与管理者熟悉政策、掌握政策、用好政策提供帮助,为文化产业研究提供理论依据。① 同时,积极拓展融资渠道。进入 21 世纪以后,国家开发银行新疆分行坚持"规划先行"的开发性金融理念,倾力支持新疆文化产业发展,仅文化产业发展方面的贷款余额达 13.74 亿元,已成为支持新疆维吾尔自治区文化产业发展的主力银行。国开行新疆分行积极与自治区文化产业相关部门沟通,并在分行内设立文化产业融资工作组,围绕文化产业热点和重点,通过规划先行从源头上培养项目,充实项目储备,完成一批有合作意愿又有融资意向的项目梳理工作。还与自治区党委宣传部签订《支持新疆维吾尔自治区文化产业发展规划合作备忘录》,就支持新疆文化产业加快发展达成共识,并提供专项资金 100 万元支持《新疆文化产业十二五规划》编制工作。截至 2012 年 5 月末,国开行新疆分行已支持新疆乌鲁木齐有线数字电视整体转换项目、新疆广电网络改造升级项目、新疆国际会展中心建设项目、伊犁那拉提景区建设项目、奇台县江布拉克景区游客服务中心、新疆天池旅游生态园国际滑雪场、八路军驻疆办事处纪念馆等一批文化产业项目,贷款余额高达 13.74 亿元。目前,国开行新疆分行支持的一些文化产业项目已经取得丰硕成果,其中新疆国际会展中心项目已建成投入运行,成为中国－亚欧博览会主会场;新疆乌鲁木齐有线数字电视整体转换项目,面向全疆用户免费配送158 万台数字机顶盒,完成全疆数字电视传输平台建设和数字电视运行维护和客户服务体系,实现向有线电视用户传送 170 多套丰富多彩的数字电视节目和数据广播信息服务。②

各地州也为文化产业发展而做出专业性、科学性、前瞻性很高的总体规划,它们着眼于整个地区文化产业的发展,同时,对于当地农村文化产业发展也有着直接或间接促进作用,如吐鲁番文化产业规划、昌吉州文化产业规划等。许多地方还出台了县域文化产业发展的相关文件、精神、政策、措施,如奇台出台地方税收、贴息贷款、资金奖励、土地划拨和行政事业性收费等多项政策促进文化产业发展。在税收方面,奇台县 2012 年主要出台和集中公布了四项县级和按自治区规定可以对文化企业减免的收费政策:一是 5 年免征企业

---

① 《新疆文化产业工作手册》举行首发仪式,天山网 2013 年 1 月 13 日。
② 《国开行新疆分行"规划先行"阻力新疆文化产业发展》,天山网 2012 年 6 月 26 日。

所得税地方分享部分、自用房房产税和自用土地的城镇土地使用税;二是给予自取得第一笔生产经营收入所属的纳税年度起企业所得税"两免三减半"优惠;三是按15%的税率减征企业所得税;四是对经营性文化事业单位转制为企业的,自转制之日起免征企业所得税,对其自用房免征房产税。奇台县还规定,对成长性好的文化企业,县财政将拿出一定资金用于商业银行提供信用贷款的贴息。在财政投入和奖励方面,奇台县从2012年开始,由县财政对文化事业的投入力度将随财政收入增长而逐年增加,以确保文化建设与经济建设和社会发展相适应。在落实各项文化事业经费上,将年度公共文化基础设施建设、剧目(节目)编创、文化遗产保护、文化下乡演出、公益性文体活动等各项资金列入财政计划。同时,为鼓励文化企业发展,对被认定为国家级高新技术的文化企业一次性奖励100万元,对荣获自治区名牌和中国名牌产品的文化企业分别奖励10万元和30万元,对被认定为自治区级和国家级企业技术中心的文化企业分别奖励10万元和30万元。从2012年起,奇台县对文化企业在用地方面还出台了四个方面的激励政策。① 若羌县制定出台了《若羌县"十二五"文化产业发展规划》,规划提出,在"十二五"期间,该县文化产业发展将紧密结合县域发展实际,以楼兰文化为支撑,以结构调整为主线,以重大文化工程项目为平台,依托境内丰富的自然资源和厚重的历史文化资源,走特色文化产业发展道路,大力培育文化市场主体,加快文化市场建设,打造文化产业平台,转变产业发展方式,逐步扩大文化产业规模,增强文化产业整体实力和竞争力。突出抓好发展重点文化产业、培育骨干文化企业、扩大文化消费、加大非物质文化遗产保护传承力度等四个方面的工作。到2015年,逐步建立起比较完备的公共文化服务体系,城乡群众基本文化权益得以保证,各类公益文化设施基本可以满足群众需求,基本达到国家级文化先进县要求,形成较为合理的文化产业结构,构建较为完善的文化市场体系。一些乡镇也根据实际情况制定了文化产业发展规划。如阜康三工河乡确定,2013年,该乡以科学发展为主题,以加快产业结构调整为主线,以提高农牧民收入为中心,全面实施"12345"社会经济发展战略,构建现代产业体系,打造北部沙漠生态乡镇,建设

---

① 《奇台县出台政策促进文化产业发展》,新疆兴农网2012年6月10日。

"变化变革、敢于担当、文明富裕、和谐幸福"的新三工河,早日实现"旅游重镇、畜牧强乡、文化名乡"的奋斗目标。经济发展预期目标是:全乡农村经济总收入达到 1.43 亿元,增长 15% ;农牧民人均纯收入达到 12199 元,较上年增加 1500 元。建立以旅游产品为主的农畜产品小微企业打造有机绿色和旅游产品生产基地;2013 年 7 月,《察布查尔锡伯自治县文化产业发展规划(2013 – 2020)》已原则通过自治区文化厅组织的专家评审,共 10 个大项 38 个子项列入文化产业项目库,投资概算 6.7 亿元。这也意味着,察布查尔县文化产业的大船正扬帆起航。①

3. 适时合理开发文化旅游项目。积极支持和服务于以现代市场经济方式传承和发展传统文化。各级政府积极开发具有民族传统和地域特色的民间工艺项目、民俗表演项目和民俗旅游项目并开发文化旅游精品线路。以天山天池为例,5A 级景区天山天池为代表的旅游业在全疆旅游业中占据龙头地位,每年吸引近 200 万旅客观光游览。天池主要以发展旅游业为主,为此开展了很多相关项目的建设,有的正在招商或策划,有的已开始实施,具体包括天池景区博格达灵山寺复建项目、天山天池国际度假旅游区服务接待基地、新疆天池白杨沟动物园项目、新疆天池灯杆山至马牙山观光索道项目、新疆蟠桃园项目、瑶池演绎剧院文化广场、花儿沟景区休闲运动中心项目、天池"时光隧道"与新疆化石山公园项目,等。2011 年 11 月,总投资达 10 亿元的"王母悬圃"项目于在天池脚下破土动工,②标志着阜康市依托天池的品牌影响力,积极推进文化产业发展迈出了重要一步。"悬圃"也称"玄圃",传说是西王母的仙居,有"空中花园"之意。"王母悬圃"项目占地面积近 13 万平方米,分南北两部,彰显"梦幻瑶池"的主题和"繁华街市"的色彩,是阜康市正在打造的天山天池文化产业园的核心项目。天山天池文化产业园包括游客集散中心、上海世博会新疆馆重建、非物质文化遗产研发保护生产基地、中国葡萄酒博览会基地、影视城、周穆王八骏赴瑶池铸铜雕塑、文化广场、动漫主题公园等项目,规划面积为 40 平方公里,总投资将达 86 亿元,计划分三期 15 年内建成,一些项目已建

---

① 《新疆察查尔锡伯自治县文化产业大船扬帆起航》,《伊犁晚报》,2013 年 7 月 8 日。
② 《新疆阜康依托天池打造文化产业》,《新疆日报》,2011 年 11 月 9 日。

成或在建。管理者表示,借助十七届六中全会的东风,阜康市正在紧锣密鼓地制定深化文化体制改革、推动社会主义文化大发展大繁荣的实施意见,确定了"文化兴市"的发展思路,将积极发展文化产业,建成比较完善的文化产业生产、服务、销售网络体系,形成新的经济增长点和支柱产业。"十二五"期间,该市重点做好天山天池申报世界自然遗产地、西王母文化非物质文化遗产地保护中心、天池文化旅游产业园、阜康市文体中心等规划建设项目的实施;继续加大对文化旅游业等传统文化产业的扶持力度,大力发展文化中介服务、现代文化创意、娱乐等新兴文化产业;重点扶持文化旅游、会展、冰雪运动、演艺等产业,努力培育一批文化休闲消费的知名品牌和龙头企业,引导各文化产业门类向规模化、连锁化、品牌化方向发展。此外,将加大文化基础设施的投入力度,通过争取国家项目、对口援疆和自筹资金,集中力量兴建现代化的博物馆、群艺馆、图书馆、影剧院、体育场(馆)、非物质文化遗产生产性保护示范基地等一批标志性文化基础设施,并采取将文化设施建设纳入城乡建设总体规划等一系列措施,大力发展文化事业,推动现代文化的发展。

民族文化资源开发与旅游、比发展是相得益彰、互惠互利的,二者形成一种良性互动。具体而言,开发了民族餐饮、民族旅游商品、民族音乐歌舞及节庆、民族风俗家访点。民族风俗家访点即指利用当地农村自然资源和人文资源,提供可以满足旅游者了解当地民族生活习惯、民族风情、体验乡村生活所需产品和服务的旅游商业活动。在旅游景区内或者是固定旅游景点的周边均可以进行开发,吐鲁番地区民俗家访点的开发就是一个热门。民族风情园的开发,以综合展现当地民族文化的民族风情园,成为中外游客体验民族风情的重要载体。吐鲁番在这方面进行了一系列开发,如坎儿井民俗风情园、达瓦孜民族风情园、火焰山民族艺术传承区、民居风情园等,其开发的旅游路线中,既有民族旅游文化专线,也有民族旅游文化与其他形式旅游的结合。

4. 实施特色文化品牌战略。培育一批文化名镇、名村、名园、名人、名品。在弘扬民族文化方面,各地举办各类书画、手工艺品、摄影等作品展览,等。在舞台精品创造方面,"高昌鼓韵"节目获新疆"五个一"工程优秀节目奖,《那孜库姆》舞台歌剧深受国内外宾客的欢迎和关注,吐鲁番万人麦西热甫创上海吉尼斯纪录;在广播影视精品创造方面,推出了《魅力吐鲁番》、《史话吐鲁番》、《瓜果吐鲁番》等电子音像制品以及《吐鲁番郡王》、《吐鲁番情歌》等一系列优秀影视作品;在旅游文化品牌打造上,吐鲁番开发和创建了一批包括葡萄沟、库姆塔格、坎儿井等一批国家5A、4A、3A级旅游景区。自1990年开始,吐鲁番每年8－9月间都要举办的丝绸之路葡萄节——这也是国务院确定的重要节庆活动之一。甜美的葡萄,古朴的民俗,欢乐的歌舞,悠扬的音乐,吸引着无数慕名而来的海内外游客。一些乡镇也开始打造庆典品牌。2012年起,玛纳斯县北五岔镇开始举办沙漠风情旅游文化节。北五岔镇具有古尔班通古特沙海风光、沙漠胡杨、红柳滩、梭梭林海等地缘资源优势。为利用好这些优势资源,该镇确立了"大庙古汉寺、大漠胡杨林"文化品牌,积极对外宣传推介。① 哈密市陶家宫镇高度重视民族文化的传承和挖掘,着力培育和发展以"哈密木卡姆和新疆曲子"文化为主的艺术品牌,构建布局合理、设施完善、功能齐备、服务方便的公共文化服务体系。经过多年的传承挖掘和保护,汉族的"新疆曲子"、维吾尔族的"阔克麦西来甫"、"哈密木卡姆"文化得到较好的传承和发展。每年12月至次年3月举办的哈密木卡姆、新疆曲子、社火等培训分别在城市进行展演,观众都达三万人次。由新疆文化厅、昌吉州人民政府主办,呼图壁人民政府承办的"新疆第二届乡村艺术节暨呼图壁新疆曲子文化节"。新疆曲子俗称"小曲子",它是由陕西"曲子"、兰州"鼓子"、青海"平弦"以及中国西北地区的民歌俗曲在清末民初时期传入新疆后,在新疆当地的汉、回、锡伯等各族共创共演并融合新疆多民族艺术而形成的具有浓郁地方特色的地方戏曲剧种。新疆曲子最早传唱记载始于乾隆三十六年(1771)纪晓岚《乌鲁木齐杂诗》中,以其风格活泼、形式简单、内容亲民的特点,广泛流传于哈密、巴里坤、乌鲁木齐、木垒、奇台、霍城、伊宁和焉耆等地。呼图壁举办"文化节"促进了新疆的文化交流,同时也大大推动了当地的文化事业、文化产业。新疆曲子的保护和传承,把当地的乡村艺术从民间搬上了舞台。

---

① 《玛纳斯北五岔镇举办首届沙漠风情旅游文化节》,西部庭州2012年6月25日。

三、初步建立起文化建设的组织管理制度和规范

（一）形成适合于实际情况的规范化管理方式

1. 农村文化场馆和基础设施建设、文化下乡服务组织的规范化不断加强。2001 年 7 月,自治区相关部门就编制了农村文化场馆建设的统一标准,进行"创建文化建设先进县(市、区)"的评选,督促县、乡、村三级文化设施分别达到自治区建设标准要求。2008 年 3 月,发布了《自治区关于进一步加强全区农村公共文化服务管理和活动工作的通知》(简称《通知》),要求注重基层农村文化管理,做好乡镇文化站评估定级工作。同时,坚持落实和执行文化下乡工作,鼓励县级文艺团队深入农牧区为农牧民演出;发挥县级文化馆的作用,经常性、有计划地举办乡村文化培训班,培养农村文艺骨干,试图建设一支不走的文化下乡队伍。这意味着自治区关于农村公共文化服务建设体系建设中的激励和督促机制及其作用。2015 年中央办公厅、国务院办公厅出台了《关于加快构建现代公共文化服务体系的意见》,在"统筹推进公共文化服务均衡发展"的话语背景下全面阐明了 2015 – 2020 年农村文化设施建设的意见,并发布了相应的指导标准。根据该文件精神,新疆制定了实施方案,阐述了进一步推动新疆农村公共文化服务均等化的意见,特别是积极推动贫困地区、边境地区、偏远地区公共文化建设的意见,确定了重点向南疆四地州、边境县、贫困县、较少民族地区倾斜的财税支持政策,并制定了 2016 – 2020 年农村公共文化服务实施标准。

2. 农村文化资源保护及开发管理方面的规范化、法制化不断增强。近年来,自治区日益加强相关法律法规的建立健全以更好地实现民族文化资源的保护式开发,促使民族文化资源非常丰富的新疆农村文化资源保护及开发管理走上规范化、法制化的道路。2008 年 1 月,《新疆维吾尔自治区非物质文化遗产保护条例》正式颁布施行,标志着自治区文化立法取得了新的突破。2010 年 7 月 8 日召开的自治区人民政府第十一届人民政府第十一次常务会议,审议并原则通过了《自治区维吾尔木卡姆艺术保护条例(草案)》,2013 年 3 月 30 日闭幕的自治区十二届人大常委会一次会议上,审查批准的《吉木萨尔北庭故城

遗址保护条例》等。上述《条例》及类似法律法规促进了新疆民族传统文化保护工作的法制化、规范化,因而,有利于形成规范的保护机制。

3. 资金的管理及使用越来越规范。为了规范和加强新疆农村文化建设专项资金管理,提高资金使用效益,根据国家和自治区有关规定,新疆维吾尔自治区财政厅出台了《新疆维吾尔自治区农村文化建设专项资金管理暂行办法》。专项资金由中央和自治区财政设立,用于支持自治区农村公共文化事业发展,保障基层农村群众基本文化权益。专项资金包括补助资金和奖励资金。补助资金主要用于补助行政村文化设施维护和开展文化体育活动等支出,补助标准为每个行政村每年 10000 元。奖励资金主要用于鼓励各地开展农村特色文化体育活动、加强农村基层文化体育人才队伍建设、丰富农民群众文化体育生活等。奖励资金实行因素分配法,根据各地区域内农村基本情况、财政文化投入水平、农村文化体育活动开展情况等因素进行分配。2013 年起,新疆建立健全农家书屋出版物正常补充机制,为每个农家书屋补充 2000 元的图书,并保证每年都有新书。而且为确保农家书屋很好地发挥作用,不断探索完善农家书屋的运行机制,不拘泥于单一的模式,使书屋既可以建在农家,也可与“东风工程”项目整合建在乡村文化站,并借鉴农家书屋在基层文化建设中的成功经验,争取边防书屋建设项目的立项,努力实现新闻出版公共文化服务在边境沿线的全覆盖。各地(州)、县也不断加强资金的落实到位。昌吉市 2013 年 6 月争取中央专项资金 49 万元、自治区专项资金 8 万元,专项用于 10 个乡镇、3 个涉农街道办事处共 87 个行政村的农村文化建设补助。这些资金主要用于扶持:第一,文化信息共享工程基层服务点(与农村党员远程教育服务点共建)宽带接入、运行维护及开展文化宣传讲座等活动补助每村每年 2000 元;第二,农家书屋、书报更新、日常运行及举办读书活动等补助每村每年 2000 元;第三,行政村自行开展各类文艺演出活动补助每村每年 2400 元;第四,农村电影放映活动每村每年 12 场补助 2400 元;第五,农村体育活动每村每年 6 场补助 1200 元。此资金的拨付进一步加大了对农村文化事业发展支持力度,丰富了农村群众精神文化生活。① 阿勒泰地区从 2007 年开始,该地区积极贯彻落实农村公益电影放映场次补贴政策,通过实施财政补贴,确保"每村每月免费放映一场电影"。2010 年将农村公益电影放映场次补助标准由 100 元/场提高到 200元/场,当年共落实补贴资金 123.9 万元。图书馆文化馆免费开放。为了提升公共文化服务能力,让各族群众享受到发展成果,当年 6 月底,该地区累计投入资金 665 万元,按照地市级图书馆、文化馆每馆每年 50 万元,县级图书馆、文化馆每馆每年 20 万元,乡镇级综合文化馆每馆每年 5 万元的补助标准,支持公共图书馆、文化馆(站、室)向社会免费开放。大力支持农村书屋建设。大力实施"农村书屋"建设工程,仅 2011 年就投入资金 320 万元,主要用于 160 个"农村书屋"图书及相关设备的购置。同时,大力支持广播电视事业发展,安排专项资金 120 万元,积极支持哈萨克语调频广播的发展,认真做好广播电视村村通工程,切实解决广大边远农村群众收听、收看到广播电视节目的问题。支持民族文化发展。此外,加大对民族文化的投入力度,积极扶持基层专业演出队伍发展,仅 2010 年就投入资金 150 万元,支持地区编排哈萨克族大型歌舞诗《阿嘎加依》,安排专项经费用于地区文工团、歌舞团添置设备和场馆维修改造。按照资金 478 万元支持县市文工团下乡进村演出,切实丰富了农牧民群众文化生活。② 伊吾县大力加强农家书屋建设,全力解决农牧民"买书难、借书难、看书难"的问题,2014 年为全县 32 个农家书屋配备图书价值 14 万元。③

(二)建立文化建设工作的领导决策机制

各地农村为改善组织管理、制定规划,成立工作小组、健全领导班子,形成文化建设工作的领导决策机制。2000 年开始,喀什地区提出并做到"五个强化",即强化阵地建设、强化服务能力、强化资金管理、强化宣传工作及强化督导检查。该地区叶城县文化建设先进县的具体规划,专门指定一名县委副书记分管意识形态领域工作,一名常委、一名副县长分管文化工作,成立了由县

---

① 昌吉市争取中央自治区资金 57 万元助力农村文化建设 http://www.cj.gov.cn/cjyws/xfyw/96366.htm。

② 《阿勒泰地区加大财政投入支持文化事业发展》,http://czj.xjbz.gov.cn/news/zwxx/czxw/qjczxwlb/2011/128/111281159413GB92K39A4367707GI7E.html。

③ 《新疆伊吾县农家书屋冬闲喜送"精神粮"》,天山网 2014 年 12 月 4 日。

长挂帅,主管文化的县委常委、宣传部部长、副县长任副组长,县文化体育局有关领导、各乡镇主管文化的领导担任成员的领导小组,对全县的文化创建工作进行了统一的安排和部署。同时,配备了一个强有力的文体局班子,为发挥好主管部门职能作用创造了良好的条件,使创建工作在组织上有了保证,形成了层层有人管,事事有人抓的工作格局。阿克苏地区各县市都建立了相应的文化建设的领导体制和工作机制,先后成立了"边疆文化长廊建设领导小组"、"文化建设先进县创建领导小组",一级带一级,一级抓一级,上下联动,形成合力。该地区的温宿县作为边境县,自2001年县委、县政府提出创建自治区文化建设先进县以来,多次就加强和巩固思想文化阵地建设进行专题研究,成立了县乡村三级文化阵地建设领导小组,把文化工作纳入"十五"规划,列入"一把手"工程和精神文明建设目标管理,作为社会主义精神文明建设工作的重要内容常抓不懈,出台了进一步加强基层文化建设的指导性实施意见,形成了各级领导协调抓,职能部门具体抓,分类指导,分级管理、突出重点的工作格局,为推动全县文化事业的快速发展奠定了扎实的组织保证。

乡(镇)村级有关部门或机构也逐渐加强和完善管理。从2010年开始,和田县加义乡文化站按照年初与县文体局签订的责任书精神及要求,认真履行所有条款,做了大量工作。首先,根据责任书的工作精神,坚持每周6天开放图书室,每天坚持8小时工作制,同时,对图书室图书、报刊及VCD光碟(包括"东风工程"建设项目捐赠的)等各种文化产品进行分类整理工作;其次,把游戏厅的监督管理工作放在首要地位,辖区内的游戏厅所添置的游戏均内容健康,无违规违法内容;再次,成立了专门的领导小组,并制定了周密计划,顺利开展百日文化广场活动及其他各种娱乐活动,以村为单位进行文艺会演;第四,通过横幅、标语、板报、展览等多种形式,宣传交通安全、计划生育等方面的知识,并配合开展宣传活动;第五,根据责任书的计划任务和指标,组织和策划了多种多样的文体活动;第六,该站所辖12个村的文化机构开设了"三室一场"的建设工作,并对各村文化室的图书登记、整理、分类等做了大量工作,并已顺利完成了各村的登记、整理、分类工作;第七,利用文物室,每周进行一次展览,参观者积极踊跃;第八,组成并加强对民间文艺团体及艺人的管理,从

2011年起,组织了由十多位民间艺人组成的民间文艺团体,并同这些民间艺人签订了责任书。乡党委取消了他们的义务劳动,并为他们申请了最低生活保障金。哈密市陶家宫镇文化站,成立了由镇党委书记为组长、主管文体工作领导为副组长、各村委会负责人为成员的领导小组,制定了活动方案,部署了"开展文体活动"的工作,要求各村场突出"加强民族团结、维护社会稳定、促进和谐发展"的基本要求,并在上述方面下功夫,切实把用社会主义先进文化引领社会思潮、用社会主义荣辱观塑造"四有公民"的工作做深做细。该镇所属各村队都将"开展文体活动"作为一项重要工作来抓,各村队根据本镇、村队的文化特色与老百姓聚居的实际,制定了切实可行的计划,并且有落实、有计划。作为业务主管部门,镇文化站指导、督促与检查,并制定了镇村管理办法,制定了奖励措施,对于活动开展好的村队给予2000-3000元的奖励,并设立了优秀文化体育活动室、支持关心文化体育活动开展工作的好领导等奖项,以提高镇、村队干部的工作积极性。仅2012年上半年,该镇为当年开展各项文化活动的投资就达8.9万元整。伊犁察布查尔县察布查尔镇党委、政府及各村将"农家书屋"工程作为服务大局、落实建设社会主义新农村战略的民心工程来抓,以建设好为前提、以管理好为关键、以维护好为重点、以使用好为目的进行科学管理、力求实效。为此,专门成立文化工作领导小组,由一名副职领导分管,配齐配备文化站干部,各村均有一名专职"农家书屋"管理人员,明确工作人员的岗位职责,为文化建设提供了经费和人员保障。突出表现如,以提高图书利用率为目标,以方便群众为原则,结合各村实际,进行"农家书屋"的设置。同时,该镇依托"农家书屋"工程、"东风工程"及自治县"图书进村"活动,充分整合原有的图书资源。此外,为了维护社会治安稳定、进一步加强和推进该镇广播站卫星电视传播秩序,成立了"开展境外卫星电视传播秩序专项整治工作"领导小组,建立广播电视系统专项整治的长效机制,由镇长和副镇长分别任组长和副组长,文化站站长等镇及各村干部任成员。

部分农村还进一步建立健全文化产业管理组织机构,加强领导,提高管理水平。2006年察布查尔县成立了非物质文化遗产保护与申报组织机构,即领导小组,由县委、县财政等多个部门组成,成立了保护中心,各乡几乎都有了传承点。他们邀请北京、乌鲁木齐有关方面的专家和民间艺人组成近16人的专家组指导工作,从2007年9月开始,进行非物质文化普查工作,并组织申报项目。同时,各基层单位还成立了组织机构,常抓不懈。天池管委会0A级系统完成升级;天池景区淡季不闲,狠抓干部廉政教育等;天池景区管理包括综合办公室、游客服务中心、天池信息中心等各项服务管理处,为游客和天池文化创造出有利的管理模式。

(三)探索农村文化体制改革和文化品牌打造之路

1. 改革文化生产及队伍建设体制,为文化建设及发展增强活力。2005年以后,阿克苏地区积极探索理顺政府部门与文化企事业单位的关系,把"办文化"职能转化为"管文化"职能,明确地将文化行政部门主要精力定位于管宏观、定政策、作规划、抓监管上。实施简政放权,制定出台了《阿克苏地区专业艺术表演团体体制改革总体方案》,建立"出人、出戏、出效率"的艺术生产机制。地区艺术表演团体通过实施演职员聘用制、演出场次补贴等有效形式,调动了演职员的积极性。该州库车县、沙雅县文工团采取向社会招聘团长的方式,使艺术表演团体的体制改革向纵深发展。同时,强化精品生产,先后创作了一大批优秀节目,多次获得中国艺术节二等奖、自治区"五个一工程奖"等多项奖励,受到区外、国外观众的欢迎。莎车县把打造十二木卡姆、巴旦姆为主的文化品牌作为着力点,以加大文化传播交流,建立文化艺术创评机制,激发文化保护、传承、创作热情,挖掘旅游文化推动旅游景点景区建设,从而,为实施文化精品工程创造制度环境。

2. 加强文化市场的规范化。各县、乡(镇)还进一步加强农村文化市场的规范化以促进农村文化产业的健康发展。2009年以来,各县乡普遍按照"一手抓繁荣,一手抓管理"的方针,不断加强文化市场的规范化管理,切实加强文化市场监管,以促进本地文化产业的健康发展。具体而言,成立文化市场稽查机构,坚持文明、公正的原则,实行定期与不定期相结合,单独执法和联合检查相结合,依法规范管理文化市场,建立健全文化市场行政执法规章制度并逐渐完善,积极培训上岗执法人员,建立网吧监管平台,配备文化市场专用车。大力开展了"扫黄打非"专项活动、文化市场专项整治活动,净化社会文化环境专项

活动等,其中,重点打击政治类、宗教类非法出版物,查缴非法音像制品和移动
存储介质,堵住民族分裂和极端宗教思想传播的渠道;加大对网吧、游戏厅、书
报摊、音像店、市场小广告的监管和整治。加强对课堂、讲座等的管理,抓好出
版物交通运输环节的治理和监管,提高对有害信息的封控查处能力。有的县
还对所有文化经营场所按照量化考核标准进行检查打分,利用每月例会组织
业主进行相关法律、法规的学习,并通过广播、电视等新闻媒体以及出动宣传
车等形式向广大消费者、经营者宣传法律法规知识,提高他们的守法经营意
识。上述措施,既保证群众多方面文化生活需要不断得到满足,又有效地净化
了文化市场环境,有力地促进了农村文化市场健康繁荣的发展。

3. 打造乡村文化产业品牌。2005 以后,各县纷纷挖掘、开发传统文化资
源,创建公共文化服务品牌活动。诸如各地的诺茹兹节、塔什库尔干县肖贡巴
哈尔节、泽普金胡杨红枣文化节、在阿图什市举办的"千人玛纳斯演唱会"、托
里县的"万人同奏冬不拉"、查布查尔县每年 5 月举行西迁节经贸文化旅游节。
库车县按照"政府牵头、企业运作、联合促销、共同发展"的市场开发机制,举办
了龟兹文化研讨会,成立了龟兹学会,全面挖掘整理龟兹文化。同时,库车县
龟兹歌舞团自编自演的富有浓郁龟兹文化的音乐歌剧,该县还以举办龟兹文
化旅游艺术节的形式向来库车的游客介绍龟兹故地的龟兹文化旅游,使这一
地区的旅游资源开始得以共享,让龟兹文化成为新疆的、国家的、世界的知名
品牌。尤其值得一提的是,农村特有的"农家乐"或"乡村游"品牌影响力越来
越大,越来越得到人们的广泛认同,在新疆各地农村也越来越红火。作为农家
乐旅游的发祥地,昌吉的杜氏旅游已成为疆内有较大影响的品牌。至 2010 年,
昌吉农村的旅游景区(点)由早期的几处发展到目前三大旅游板块,初步形成
了以中部乡村旅游为主体,南部天山风光和北部荒漠旅游区为两翼的旅游发
展格局。在伊犁,"乡村游"稳步增长,呈现良好发展趋势。涌现了五星级的农
家乐,如郝巴郎歌舞庄园;锡伯风情:贝伦农家乐;江南风韵:荷花池农家乐。
以锡伯族文化和伊犁河文化为王牌的乡村旅、休闲游目前稳步增长,赏伊犁河
落日、尝锡伯族美食成为休闲游的主题,伊犁河南岸游乐园出现摩肩接踵的热
闹场面。东部米粮泉回民乡以荷花池、金河谷、红顶子为主的农家乐;中部以

锡伯民俗风情园为辐射中心的锡伯族风味农家乐;西部以祭奠卡伦和红色旅游。该地区的查布查尔县坚持把文化旅游作为优先发展的支柱产业,争取国家项目、引进市场机制,整体开发文化产业,合理规划布局。西部以"万里西迁"为主题,在爱新舍里镇高起点规划、建设西迁历史博物馆,重点修复维护洪纳海、纳旦木和头湖等七个卡伦遗址,打造边境军事文化体验和爱国主义教育基地。中部以民俗风情为核心,依托民俗文化旅游名村建设,启动靖远寺修护项目,修复关帝庙等古建筑。建设游客服务管理中心,大力开发民族特色的手工制品、工艺品、特色食品等系列旅游产品,努力打造民俗体验、文化观光、旅游休闲胜地。东部以"戍边屯垦"为主题,每年农历五月八日公祭图伯特,复原图公故居,新建图公纪念馆,改扩建图公祠,三年内完成图公历史文化街区建设。

4. 组织举办旅游贸易节庆活动。2005 年以后,新疆各地农村普遍利用传统文化节日资源发展文化旅游产业。阜康为弘扬和传播西王母文化,扩大阜康影响力,塑造"神韵天池,美丽阜康"的形象,打响"王母家园,新疆客厅"品牌,促进阜康旅游业和蟠桃种植业。自 2012 年起,又开始举办"影像桃花节"系列活动,大力塑造"桃花"这一阜康西王母文化的靓丽符号。阜康市三工河乡依托天池,大力发展旅游事业,开发高山、草原、大漠三梯级自然景观,建造人文景点,增修旅游服务设施的发展战略。该乡牢固树立天池大旅游的思想理念,积极开发旅游资源,带动相关产业的发展:一是加大哈萨克民族风情园旅游文化产品开发,聘请专家设计、组织哈萨克民间艺人创编高标准民俗表演节目,实现河谷民俗展演园旅游文化升级;二是河谷旅游整体规划搭建旅游产品市场,将早熟农产品、绿色有机食品、旅游产品等精品包装上市,用特色产品吸引游客。三是实施旅游资源的整合,加快推进股份制公司组建,将汗王宫、民族风情园联合开发,建立吃住游服务体系。四是组织有经营头脑的农牧民外出考察旅游经营区,引进小饰品加工机械,建立以农牧民为主小微加工企业,成立旅游小商品合作社,制作具有地方特色的工艺品与纪念品,实现统一设计,统一销售;五是依托邻近沙漠优势,全力打造沙漠观光旅游城镇,延伸旅游线路,开发沙漠旅游、自驾探险旅游。自 2011 年起,伊犁的察布查尔县每年

5月份进行为期一周的西迁经贸文化旅游节,届时,各族各界人士穿着节日的盛装,欢聚一堂,共庆锡伯族西迁之盛事。节日日程安排有公路自行车赛、"嘎善之夏"音乐周演唱会和个人创作音乐会以及诗歌音乐会等、"老嘎善、新箭乡"摄影展及农民画画展、自治区级非遗项目"汗都春"专场、中国箭乡饮食大赛、西迁核心价值体系座谈会、自治区部分词曲作家采风、原生态歌舞剧、祭拜卡伦、少数民族刺绣展示、纪念图伯特活动、纪念西迁庆祝大会、纪念西迁晚会、"万人贝伦舞"申报大世界吉尼斯纪录、传统弓射箭比赛选拔赛、经贸洽谈会,同时,举办千名师生现场锡伯文书法、"中国箭乡 锡伯家园"全国传统弓射箭比赛,等等,其内容异常丰富,影响也不断扩大,为向外宣传锡伯文化及经济发展起到了积极作用。特克斯县统筹办好乡土音乐节、周易文化节等节庆活动。成立民乐队、马术俱乐部,开展多形式、多层次文化交流活动。强化与北京艺术学院等的合作,与国内、台海知名媒体、旅行社建立合作关系,邀请摄影、绘画、书法等文艺界资深人士前来采风创作,提升知名度、美誉度。① 新疆博湖县2011年成立了新疆蒙古族非物质文化遗产传承保护中心。该县正月十五举办的系列活动,吸引了数万游客,这项活动不仅有传统的《玉兔闹春》社火表演、猜灯谜、特色小吃等,还有100多盏造型新颖、色彩亮丽、惟妙惟肖的花灯。该县还举办了在全疆颇有影响、规模盛大的赛马活动,届时,全疆赛马爱好者在博湖争夺"马王"万元大奖黄沙碧水,马踏风驰,来自全疆各地的优秀赛马为争夺"马王"称号及高达数万元的奖金展开激烈的"驰骋战"。例如,2013年,赛马大会邀请全疆各地州马术协会、马场及本县各乡镇参赛。竞赛项目包括1000米、2000米、3000米、5000米、10000米纯血(混血)速度赛马;1000米、3000米、5000米纯血(混血)赛走马;1000米、2000米、3000米、5000米、10000米地方良种马速度赛马;1000米、3000米、5000米地方良种马赛走马。其规模从中可见一斑。② 喀什地区及各县(市)利用丰富的文化资源,积极开展品牌特色文化活动,形成了一批文化品牌。全地区连续举办"诺鲁孜节"活动、"民间文化艺术节",莎车县举办"十二木卡姆艺术节",泽普县举办"红枣节暨金湖

---

① 《特克斯县加快推进魅力文化大县建设工程》,中国·特克斯2013年4月8日。
② 《第三届"博斯腾杯"赛马大会本月18日开赛》,博湖党政信息网2013年4月3日。

杨文化节",麦盖提县举办"刀郎木卡姆艺术节",叶城县举办石榴花节,岳普湖县举办达瓦昆沙漠风光旅游节,疏勒县举办军民"庆丰收"文体系列活动,英吉沙县举办摘杏节、杏花节,塔什库尔干县举办"肖贡巴哈节"等节庆活动。该地区莎车县从2009年起举办"魅力莎车"采风暨巴旦姆花节,不断提升规模,以节会友、以节招商、以节日推介,举行"在那巴旦姆花盛开的地方"主题系列活动,启动"莎车旅游文化推广年暨文化旅游形象大使"全疆、全国招募选拔活动,形成以巴旦姆花节为开端,以采摘节为结尾的持续性活动。这些活动突出以"最美莎车"为亮点,将走进莎车看变化、体验民俗风情、感受文化艺术魅力、观览生态风景等内容,融入整个活动,为大家展示文化的多元性、地域的独特性以及莎车县经济社会发展的新风貌,为构建和谐魅力莎车、营造新一轮宣传声势、打造旅游目的地、提升莎车在疆内外的知名度创造条件。为进一步提升莎车巴旦姆在疆内外、国内外的知名度,拓宽巴旦姆产业发展空间和国内外营销渠道,加快推进其他优势主导产业调整优化升级,该县委、县人民政府利用喀交会、亚欧博览会、广交会、西恰会等展会平台加大宣传推介,并将巴旦姆文化内涵与维吾尔十二木卡姆文化相融合塑造形成了"两姆"文化品牌,培育打造出巴旦姆花节、采摘节、十二木卡姆艺术节三大节庆活动,大力实施"文化塑县、旅游活县、生态立县"战略,为实现跨越发展建成小康创造了有利条件。①由新疆旅游局、吐鲁番地区旅游局、鄯善县人民政府主办的鄯善县"沙漠之春"旅游文化节,在鄯善县库木塔格沙漠景区开幕,丰富多彩的活动点燃了沙漠的"热情"。库木塔格沙漠号称"世界上最美丽的沙漠",是"楼兰后裔"最后栖息的家园,同时也是世界上距离城市最近的沙漠,集大漠风光与江南秀色为一体,被誉为"沙漠博物馆"。在主题活动之后,还有桑葚节、奇石大巴扎、迪坎探险等活动陆续举行。

(四)兴起乡村民俗风情旅游的组织开发热潮

新疆农村淳朴的民风,奇异的民俗,灿烂的文化,清新的空气,绿色的食品为开展"农家乐"民俗文化旅游奠定了文化、历史和自然的"亮点"。2000年以

---

① 《莎车旅游文化主打巴旦姆牌》,新疆日报网2013年4月1日。

后,特别是2005年以来,喀什地区逐渐将"农家乐"民俗文化旅游作为带动地区旅游发展的主打产品,一个个农家小院、风味果园、特色民居等"农家乐"民俗文化旅游接待点遍布喀什城乡,使游客以轻松、生动的旅游形式去了解喀什的建筑文化、饮食文化、服饰文化乃至宗教文化,这也成为游客,尤其是外国游客的首选。民俗风情园。尤其是以乡村果园为模板开发建设的民俗风情园在喀什旅游业中占据显著地位。喀什市区和城郊分布着数百个类似的果园。随着喀什民俗文化旅游的升温,乡土气息浓郁的乡村果园成了游客的向往地。这类风情园不仅为游客提供餐饮、住宿,而且还开设有民族歌舞、民间竞技体育、民间艺术展示等多种服务项目。结合特色旅游开发的"农家乐"民俗文化旅游村落。该地区各县基于旅游业的关联带动作用,发展旅游业的积极性很高,不少县城纷纷打出特色旅游的招牌,如英吉沙的"土陶之乡"特色游、麦盖提的"刀郎舞之乡"旅游、疏附县的"中国新疆民族乐器村"旅游等。由于民族歌舞的魅力,民族歌舞展示在喀什民俗文化旅游中占有重要地位,政府也非常重视民族歌舞在民俗旅游中的作用。目前主要有喀什地区歌舞剧团、喀什民族幼儿园、塔什库尔干塔吉克自治县歌舞团、莎车县文工团等,这些歌舞剧团所表演的节目具有浓郁的民族特色和地方特色,并且具有强烈的时代特征,如维吾尔族的顶碗舞,塔吉克族的鹰舞等等,吸引了不少游客。这些歌舞剧团在全国各地甚至是出国演出,对于展示当地民族文化,对外宣传喀什地区旅游资源等方面都起到了积极的作用。阿克苏地区库车县推出龟兹文化藏品,为旅游发展助好力。旅游纪念品不是单纯的商品,它浓缩着一个地方的民俗风情,沉淀着一次旅行的记忆。旅游纪念品的设计,实质上是一种文化设计,往往与特定的文化传统和习俗联系在一起的。设计出具有浓郁地域文化特色的新时代旅游纪念品,对完善旅游市场,宣扬地域文化特色,以及拉动经济发展都有积极意义。该县十分重视潜在龟兹文化旅游纪念品市场的社会效益和经济效益,在深入研究龟兹文化的基础上,设计生产了一系列融合民族特色和现代气息,集纪念性、观赏性、艺术性、收藏价值和开发前景于一体的龟兹系列旅游纪念品,以雕刻、编织、彩绘、布艺、瓷制、土陶、剪纸、手工丝织品等为形式,浓缩了克孜尔壁画、库车王府、库车大寺、苏巴什古城等文物景点。龟兹系列旅游纪念品已成为库车旅游业的新元素,为库车旅游业的延伸、旅游压力的缓解起到了不可忽视的作用。

四、实施文化基础设施建设的一系列工程或项目

(一)实施丝绸之路边疆文化长廊建设工程

自治区丝绸之路边疆文化长廊建设工程 1994 年开始启动,由自治区人民政府领导挂帅,自治区财政厅等多个党政部门参与共建,是全国万里边疆文化长廊建设工程的重要组成部分,是一项关系自治区精神文明建设全局和全国万里边疆文化长廊建设大局的社会文化系统工程。边疆文化长廊经费,从 1996 年开始每年 30 万元到 60 万元不等,从 2003 年开始每年都在增加,主要用于县级图书馆、文化馆、艺表团体排练厅的维修和设备购置。经过 10 年的不懈努力,自治区这项兴边富民的文化建设重点工程取得了很大进展,规划至 2004 年的建设任务完成后,极大地推动了自治区文化事业的整体发展,特别是提高了农牧区县以下三级文化网络的建设水平。2005 年 10 月,自治区又出台《〈新疆维吾尔自治区丝绸之路边疆文化长廊 2005 至 2010 年建设规划〉的实施意见》(以下简称《实施意见》),根据《实施意见》,围绕构建较完善的公共文化服务体系,加强公共文化体育设施建设,重点解决公益文体设施缺少、简陋和不完善的问题,尤其是县、乡、村文化基础设施的建设。同时,要求完善共建机制、加强共建协调、开展共建活动、加强对口扶贫,以加强共建、形成合力。按照国家的统一规划,2015 年,我区丝绸之路边疆文化长廊工程的建设范围,由原来南北疆沿交通干线、包括有边境口岸的 14 个地州市、54 个县(市),逐步扩大到全区 15 个地(州、市)、95 个县(市、区)、951 个乡镇(街道)、9378 个村、17 个开放口岸,包括区域内的口岸海关、农场、林场,中小学校,铁路站、段,公路管理所、道班,边防团(连、站)的军营、警营、哨所和兵团团场等,形成地、县、乡、村四级文化网络相互配套,小文化和大文化相互融合,点线相连、覆盖全区的边疆文化长廊。初步达到其总体目标,即,在基本实现"县县有文化馆、图书馆,乡乡有文化站,村村有文化室"的基础上,进一步完善公共文化设施,实现面向群众服务的各级各类公共文化设施齐全、设备配套,开展文化活动和文化

服务的功能明显增强,知识和科技含量高的文化载体和文化信息网络得到发展,极大满足了新疆农村群众就近参加文化、艺术、健身活动的需要。

(二)实施"西新工程"及"2131 工程"

该工程由国家广电总局、国家发改委、财政部共同组织的农村电影放映"西新工程"及"2131 工程",旨在帮助新疆等西部省区解决缺设备、缺拷贝等困难,大力发展农村电影事业,基本消除农牧区电影空白点,初步解决农牧民看电影难的问题,在 21 世纪初基本实现 90% 以上的农业村和 80% 以上的牧业村"1 村 1 月看 1 场电影"的目标。中共中央中发〔2004〕11 号文件做出了"继续抓好'西新工程'、'村村通工程'、'东风工程'等战略工程","尽快建立以维护稳定为基本出发点的民族文字出版发行监管体系","有组织、有计划地抓好一批宣传思想、文化艺术、广播电视、新闻出版等方面的重大项目建设"的重大部署。实施西新工程以来,国家和自治区先后投入建设资金、运行维护资金、节目译制经费达 16.62 亿元,其中中央投入 12.86 亿元,自治区投入 3.76 亿元。截至 2012 年 3 月,西新工程已完成了第一、二、三期所有项目的整体验收工作,并完成了第四期第一阶段和第二阶段新建 15 座实验台中 7 个台的建设任务。新建、扩建中短波发射转播台、实验台 52 座,新增更新广播发射机 386 部,更新电视发射机 184 部,同时加强了少数民族语言(以下简称"民语")广播电视节目的译制能力建设。新疆广播电视的技术设施条件在建设过程中得到很大改善,共新增更新广播电视发射机 700 多部。中央和自治区广播电视节目的覆盖范围明显扩大,全疆广播、电视综合覆盖率分别由 1999 年年底的87.39% 和 89.48%,提高到了 94.9% 和 95.28%。2012 年 3 月起,我区开始实施"西新工程"第四期第二阶段的建设工作,其主要任务是加强影视译制能力建设和扩大中央第八套广播节目的覆盖面,在全疆新增更新广播发射机 147部。还修订完善了第五期 6 个大项 23 个子项、总投资 34 亿元的项目建设规划。有关部门积极争取落实建设项目,已争取落实了 4.2 亿元建设资金。"十二五"期间,在完成西新工程第四期建设任务基础上,更进一步加大了实施力度,有关部门编制了西新工程第五期建设方案,重点是:其一,加强民族语言节目建设,按照"广播和电视相结合,节目译制制作和传输覆盖相结合,中央和地方相结合"的原则,统筹规划,实现"听得懂,看得懂"的目标;其二,进一步加强新疆、西藏等西部地区省区州县广播电视基础设施建设,逐步建立广播电视公共服务体系,实现广播电视基本公共服务均等化。自治区有关部门为进一步解决各行政村村民听得清、听得好、看得清、看得好的问题,特别是提高少数民族广播电视的译制和制作水平,在"十二五"末,将每年5000多集的影视译制数量增加到10000集。与此同时,自治区实施了农村电影放映的"2131"工程。农村电影放映以其群体性、直观性、教育性强的显著特点,在传播先进文化、普及科学知识、宣传党的方针政策等方面,有着不可替代的作用。新疆广播电影电视局整合各方资源,精选一批优秀电影电视剧译制成维吾尔语、哈萨克语等免费发送基层,努力提高公共文化产品与服务的供给能力。2004年以来,国家和自治区还投入540万元,建立7个少数民族资源库,各类文化信息资源总量达1645小时,其中少数民族语言文字和视频资源占90%以上。仅2011年,自治区农村公益电影就放映11.8万次,投入电影放映基础设施建设的资金1.7亿元,是上一年的3倍,年度电影放映综合效益达10亿元。自实施农村电影放映"2131"工程以来,国家资助的各种设备、拷贝的投放,为自治区农村电影工作注入了新的活力。对于这项民生重点工程建设,领导重视,加强管理,统筹规划全疆农村电影工作;科学管理,有效监控,全面启动GPS/GPRS监控系统;深入基层,开展调研,了解全疆农村电影工作总体情况;精心组织,创新形式,全面推进自治区电影"三下乡"工作。结合自治区开展的"热爱伟大祖国,建设美好家园"主题教育活动以及其他具体实际进行放映。有些地区还利用冬季农闲时期开展"科技之冬"放映活动,科教片给广大农牧民群众送去了大量的致富信息,非常受欢迎。通过国家和自治区实施农村电影放映"2131工程"和"西新工程",截至2012年7月,自治区共有国家配发646套数字流动电影放映设备,212套胶片放映设备,105辆流动电影放映车。全疆14个地(州、市)辖下的858个乡镇,8932个行政村,300个农林牧渔场已成立了9家农村电影院线公司。全疆共有放映队571个,放映人员923人。据有关方面统计,按照"一村一月放映一场电影"的目标,仅2012年上半年,自治区各地(州、市)、县(市)的农村电影放映单位共放映电影65440场,观众人次达1080万人次,完成了全年任务的 61.05%，比前一年同期提高 8.16%。同时，为缓解民语影片片源匮乏和解决广大农村群众"看得懂"的问题，充分发挥选片委员会的作用，不断增加少数民族语影片上平台的数量。截至 2012 年，数字平台上可订购的故事片 189 部，科教片 70 部，其中维语故事片 115 部，哈语故事片 69 部，维语科教片 17 部，哈语科教片 15 部。全区农村电影放映工程争取国家资助 41 套数字电影放映设备，全疆农村公益电影放映 11.8 万场次，超额完成 11000 多场，各地、县均足额或超额完成年度电影放映任务，仅 2012 年就发放场次补贴 2143 万元。在继续稳定完成"一村一月放映一场电影"工作目标的基础上，自治区继续争取国家配发数字电影放映设备，积极争取解决全疆农村数字电影流动放映车辆缺乏问题。同时，推动有条件的县（市）实现"一村一周放映一场电影"，不断扩大电影公共服务范围，搞好面向中小学校，面向城镇社区、厂矿、农民工等电影公益放映，并鼓励有条件的地县实现"一村一月多场电影"，进一步改善群众观影条件，鼓励流动放映向固定放映、室外放映向室内放映过渡。

从 2010 年起，自治区已逐步实现了农村电影国家补贴由每场 100 元增至 200 元，每年平均农村公益电影放映 12 万场，平均观影人次两千多万人。目前，全区争取到了国家资助并配置数字流动电影放映设备 646 套、流动电影放映车 20 辆，基本上保障了全疆 571 支放映队的工作需求。同时将继续对伊犁州、阿勒泰、和田、喀什、克州、阿克苏、吐鲁番、乌鲁木齐市、石河子市等九个地（州、市）的 362 套设备进行升级改造和监控模块安装。

（三）实施广播电视"村村通"工程

广播电视村村通工程是党中央、国务院为了解决广大农村群众收听广播、收看电视难的问题实施的一项惠及千家万户的惠民工程，解决了广播电视信号覆盖"盲区"农民群众收听广播、收看电视问题。我区从 1995 年开始实施广播电视"村村通工程"以来，截止到 2010 年 10 月，国家和自治区累计投入建设资金 3.2 亿元，完成 19209 个 20 户以上已通电行政村和自然村的建设任务，实现了对全疆 856 个乡镇和 8688 个行政村大喇叭覆盖，全疆广播电视综合覆盖率分别达到了 94.4% 和 94.8%。截止到 2011 年 4 月，我区 100% 的行政村通了电话，20 户以上自然村通电话率达到 88.3%，行政村、乡镇通宽带率分别达到64%和99%。① 截至2012年10月底,全区新增通电话自然村1477个,新增通宽带行政村355个。此外,充分发挥信息通信技术为农业生产和发展服务的作用,以"信息田园"、"农信通"等一系列信息化服务平台为载体,加快推进农村信息化工作,为推进新疆农村经济发展、社会进步和农牧业现代化提供坚实保障。②"十一五"期间,中央和自治区共投入新疆村村通工程建设资金2.5184亿元,全部采用直播卫星覆盖方式,完成了边远农牧区55万多户农牧民通广播电视的建设任务。"十二五"期间,新疆广播电视村村通工程建设总投资约2.3亿元,全部采用直播卫星方式覆盖,将完成4740个20户以下已通电自然村盲村、5587个20户以上新通电自然村盲村、720个新通电行政村盲村等共34万多户通广播电视的建设,支持50座无线发射台站基础设施建设。③"十二五"期间,新疆通信行业重点推进农村地区光缆覆盖和行政村通宽带,使光纤延伸至有条件的乡镇、行政村和兵团连队以及部分自然村,逐步推进"自然村通电话"工程;完善农村、兵团连队的移动通信网络、宽带网络,使广大农村居民可以分享移动通信的便捷、互联网丰富的知识内容。重点加快南疆三地州的农村通信基础设施建设,加快南疆三地州的农村发展,缩小差距。同时,加速推进"三网融合",实现农村信息音频、视频、文字的多内容、多模式传播;力争五年基本实现20户以上自然村全部开通电话,光纤通过所有乡镇及95%的行政村,100%的用户具备4M以上宽带能力。推出更多"信息下乡"产品,加大推行"四个一"的建设力度,完成近12000个乡镇、行政村、团场、连队的信息站点建设。④ 2012年,新疆在全国率先采用直播卫星加地面数字电视"双模"技术开展户户通工程建设,新疆财政投入15亿元,项目惠及260万户、近1000万农村群众。争取农村广播影视公共服务体系建设和维护经费7.3亿元,用于村村通、户户通和农村电影放映等重点工程建设,其中村村通工程完成6844个盲点

① 《全国"十二五"村村通工程在新疆启动》,天山网2011年4月26日。
② 《新疆通信村村通工程顺利推进 助力新疆农村通信基础设施建设》,新疆维吾尔通信管理局,2012年11月14日。
③ 《新疆"十二五"村村通工程建设总投资约2.3亿元》,2011年9月30日,天山网。
④ 《新疆通信村村通工程顺利推进 助力新疆农村通信基础设施建设》,新疆维吾尔通信管理局,2012年11月14日。

村、15.7万户农村群众的广播电视覆盖任务,大喇叭工程完成9000个自然村的工程建设,户户通工程完成50万户建设任务。农村电影放映工程补贴资金2093万元,部分县实现了"一村一周一场电影"。2013年,新疆村村通工程完成全疆剩余的4203个广播电视盲点村、4679户国有林场盲区广播电视覆盖任务;大喇叭工程将完成剩余约1万个自然村的建设任务,实现全疆自然村大喇叭全覆盖;户户通工程将完成120万户建设任务。"十二五"期间,既要完成31万户直播卫星"村村通"建设任务,又要完成260万户、覆盖1000万名农村群众的"户户通"工程建设任务。"户户通"工程就是直播卫星公共服务建设,是对"村村通"工程的进一步延伸和完善,它采用直播卫星,实现广播电视"户户通",涉及全疆15个地(州、市)、86个县(区、市),858个乡(镇、场)、7483个行政村,①是提高新疆农村地区广播电视公共服务水平的重要举措。截至2015年,自治区实现了农村广播电视的"户户通"。

"十三五"时期,文化部会同有关部门编制了贫困地区公共文化服务体系建设规划纲要,国家发改委会同文化部、新闻出版广电总局等部门,组织实施了广播电视村村通、西新工程、地市级公共文化设施建设、国家文化和自然遗产保护等文化领域专项和地方专项,2015年安排中央预算内投资30亿元,重点支持中西部地区的广播电视覆盖、民语节目译制设备配备、地市级公共文化设施建设和全国重点文物保护单位、中国历史文化名城名镇名村、国家级非物质文化遗产等珍贵遗产保护基础设施建设等,并在补助比例上对贫困地区予以重点倾斜。新闻出版广电总局支持开办少数民族语频率频道,截至目前,共批准开办民族语广播节目56套、电视节目45套。财政部安排资金11.7亿元支持民族语言文字出版、广播影视节目译制、文艺人才培养等少数民族地区重点文化项目建设。②

(四)实施少数民族文化基础设施的建设项目

2005年前,全疆维吾尔、哈萨克语影视剧译制量每年仅有2500集左右。

---

① 《新疆召开广播电视"户户通"部署会1千万名农牧民将受益》,亚心网2012年7月17日。
② 《公共文化服务保障法草案已形成 文化立法正在加快推进》,中国人大网2015年12月11日。

新疆电视台 3 个维吾尔语频道平均每日播出新剧 4 集左右,2 个哈萨克语频道平均每日播出新剧不到 2 集。造成重播率居高不下,少数民族电视观众反应强烈。2005 年国家广电总局实施向西藏、新疆每年无偿捐赠千集国产电视剧,扶持民语译制播出,民语译制节目源严重不足的老大难题基本得到缓解;2010 年起捐赠剧增加到 2000 集,电视动画片增加到 3.6 万分钟后,新疆维、哈、蒙、柯四种语言十四家译制机构充满了活力。到 2011 年底,全疆译制生产量达到 6900 多集,其中,维、哈语 6200 集左右,实现新疆电视台 5 个民语卫视频道每天播出 16 集新剧,其中,维语 12 集、哈语 4 集新剧,极大地满足了少数民族观众收视需求。老百姓很形象地说,过去电视没看头,农闲时出去闲逛,打牌喝酒消磨时间,现在电视上天天有新剧看,大人小孩都喜欢,有的时候一看电视看一整天,其中学到了很多很多的知识。乡村干部说自从电视上新剧多了以后,农牧民政策意识、法制意识有了很大的转变,学会保护自己权益了,社会治安好转了,基层工作好做了。[①] 随着新疆公共文化服务体系建设的深入推进,新疆民语广播和电视内容日渐丰富,民语广播、电视的机构数和节目时间的拥有量等都名列前茅。下面选择 2005 年、2010 年和 2013 年的统计数据作比较分析和说明。[②]

1. 新疆民语广播机构数和播出节目时间的拥有量。2005 年,新疆民语广播机构总数居第三位。2010 和 2013 年,广播机构数分别为 76 和 68 个,均遥遥领先于第二位的内蒙古。

---

① 《新疆维吾尔自治区广播电影电视局"国家广电总局捐赠剧译播和需求情况汇报"》,2012 年 5 月。

② 如果没有特别说明,本文所使用的原始数据,包括民语书籍、期刊和报纸的种数和印数、民语的广播和电视播出机构数以及播出节目时间(合计和制作时间)数据,都来源于 2000、2003、2005、2007、2009、2010、2011、2012 和 2014 年的《中国民族统计年鉴》。另外,图表中所列,包括全国民语文字公共文化服务产品提供的主要省(区),其他虽有相当数量少数民族、但民语文字公共文化服务传统内容提供量很小的省区,不在此列;"人均拥有量"指全国和各省(区)少数民族的人均拥有量;"节目播出时间"指的是,全国民语中几个主要语种的广播和电视节目播出时间。

表1　新疆与国内其他省（区）民语广播播出机构比较（2005年）

省（区）	2005年全国民语广播的主要播出机构										
	总计（个）	维吾尔语	蒙古语	哈萨克语	朝鲜语	藏语	柯尔克孜语	傣语	哈尼语	傈僳语	景颇语
全国	78	7	35		7	10	3	4	2	2	2
辽宁	3		2		1						
吉林	4				4						
黑龙江	3		1		2						
广西	1										
内蒙古	27		27								
四川	4					3					
云南	15							4	2	2	2
西藏	3					3					
甘肃	2					2					
青海	3		1			2					
新疆	14	7	4				3				

表2　新疆与国内其他省（区）民语广播播出机构比较（2010年）

省（区）	2010年全国民语广播的主要播出机构										
	总计（个）	维吾尔语	蒙古语	哈萨克语	朝鲜语	藏语	柯尔克孜语	傣语	哈尼语	傈僳语	景颇语
全国	151	55	44	13	9	9	4	3	2	2	2
辽宁	3		2		1						
吉林	6		1		5						
黑龙江	3		1		2						
广西	2										
内蒙古	35		35								
四川	4					2					

省(区)	2010 年全国民语广播的主要播出机构										
	总计(个)	维吾尔语	蒙古语	哈萨克语	朝鲜语	藏语	柯尔克孜语	傣语	哈尼语	傈僳语	景颇语
云南	14					1		3	2	2	2
西藏	2					2					
甘肃	2					2					
青海	3		1			2					
新疆	76	55	4	13			4				

表3　新疆与国内其他省(区)民语广播播出机构比较(2013 年)

省(区)	2013 年全国民语广播的主要播出机构										
	总计(个)	维吾尔语	蒙古语	哈萨克语	朝鲜语	藏语	柯尔克孜语	傣语	哈尼语	傈僳语	景颇语
全国	117	46	40	15	7	13	4	3	2	2	2
辽宁	3		2		1						
吉林	7		1		6						
黑龙江	1		1								
广西	6										
内蒙古	32		35								
四川	4					2					
云南	14					1		3	2	2	2
西藏	5					5					
甘肃	2					2					
青海	4		1			3					
新疆	68	46	3	15			4				

　　2005 年,维吾尔语节目播出合计和制作时间均居第二位,2010 年维吾尔语节目播出合计和制作时间,分别居第一和第二位,2013 年

表4　新疆与国内其他省(区)民语广播播出节目时间比较

少数民族语言广播机构	2005 几种主要民语广播播出节目时间		2010 几种主要民语广播播出节目时间		2013 几种主要民语广播播出节目时间		几种主要民语广播播出节目时间排名					
							2005		2010		2013	
	合计(时:分)	制作节目时间(时:分)	合计(时:分)	制作节目时间(时:分)	合计(时:分)	制作节目时间(时:分)	合计	制作	合计	制作	合计	制作
维吾尔语	121273:29	55704:29	234285:50	104167:41	206162:45	102356:25	2	2	1	2	1	2
蒙古语	181234:12	87368:27	225792:08	107384:15	197699:43	105503:45	1	1	2	1	2	1
朝鲜语	27052:54	19313:39	32597:15	15954:51	40046:50	24000:40	4	4	4	4	4	4
藏语	56316:50	43782:10	36977:55	23225:33	52960:30	31300:20	3	3	3	3	3	3

2. 新疆民语电视机构数和播出节目时间的拥有量。2005 年,新疆民语机构总数与内蒙古并列第一;2010 和 2013 年,新疆电视播出机构总数均是第一位,遥遥领先于全国同类地区。

表5　新疆与国内其他省(区)民语电视播出机构比较(2005 年)

省(区)	2005 民语电视的播出机构							
	合计(个)	维吾尔语	蒙古语	哈萨克语	藏语	朝鲜语	傣语	景颇语
全国	76	15	26	3	18	10		
辽宁	1		1					
吉林	10					10		
黑龙江	1		1					
广西	——							
内蒙古	21		21					
四川	3				3			
云南	4						2	2
西藏	7				7			
甘肃	3				3			
青海	5				5			
新疆	21	15	3	3				

表6 新疆与国内其他省(区)民语电视播出机构比较(2010年)

省(区)	2010 全国民语电视的播出机构									
	合计(个)	维吾尔语	蒙古语	哈萨克语	藏语	朝鲜语	傣语	壮语	景颇语	柯尔克孜语	彝语
全国	187	54	45	26	26	11	9	6	5	3	2
辽宁	1		1								
吉林	12		1			11					
黑龙江	1		1								
广西	4							4			
内蒙古	37		37								
四川	13				13						
云南	19				1		9	2	5		2
西藏	5				5						
甘肃	2				2						
青海	5				5						
新疆	88	54	5	26						3	

维吾尔语节目合计和制作播出时间,2005年均居第二位,2010年分别居第一和第二位。

表7 新疆与国内其他省(区)民语电视播出机构比较(2013年)

省(区)	2013 全国民语电视的播出机构									
	合计(个)	维吾尔语	蒙古语	哈萨克语	藏语	朝鲜语	傣语	壮语	景颇语	柯尔克孜语	彝语
全国	164	47	33	25	22	12	8	8	4	2	3
辽宁	1		1								
吉林	12		1			11					
黑龙江	1		1								

续表

省(区)	2013 全国民语电视的播出机构										
	合计(个)	维吾尔语	蒙古语	哈萨克语	藏语	朝鲜语	傣语	壮语	景颇语	柯尔克孜语	彝语
山东						1					
广西	4							7			
内蒙古	27		27								
四川	10				8						2
云南	15				1		8	1	4		1
西藏	4				4						
甘肃	1				1						
青海	9		1		8						
新疆	76	47	2	25						2	

表8 新疆与国内其他省(区)民语电视播出节目时间比较

少数民族语言电视机构	2005 主要民语电视播出节目时间		2010 几种主要民语电视播出节目时间		2013 几种主要民语电视播出节目时间		几种主要民语电视播出节目时间排名					
							2005		2010		2013	
	合计(时:分)	制作节目时间(时:分)	合计(时:分)	制作节目时间(时:分)	合计(时:分)	制作节目时间(时:分)	合计	制作	合计	制作	合计	制作
维吾尔语	115896:50	39155:40	266694:21	49466:12	255185:0	50924:42	2	2	1	2	1	1
蒙古语	125029:16	461193:23	236647:44	59370:40	181057:38	49245:39	1	1	2	1	2	2
哈萨克语	41904:20	20679:20	94493:48	13848:52	93096:7	13778:10	5	4	3	5	3	5
朝鲜语	53916:10	13776:90	68341:43	22702:32	70291:48	23196:24	4	5	4	3	4	3
藏语	78335:15	31074:44	55792:57	21310:00	61786:56	16927:32	3	3	5	4	5	4

3. 新疆民语广播、电视的机构数和增长率与国内其他省(区)相比都名列

前茅。以维吾尔语和哈萨克语为例,2010年与2005年相比,广播机构数分别增加了48个和13个,增长率分别为686%和1300%,遥遥领先于其他民语;电视机构数增加了39个和23个,增长率分别为260%和767%,增长指标也居于前列。总体来看,呈现快速增长态势。以维吾尔语为例,2013年与2005年相比,维吾尔语广播机构数增长了39个,增长率557%,电视播出机构数增长了32个,增长率213%。

表9 新疆与国内其他省(区)民语广播播出机构增长率比较

民语广播播出机构	民语广播播出机构增加数及其增长率						
	2005年（个）	2010年（个）	增长		2013年（个）	比2010年增长	
			增长数（个）	增长率（%）		增长数（个）	增长率（%）
维吾尔语	7	55	48	686	46	−9	−16
彝语	2	3	1	50	3	0	0
藏语	10	9	−1	−10	13	4	44
蒙古语	35	44	9	26	40	−4	−9
朝鲜语	7	8	1	14	7	−1	−13
哈尼语	2	2	0	0	2	0	0
哈萨克语	0	13	13	1300	15	2	15
傣语	4	3	−1	−25	3	0	0
傈僳语	2	2	0	0	2	0	0
拉祜语	3	1	−2	−67	1	0	0
柯尔克孜语	4	4	0	0	4	0	0
景颇语	2	2	0	0	2	0	0

表 10 新疆与国内其他省（区）民语电视播出机构增长率比较

民族语言电视播出机构	民语电视播出机构增加数及其增长率						
	2005 年（个）	2010 年（个）	增长		2013 年（个）	比 2010 年增长	
			增长数（个）	增长率（％）		增长数（个）	增长率（％）
壮语	0	6	6	600	8	2	33
维吾尔语	15	54	39	260	47	−7	−13
彝语	0	2	2	200	3	1	50
藏语	18	26	8	44	22	−4	−16
蒙古语	26	45	19	73	33	−12	−27
朝鲜语	10	11	1	10	12	1	9
哈萨克语	3	26	23	767	25	−1	−4
傣语	2	9	7	350	8	−1	−11
柯尔克孜语	0	3	3	300	2	−1	−33
景颇语	2	5	3	150	4	−1	−20

4. 新疆民语文化基础设施自身纵向比较的增长率。

自 2000 年以来，新疆民语的广播和电视产品提供基本呈现持续增长态势。由于维吾尔族是新疆最主要的少数民族，占全疆少数民族人口的比例大约为 65%①，因此仅以维吾尔语为代表性和典型性事例进行比较和分析②。

---

① 全国 2010 年人口调查与统计，新疆少数民族人口为 1298.58 万人，维吾尔族人口为 8399393 万人。见 2011 年《中国民族统计年鉴》。

② 新疆民语文字公共文化服务产品比较的方法，是以 2003 年为基准，计算以后的年份依次比前一年增长数与增长率。下同。

表11 新疆民语广播播出机构增长率比较（以维吾尔语广播为例）

时间(年)	维吾尔语广播			
	机构(个)	增长率(%)	播出时间(合计 时)	增长率(%)
2003	36	0	36663	0
2005	7	−81	121273	231
2007	39	457	157157	30
2009	54	38	216381	38
2011	56	4	231998	7
2013	46	−18	206162 :45	−11

表12 新疆民语电视播出机构增长率比较（以维吾尔语电视为例）

时间(年)	维吾尔语电视			
	机构(个)	增长率(%)	播出时间(合计。时)	增长率(%)
2003	38	0	124436	0
2005	15	−61	115896	−7
2007	35	133	121953	5
2009	51	46	241917	98
2011	56	10	274876	14
2013	47	−16	255185	−7

统计数据显示,除了个别年份,新疆民语广播和电视的机构数、节目播出时间基本呈现持续增长态势。2013年与2003年相比,新疆民语广播机构数增长了28%,电视机构数增长了24%,广播节目播出时间增长了462%,电视节目播出时间增长了105%。

（五）实施农村文化信息资源共享工程

"全国文化信息资源共享工程"(以下简称"共享工程")是构建我国公共文化服务体系、惠及千家万户的一项重要文化基础工程,是由文化部、财政部共同组织在全国实施的一项文化创新工程。它采用现代信息技术,对文化信息资源进行数字化加工和整合,利用覆盖全国的网络化管理和服务体系,以卫星网、互联网、有线电视/数字电视网、镜像、移动存储设备等方式,实现文化信息资源在全国范围内最大限度地为社会公众享用。"共享工程"开辟了一个不受地域、时空限制的崭新的文化传播渠道,这对于迅速扭转中国广大中西部地区特别是贫困地区的信息匮乏和经济、文化落后的状况将起到显著的作用,特别是对于打破新疆偏远落后农村信息闭塞的状况,缩小"数字鸿沟",提高广大人民的科学文化素质,丰富和活跃基层各族群众的文化生活,推进社会主义新农村建设和建设和谐社会,具有重要的意义与价值。"共享工程",主要通过采用现代信息技术,对文化系统内现有的丰富资源进行数字化加工和整合,通过卫星、网络渠道最大限度地为社会公众文化信息服务,其内容包括哲学、历史、民族文化、文学、艺术、影视文化、文化旅游及城市、农村实用技术在内的众多信息。自治区于 2003 年列为全国文化信息资源共享工程首批试点省区。全疆大部分地、市级图书馆和部分县级图书馆在为"共享工程"的实施作第一批试点前期的准备,包括筹建电子阅览室、培训技术人员,等。"十一五"期间,新疆与全国一样确定了总体目标,即以数字资源建设为核心,以农村服务网点建设为重点,以共建共享为基本途径,全面实施共享工程,使广大基层群众能够普遍享受到数字文化服务。文化部等相关部门采用共建共享的方式加大基层服务点建设,尤其是农村基层点的建设。积极与农村党员干部现代远程教育和农村中小学现代远程教育、有线电视、网吧合作,建设共享工程基层点,普及优秀文化资源等,以便让"数字文化村村有"由口号变为现实,从而,消除数字鸿沟,缩小城乡差别。2008 年自治区下发的相关文件要求,加强文化信息资源共享工程建设,确定 2008 年实现自治区文化信息资源共享工程建设"村村通",要求各级文化部门要充分认识这一工程的重要性,积极发展文化信息资源共享工程农村基层服务点,重点支持边远贫穷地区乡镇、村基层服务点建设。相关文件还要求各地充分利用共享工程开展服务,结合农民脱贫致富的需求,倡导他们通过文化信息资源共享网络学文化、学技能,普及先进实用的农业科技知识和卫生保健常识。积极引导广大农民群众崇尚科学,破除迷信,移风易俗,抵制腐朽文化,提高思想道德水平和科学文化素质,形成文明健康的生活方式和社会风尚。截至 2010 年,自治区文化信息资源共享工程建设已完成县级支中心试点和5078个村级基层服务点建设,取得重大进展,基本形成以自治区图书馆为中心,以各地州市、县图书馆为分中心,社区、乡镇文化站为基层站点的自治区文化信息资源共享工程网络平台。开发的农家书屋门户网站,为工程建设工作中涉及的网上信息发布、公文收发、业务处理及出版物网上申报、网上测评提供了公共服务平台,提高了农家书屋工程的社会公信度,拓宽了为各族群众提供喜闻乐见、通俗实用出版物的信息渠道。为了让农家书屋"动"起来,自治区农家书屋办公室还组织全区性和区域性各种主题活动,配合农家书屋建设深入实施,通过广播电视、报纸期刊及互联网等媒体广泛宣传报道,增强了社会各界对农家书屋的了解,提高了农家书屋的影响力和传播力。

2013年开始,新疆启动了数字卫星农家书屋试点工作,积极探索数字农家书屋建设模式和管理经验,让数字农家书屋为农村读者提供更丰富的阅读资源和更便捷的信息服务。①在国家新闻出版广电总局的建议与支持下,自治区新闻出版局与中国航天数字传媒有限公司合作,给乌鲁木齐市和昌吉回族自治州的30个农家书屋安装了数字卫星接收设备,作为自治区首批数字卫星农家书屋试点。由于新疆农家书屋工程建设存在出版物出版印刷发行成本高、周期长、送达难的问题和民文(语)出版物品种比较单一,内容不够丰富的问题,制约了新疆农家书屋建设实效作用发挥,而卫星数字书屋有着"内容多、更新快、覆盖广"以及在具备终端设备的情况下信息接收不受时间、地域影响等特点与优势,非常适合自治区广大偏远乡村出版物的供给,成为对自治区传统农家书屋的数字化升级的有益补充。

根据《全国文化信息资源共享工程"十二五"规划纲要》,"十二五"期间的主要任务之一就是要"加强少数民族文化产品译制工作",提出要"重点整合译制藏语、维吾尔语、哈萨克语、蒙语、朝鲜语资源。在新疆维吾尔自治区、西藏自治区、内蒙古自治区、青海省、四川省、吉林省等建立民语资源建设中心,在文化共享工程国家中心组织协调下,开展相关民语数字资源的征集、整合、译制及服务工作,建设一批贴近少数民族群众生活、反映少数民族特色、帮助少数民族农牧民群众生产致富的数字文化资源。逐步丰富民语资源的种类。到

---

① 《2013年新疆将完善健全农家书屋出版物正常补充机制》,天山网2013年1月16日。

2015年,建成藏汉、维汉、哈汉、蒙汉、朝汉等文化共享工程双语网站。"2013年起,作为八个资源建设试点省区之一,新疆已完成农牧区实用资源库、新农村社会主义精神文明建设资源库、新疆少数民族爱国主义题材影视资源库、新疆少数民族表演艺术资源库、新疆非物质文化遗产资源库、新疆少数民族少儿"双语"基础教育资源库、新疆风光资源库等七个资源库的资源征集、数字化建设和审核工作。现在已经转入文化信息资源共享工程服务延伸建设。

自2009年以来,各级政府越来越重视新疆农村县、乡(镇)、村三级公共文化服务的建设,到2015年,全疆14个地州和98个县基本实现了村村都有文化活动室。迄今,这个目标已基本达到,初步建成了县、乡(镇)、村(行政村)三级公共文化服务网络。本课题组2012年8月在和田、库车农村对38名居民所做的深度访谈及问卷调研中,当被问及"您所居住的地区有哪些政府建立的文化设施和机构?"时,36人回答有文化站,30人回答有"图书室",26人回答有"文化广场",26人回答有"民族文化传习班",23人回答"有图书馆",分别占到全部被访者的94.73%、78.94%、68.42%、68.42%、60.52%。2016年7、8月间在南北疆广大乡村调研发现,村村都建有文化图书室。本课题组成员在农村的入户调研中看到,家家户户都有电视机,一般都能收看到40或50个以上的频道,每家农户也都能收听到中央、自治区及当地的广播。农民对于电视节目较满意,认为电视频道多、频道种类多。说明这些年的农村基层公共文化服务建设已取得相应的成效,文化站、图书室(馆)、文化广场不仅成为农村群众的文化活动中心,也已成为农村基层群众文化休闲的主要场所,极大地扩展并丰富了农村群众的文化活动空间。而民族文化传习班不仅符合少数民族群众传统文化传承保护的心理诉求,同时也体现出相关部门在此问题上的举措已得到各族群众的认可。

五、持续加大文化产品服务的提供力度

自20世纪90年代以后,尤其是进入新世纪以来,国家和自治区各级政府以文化工程为抓手,以战略性文化项目为载体,不断增加文化产品数量及种类的提供,丰富文化节目内容,广泛开展新疆农村文化活动。具体而言,启动并不断推进和深化东风工程、农家书屋工程、西新工程、村村通工程,对于提高新疆农村各族群众的思想政治素质、道德素质、科学文化素质以及丰富充实其头脑等,发挥了积极作用。

(一)加大对农村文化室文化产品服务的提供力度

为了认真贯彻落实中央11号文件精神,新疆维吾尔自治区党委、人民政府在多次向中央新疆工作协调小组办公室、新闻出版总署、国家发改委、财政部汇报和征求意见的基础上,提出了新疆新闻出版以维护稳定、促进发展为主要目标的"东风工程"战略项目。"东风工程"由民族文字出版能力建设、出版物免费赠阅、阅报栏建设、民文出版译制、"扫黄打非·天山工程"监管能力建设、"睦邻固边"工程、人才队伍建设、党报党刊宣传能力建设、基层发行能力建设、民族文字互联网出版监管能力建设等10大项目(包括10个小项、73个子项目)构成,核定总投资109,521万元,其中,中央预算内投资93,155万元,地方配套投资16,366万元。从2007年开始实施了"东风工程"和农家书屋工程,"十一五"期间,免费向全疆856个乡镇和8,849个行政村赠送6种语言文字(维吾尔、汉、哈萨克、蒙古、柯尔克孜、锡伯文)的报纸数十种,数十万份;期刊十几种,数十万份;图书(挂图)一千多种,一千多万册(套);音像制品几百种,数百万盒;向全疆农牧民家庭、乡镇文化站、行政村文化室免费赠阅《新疆新闻出版东风工程宣传画》数百万张;为自治区及地州市新闻出版局配备出版物市场监管专用车67辆;为全疆地州市及县级新华书店配备流动售书车98辆;为《新疆日报》南疆印务中心及十个地州党报党刊配置印刷设备11台(套);为区内电子音像出版单位配置出版物制作设备76台(套);为自治区各级新闻出版部门配备出版物市场监管设备(电脑、传真机、数码照相机等)1,416台(套);下拨出版物市场监管及"扫黄打非"工作专项经费1,772万元;至2010年年底已完成4000个农家书屋的建设任务。南疆三地州基本实现村村有农(牧)家书屋;列入"十一五"规划改造的23个县级新华书店发行网点2010年底基本建设完成;新疆新闻出版技工学校教学综合楼及出版物市场监管用房已建设完成。至2010年年底已完成3,020个农家书屋的建设任务。

"十二五"期间,在认真总结"十一五"期间免费出版物赠阅工作的基础上,进一步扩大免费赠阅的范围，提高免费赠阅出版物的质量。充分利用19省市援疆的大好机遇，在全疆各地乡、镇、村、社区等群众聚集的区域，设置阅报栏，方便各族群众阅读报纸。同时，按照公共服务均等化的要求，进一步完成全疆农家书屋建设。提高农家书屋的利用率，发挥农家书屋在新农村建设和丰富农村群众文化生活、帮助农村群众劳动致富方面的作用。仅2012年，建设资金就达1820万元，其中中央财政安排1456万元、自治区财政配套364万元，建设910个农家书屋，实现覆盖全疆所有行政村和南疆三地州(和田、喀什、克州)的建设目标。为此，一共向新建的910个农家书屋配送6种语言文字的图书110万册、音像制品7.7万盒(张)，配置书架1820个、报刊架910个。建设范围覆盖全区所有行政村和南疆三地州乡镇。增办《新疆农民报》，增加哈萨克、蒙古和柯尔克孜三个文版，发行量增加到18万份，进一步扩大覆盖面；启动实施"维吾尔语手机报下乡工程"等。同时，根据新疆农村特殊性进行了延伸，创建流动农家书屋，全面服务新疆各族农民群众。农家书屋的建设让新疆农牧民在闲暇时间有了看书的好去处。北疆牧区地域广阔，人员稀少，一年四季都要流动转场放牧，大多数牧民的文化生活匮乏单一，建立固定的农家书屋不符合牧民逐水草而居的生产、生活习惯，为了解决此问题，以阿勒泰地区布尔津县为主的牧区因地制宜地采取各种方式扩大书屋影响，建立了"牧民流动书屋"，深入牧区开展宣传、咨询、服务活动；书屋跟着牧民动，解决了牧民看书难的问题。有的乡、镇、村通过广播介绍农家书屋配送图书、音像制品的内容，引导农牧民群众阅读图书，观看音像制品，营造了良好的读书氛围。

与此相应，实施了送书下乡工程。这是文化部、财政部为解决基层群众看书难问题而实施的文化工程，由中央财政拨款统一购置图书，配送到全国592个国家级扶贫开发重点县和乡镇。新疆根据自治区文化厅、财政厅2006年"送书下乡"工程实施方案，自治区送书下乡工程配送中心设在自治区图书馆，主要职责是：组织有关专家，根据选书原则提出配送书目，根据领导小组审订的书目，向出版社、新华书店订购，将图书加盖"自治区文化厅、财政厅送书下乡"专用章，负责做好根据领导小组确定的向基层图书馆(室)配送图书的工作。配送中心成立专家组，根据选书原则选择配送图书目录以确保"送书下乡"工作的顺利完成。选配图书原则是图书内容健康、实用性、可读性,适用于农牧民生产、生活、劳动需要的各类图书,根据文化厅社文处提供的各乡镇语种情况配送维语、汉语、哈语、蒙语、柯语图书,所选图书内容为:科普知识、农业科技、农业适用技术、医药保健、生活百科、文学艺术、体育娱乐等。受赠范围为 400 个乡镇,每乡 200 册,合计 8 万册图书。为了保证书尽其用,送书下乡工程对受赠图书馆(室)条件进行了特别规定。县级图书馆必须具备三个条件:属自治区扶贫开发工作重点县;图书馆馆舍面积 500 平方米以上;每周开放时间不少于 48 小时。乡镇图书馆(室)必须具备以下五个条件,即,自治区扶贫开发工作重点县所辖的乡镇;有保存图书、提供借阅的场地,不低于 50 平方米;有接受过县以上图书馆业务培训的专(兼)职工作人员;有图书借阅、保管等规章制度;每周开放时间不少于 20 小时。2012 年 8 月 2 日,和硕县图书馆启动"书香进万家 送书常下乡"活动,将价值 1.3 万元的 555 册图书和 3000 元的 300 部文化信息资源共享工程数字光盘发给了各基层文化站(室)负责人的手中。和硕县图书馆此次举办的送书下乡活动,面向范围广,深入 6 个乡镇文化站、6 个村文化室、3 个社区。这既是送文化,也是送欢乐,更是送温暖。

同时,各地州县实施了适合于本地的文化建设工程。昌吉州有"四大惠民工程",即,除了文化信息资源共享工程、东风工程之外,还包括"文化兴边"乡镇文化站建设工程和农牧民体育健身工程。全州大力组织开展了"乡村百日文体竞赛活动",举办自治州农家书屋阅读演讲活动,争取到自治区农牧民体育健身工程配套设施,积极向自治区体育局申报乡镇农牧民体育健身工程和村级篮球场建设项目。伊犁州的特克斯县,以社会主义先进文化为引领,以"热爱伟大祖国、建设美好家园"为主题,以丰富基层人民群文化生活、远离极端宗教、加强基层基础工作等方面为重点内容,大力实施了文化传播工程、文化建设工程、现代文化引领工程,力图把整个活动贯穿于特克斯县大建设、大开放、大发展中的每一个领域。莎车县实施的五大文化工程建设,即文化引领工程、文化素质提升工程、文化惠民工程、文化精品工程以及文化净土工程,①等等。

---

① 《莎车县五大文化工程提升市民文明素质》,中国文明网 2012 年 11 月 21 日。

　　由于东风工程、农家书屋工程、村村通工程、西新工程等农村公共文化服务建设工程的实施,丰富了新疆农村群众所拥有的文化产品,其所拥有的文化品种及数量都明显增多,初步解决或缓解了他们看书难、读报难、看电影难、看电视难等问题。以东风工程和农家书屋工程为例,其赠阅出版物解决了基层和农牧区文化室(书屋)各类出版物从无到有、从少到多的问题,缓解了基层出版物缺乏、农牧区信息闭塞的状况,农家书屋亲民惠农的特点使其辐射带动作用明显。二期出版物免费赠阅项目每年向每个赠阅点(乡镇、街道、行政村、社区)赠阅图书不少于 200 册、音像制品不少于 30 盒(张)、报纸不少于 5 种 10份、期刊不少于 6 种 12 份。5 年来,"两个工程"向每个乡镇、街办、社区文化站(室)累计赠送图书 300 种 1000 册以上、音像制品 90 种 270 盒以上,向每个行政村文化室(农家书屋)累计赠送图书 1500 种 2500 册以上、音像制品 120 种 370 盒以上。得益于新疆新闻出版东风工程和农家书屋工程的实施,全疆农牧民人均图书占有量由 2007 年的不足 0.5 本,增加到 2012 年的 2.7 本;音像制品由 2007年的不足 0.01 张,增加到 2012 年的 0.4 张;报刊由 2007 年的不足 6 份,增加到2012 年的 32 份。截至 2015 年,全疆乡村农牧民人均图书占有量已经增加到 3本;音像制品增加到 1 张。2007 年,全疆的农家书屋只有 20 个试点,到 2015年,各个行政村有农家书屋外,自治区新闻出版广电局还在南疆三地州的乡镇和北疆的一些牧民定居点开办了农家书屋,"文化的气息溢满了天山南北"①。

　　各地(州)在"两个工程"实施过程中,就村一级赠阅点选址进行了反复试点和多方考察,把行政村文化室作为赠阅点选址重点,把具备条件的农户和离村委会较远的村民居住点作为赠阅点的有益补充,实现了优势互补、资源共享,使赠阅出版物能最大限度地惠及广大农村基层群众。特别是该工程的二期,相比于一期,赠阅出版物档次更高,质量更好,更符合他们的需求。2012年,在伊宁县的一次相关调研中,调研人员看到,文化站(室)、农家书屋中的读者络绎不绝,从图书、期刊、报纸外表的磨损程度和借阅记录上,可以反映出出版物借阅量较大、翻阅率较高,出版物作用发挥的较好。一些群众说,有些书

---

① 《辉煌 60 年·新疆文艺繁荣发展:新疆东风工程和农家书屋工程覆盖行政村》,亚心网 2015 年 4 月 1 日。

在新华书店买不到,没想到在"两个工程"赠阅出版物中看到了,十分高兴。"两个工程"的实施,在满足各族群众基本文化需求,丰富精神文化生活,宣传先进思想、普及科学知识、传播现代文化,构建基层思想文化阵地等方面成效显著,"两个工程"出版物内容更加贴近新疆和基层实际,地域性、可读性较强,各级新华书店能够及时准确地将图书配送到基层,初步缓解了各族群众看书难、读书难的问题和矛盾,提升了新闻出版基层公共文化服务能力和水平,受到新疆农村各族群众和基层干部的普遍欢迎,被各界称为保障农牧民基本文化权益的德政工程、民生工程。同样,西新工程和村村通工程的持续实施,也使得新疆农村群众拥有的文化品种和数量比以前丰富了许多,群众反映良好。

(二)加大对少数民族语言文字文化产品的提供力度

与全国其他省(区)和全国平均水平相比,新疆民语文字文化产品提供的数量,包括量、人均拥有量及其增长率,大多名列前茅。

1. 书籍(不含课本。下同)的比较。在总量上,统计数据比较显示,新疆2000、2010 年的种数和印数均居第一位,2005 年种数居第一位,印数居第二位。在人均拥有量上,2000 年新疆居第二位,是全国平均水平的 2.89 倍;2005 年新疆居第四位,是全国平均水平的 1.82 倍;2010 年新疆居第一位,是全国平均水平 4.13 倍;2013 年居第三位,是全国平均水平 4 倍。

表13　新疆与国内其他省(区)民语书籍出版总量和人均拥有量比较①

省 (区)	2000			2005			2010			2013		
	种数 合计 (种)	印数 (万册 /份)	人均 (册 /份)	种数 合计 (种)	印数 (万册 /份)	人均 (册 /份)	种数 合计 (种)	印数 (万册 /份)	人均 (册 /份)	种数 合计 (种)	印数 (万册 /份)	人均 (册 /份)
全国	2598	1510	0.19	2606	1424	0.17	6050	3362	0.38	117	3521	0.38
辽宁	32	7	0.04	61	19	0.11	84	31	0.17	145	44	0.25
吉林	418	386	3.36	324	214	1.88	568	179	1.56	286	191	1.69
黑龙江	29	4	0.78	46	13	2.47	38	7	1.33	30	6	5.81
广西	—	—	—	—	—	—	129	19	0.01	44	21	0.1

---

① 表中的"人均数"指自治区少数民族人口公共文化产品的平均拥有量,下同。

续表

省 (区)	2000			2005			2010			2013		
	种数 合计 (种)	印数 (万册 /份)	人均 (册 /份)	种数 合计 (种)	印数 (万册 /份)	人均 (册 /份)	种数 合计 (种)	印数 (万册 /份)	人均 (册 /份)	种数 合计 (种)	印数 (万册 /份)	人均 (册 /份)
内蒙古	384	266	0.54	430	411	0.80	937	420	0.76	904	417	0.76
四川	25	28	0.08	75	41	0.11	114	70	0.16	156	58	0.12
云南	24	11	0.01	21	4	0	85	13	0.01	133	75	0.06
西藏	37	24	0.09	67	43	0.17	314	164	0.57	394	207	0.68
甘肃	8	2	0.25	7	1	0	86	32	0.16	132	34	0.11
青海	47	10	0.05	49	25	0.12	71	29	0.12	153	78	0.36
新疆	1236	605	0.55	996	372	0.31	2568	2034	1.57	2642	2136	1.52

2. 新疆民语期刊和报纸提供的比较。在期刊和报纸总量上,2000、2005、2010 和 2013 年的种数和印数均居第一位。

表14 新疆与国内其他省(区)民语期刊和报纸出版总量比较

省 (区)	期刊(合计)								报纸							
	2000		2005		2010		2013		2000		2005		2010		2013	
	种数 合计 (种)	印数 (万 册)	种数 合计 (种)	印数 (万 册)	种数 合计 (种)	印数 (万 册)	种数 合计 (种)	印数 (万 册)	种数 合计 (种)	印数 (万 份)	种数 合计 (种)	印数 (万 份)	种数 合计 (种)	印数 (万 份)	种数 合计 (种)	印数 (万 份)
全国	193	862.8	192	465.9	207	850	231	1272	84	10116	82	10966	82	19846	101	20989
辽宁	—		—		—		—		2	140	2	85	2	62	2	57
吉林	13	87.7	11	45	13	42	13	40	7	1163	6	475	6	115	8	711
黑龙江	3	16.5	3	8	3	13	4	22		344	1	328	1	319	2	369
广西	1	0.7	1	1	—		1		1	10					1	15
内蒙古	46	123.3	44	106.9	46	290	44	411	13	1337	12	606	82	941	13	1534

续表

省(区)	期刊(合计)								报纸							
	2000		2005		2010		2013		2000		2005		2010		2013	
	种数合计(种)	印数(万册)	种数合计(种)	印数(万册)	种数合计(种)	印数(万册)	种数合计(种)	印数(万册)	种数合计(种)	印数(万份)	种数合计(种)	印数(万份)	种数合计(种)	印数(万份)	种数合计(种)	印数(万份)
四川	3	4.2	5	4	4	4	4	4	2	132	2	174	2	117	3	206
云南	3	1.7	——		2	14	3	2	6	60	6	43	6	115	7	144
西藏	12	23.3	14	20	14	43	14	40	7	758	9	821	9	2261	10	2803
甘肃	3	1.5	3	1.5	3	2	3	2	1	21					1	54
青海	5	6.8	——		6	5	12	11	3	59	5	546	5	105	7	134
新疆	89	555.3	94	214.5	101	368	112	624	41	6092	39	7888	39	15810	44	14980

　　新疆2000、2005、2010和2013年期刊的人均拥有量分别是全国平均水平的4.64倍、3倍、2.8倍和3.14;新疆2000、2005、2010和2013年报纸的人均拥有量,分别是全国平均水平的4.28倍、4.88倍、5.46倍和4.71倍。

表15　新疆与国内其他省(区)民语期刊和报纸出版人均拥有量比较

省(区)	期刊(册)				报纸(份)			
	2000	2005	2010	2013	2000	2005	2010	2013
全国	0.11	0.06	0.10	0.14	1.30	1.33	2.23	2.26
辽宁	—	—	—	—	0.81	0.50	0.35	0.32
吉林	0.76	0.39	0.37	0.35	10.12	4.16	1.00	6.31
黑龙江	3.19	1.52	2.48	4.26	64.72	62.36	60.77	71.51
内蒙古	0.25	0.21	0.52	0.75	2.72	1.17	1.70	2.82
四川	0.01	0.01	0.01	0.01	0.39	0.47	0.26	0.44
云南	0	—	0.01	—	0.05	0.04	0.09	0.11
西藏	0.09	0.08	0.15	0.13	3.08	3.18	7.88	9.22
甘肃	0	0.09	0.01	0.01	0.12	—	—	0.17
青海	0.04	—	0.02	0.05	0.32	2.70	0.45	0.61
新疆	0.51	0.18	0.28	0.44	5.56	6.49	12.17	10.65

新疆民语公共文化产品提供的增长速度大多名列前茅,且高于全国平均水平。下面以新疆少数民族人口人均拥有量为例加以说明。

就书籍而言,2010 年与 2000 年相比,新疆民语书籍增加了 185%,高于全国平均水平 85%;2010 年与 2005 年相比,新疆书籍的人均拥有量增长了 406%,增幅高于全国平均水平的 295%。

表 16　新疆与国内其他省(区)民语书籍人均拥有量增长率比较

省(区)	2010 年与 2000 年相比			2010 年与 2005 年相比			2013 年与 2010 年相比		
	2000 年	2010 年	增长率(%)	2005 年	2010 年	增长率(%)	2010 年	2013 年	增长率(%)
全国	0.19	0.38	100	0.18	0.38	111	0.38	0.38	0
辽宁	0.04	0.17	325	0.12	0.17	42	0.17	0.25	47
吉林	3.36	1.56	-54	1.88	1.56	-17	1.56	1.69	8
黑龙江	0.78	1.33	71	2.48	1.33	-46	1.33	5.81	337
广西	—	0.01	1	—	0.01	1	0.01	0.1	0
内蒙古	0.54	0.76	41	0.80	0.76	-5	0.76	0.76	0
四川	0.08	0.16	100	0.11	0.16	45	0.16	0.12	-25
云南	0.01	0.01	0	0.01	0.01	0	0.01	0.06	500
西藏	0.09	0.57	533	0.17	0.57	235	0.57	0.68	19
甘肃	0.25	0.16	-36	0.01	0.16	15	0.16	0.11	-31
青海	0.05	0.12	140	0.13	0.12	-8	0.12	0.36	200
新疆	0.55	1.57	185	0.31	1.57	406	1.57	1.52	-3

(三)"访惠聚"工作队为所驻村提供文化产品及服务

2014 年起,自治区开展了各级干部下基层农村的"访惠聚"活动,各驻村工作队将为村民提供文化服务作为工作的重要内容。

1. 千方百计筹措资金,为所驻村的文化建设做实事。有的驻村工作队为进一步完善村委会办公设施、广播站、篮球场、文化室,深化"去极端化"教育,工作组千方百计,申请了文化建设专项经费。有的驻村工作队积极联系社会力量,筹募资金赞助,将捐助者和受捐助者进行结队,进行精准帮扶,同时给捐助人赠送相册,内含受捐人家庭情况简介、家庭变化图片、庭院经济改造前中后展示图片,以便于与村民的交流。有的州制作各类宣传材料、小读本、光盘、挂历等宣传品 50 余万本(张)下发到所驻各村。该州有的驻村工作队为施工工地、寺院、家庭购买发放《图说民族团结》、《图说新疆变化》画册 1000 余册;有的驻村工作队带动村干部分类整理文化类、生活类、科技类、综合类等各方面书籍 5000 余册,积极跑办协调,修建、修葺村四组和五组文化活动中心,利用工作队夜校学习平台,充分发挥八家户不断完备的公共文化服务设施的作用,开办村民电影院,在播放夜校学习内容的同时,精心挑选放映民语类优秀影视作品;有的驻村工作队和村干部积极协商,从村集体经济、工作经费中拿出资金,为村文艺队购买电脑、音箱、话筒、演出服装及各类道具;还有的驻村工作队通过购置"双语"书籍、播放优秀影片、讲座视频,打造村民自己的图书馆、电影院,将科技文化融入村民日常生活当中。

2. 利用文化设施充实驻村的文化内容。有的驻村工作队在文化活动中心设立家乡变化陈列室,展示该村的风貌变化;同时组织村里的老人给年轻人讲故事,传承历史的变化。对村中外出打工和上学归来的青年人组织参观家乡巨变展览,给他们介绍家乡变化,同时,发挥村中"大喇叭"的优势,自制各类广播节目,内容涵盖文体节目、农业科技节目、生活节目等,形式缤纷多样,每天双语播出,丰富农民的文化生活。还开设了法律、健康、生活三个栏目,每天在固定时间"双语"播出 1 个小时,每个月都有 10 – 13 个内容的更新。节目内容丰富多样,涉及婚姻、婆媳关系、答疑沟通等。有的州驻村工作队利用户外宣传牌、LED 显示屏等方式,加大社会面的宣传。该州某驻村工作队利用工作队夜校学习平台,充分发挥八家户不断完备的公共文化服务设施的作用,开办村民电影院,在播放夜校学习内容的同时,精心挑选放映民语类优秀影视作品。

3. 工作队加强驻村环境的物质文化建设,制作含有民族团结、去极端化、体现健康向上精神风貌等内涵的横幅标语、宣传栏和公告栏、门牌、标识、国旗、墙绘等形式,不仅成为所驻之村一道亮丽的风景,而且是可供村民阅读的文化产品。有的驻村工作队制作了"团结一心,创建十星级村,精准脱贫致富奔小康"横幅、住村工作队门牌,并悬挂国旗;制作了工作队公告栏和宣传栏,以及"我爱我家"标识等,努力营造温馨的工作生活环境。还有的驻村工作队组织小学生作文比赛,青少年将家乡的变化所带来的感受写入作文,并将优秀作文绘制成漫画的形式彩绘在农民家的外墙上,以"和谐巷"、"幸福巷"等为各个村口命名。①

(四)加大文化产品提供力度所取得的显著效果

新疆农村文化产品数量的大幅增加,对于农民提高思想政治和科学文化素质以及丰富其文化生活方面,都产生了比较显著的效果。

第一,起到了提高农村群众思想政治素质的作用。在为新疆农村提供的文化产品中,有许多群众关心的时事政策解答,有反映惠民工程、民生建设及变化发展的图书、音像制品和挂图,还有科技致富信息、农牧业种植和养殖的科技知识,等。这些让基层群众直观清楚地了解到党和政府关心群众、保障民生、服务基层的方针政策。让广大农牧民亲身感受到党和政府对边疆各族人民群众的关怀和帮助,增强了抵御"三股势力"渗透、破坏的免疫力。其中,出现了许多鲜活而感人的事例。在克孜勒苏柯尔克孜自治州,农牧民们表示:要自发、自觉地学习知识,提高自身素质,主动参与新农村文化建设,构筑维护稳定、反分裂的思想防线,永远跟党走。阿勒泰市阿苇滩镇青格老村,自从农家书屋建在了一名哈萨克族老人的家中之后,该村的老人们经常在书屋里读书看报,在老人们的带领下,全村群众对国家政策和阿勒泰市的发展有了更多的了解,对当地发展中存在的一些问题也能正确理解。该村大规模拆迁新建时,老人们首先支持迁建并主动做村民的工作,对顺利完成拆迁发挥了很大的作用。伊宁县下吐鲁番于孜乡下吐鲁番于孜村的农家书屋建在帕提古丽老人家,书屋管理规范、井井有条,数年如一日地为村民提供服务,深受群众信任和喜爱。吐鲁番市葡萄乡的努尔丁农家书屋与清真寺相距不到50米,管理员努尔丁老人说,如果孩子们不在我的书屋看书,就会到清真寺去学经,因此我要把我的书屋办好,让孩子们在这多读书、多学习。可见,"两个工程"赠阅出版物等公共文化产品成为基层农村群众重要的精神食粮。为配合"两个工程"深

---

① 关于"访惠聚"工作队的文化建设工作主要来源于本课题组2016年7月至8月在新疆南北疆广大乡村调研时所获得的资料。

入实施,各地(州)还通过广播电视、报纸期刊及互联网等媒体广泛宣传报道,组织"我的书屋我的家"等各种形式的读书、讲演、征文活动,激发群众的阅读热情,培养他们读书看报的良好习惯,有效地扩大了基层思想文化阵地的影响力和覆盖面。

第二,起到了提高农村群众科学文化素质的作用。公共服务产品用先进文化科学知识促进新疆农村群众思想观念的转变,同时也为他们走上致富道路提供了智力支持。随着新疆农村经济发展方式的转变,新型农牧业技术是广大农牧民迫切需要掌握的知识,而"两个工程"配备的大量他们看得懂、用得上的农牧业科技类图书,它们与西新工程和村村通工程一同拉近了农牧业科技与农牧民之间的距离,提供了大量便捷的信息,给他们的生产和生活带来了实惠。对此,各地农牧民反响都很热烈。2012年的一次相关调研中,调研人员发现,在福海县喀拉玛盖乡喀拉苏村农家书屋,村民利用中午天热干不成农活的时间在书屋翻阅图书,他们表示,我们看了这些书后,脑袋像打开了一扇窗户,种植的、养殖的知识全部进来了,过去用老办法种地一年赚不了几个钱,现在科学种植养殖,一年的收入比过去多好多。阿勒泰市红墩镇乌图布拉克村一位养牛户从2008年养殖奶牛,由于乡里的兽医较少,平时的疫病防治就全靠书本,他成了农家书屋的常客,关于奶牛养殖的书几乎全看过,对于一些常见的问题也能很好地处理。后来,他不但是一个出色的养殖专业户,还是村里的半个兽医,谁家奶牛有问题都来找他,他也经常边帮助村民边对村民做宣传,要他们多去农家书屋看书看光碟。他十分感慨,认为一本好书能改变一个人的命运,一项技术能造福众多百姓。根据调研,新疆广大农村群众普遍认为,"两个工程"赠阅出版物对丰富基层文化产品的供给作用明显,"两个工程"赠阅出版物对他们的生产、生活和学习有帮助,能满足阅读需求。许多人只要有时间就会去文化室和书屋阅读。根据对文化站(室)和书屋管理员的调研,调研人员了解到,大多数村民都认为,赠阅出版物贴近基层实际、贴近群众生活,类别比例合理,符合群众阅读需求。对于大部分农村群众来说,纸质文化读物基本能够满足其需要。西新工程和村村通工程对于丰富农村群众文化生活和为其提供丰富快捷的信息、促进社会和谐稳定方面,也发挥着重要作用。群众普遍感到,"西新工程""村村通工程"等既使他们的文化生活更加丰富,广播或电视节目又为他们打开了更大的世界,既使他们听到了党和政府的声音,又使他们得到了大量农业技术和致富的信息。额敏县萨尔也木勒牧场新褐村一位牧民说,看了电视,他知道牛羊市场价格很好,他有500只羊,打算多存栏,多留小羊羔,来年扩大养殖。克拉玛依市乌尔禾乡查干草村的一位村民,每天一忙完,就守着电视看农业节目,一段时间下来,学到了不少种田技巧。沙雅县海楼乡格曼贝希村的一位农民通过广播电视,了解了很多种植信息,他家的红枣高产田亩产能达到500公斤,一年下来最少也能收入6万元。乌鲁木齐市达坂城区阿克苏乡的一位牧民能熟练地在互联网上查询羊绒市场价格及信息。达坂城区阿克苏乡一位村民说,家里借村村通电话工程通了宽带,通过网络能够了解最新畜牧业市场行情,及时出售自家牛羊,收入得以大幅提高。该乡副乡长说,自2007年村里接入宽带,到2012年,全村已有60%的村民家里接入了网络,村民通过上网及时了解肉价和羊绒、驼绒价格的同时,学习先进的管理方法和技术,使当地农牧民收入有了大幅提高。通过实施村村通电话工程,还使农村地区的通信网络建设实现了跨越式发展,尤其是对提高农牧民收入、抗击自然灾害等方面起到了巨大作用。

第三,起到了丰富农村群众文化生活、促进乡风文明建设的作用。公共文化产品的增加逐渐改变着新疆农村群众的休闲方式及其日常生活内容,群众自身的素质也随之得到了提高,对下一代的良性示范作用日益显现。以"两个工程"为例,赠阅出版物为农牧民提供看书读报的条件,赠阅出版物成了"香饽饽",新的定居点、新乡镇都抢着要,先进的科学文化知识深深地吸引着渴望知识的新型农牧民。乌恰县黑孜苇乡库拉热克村支部书记认为,村里由于读书人增多,打架吵架喝酒的人少了,懂知识懂法律的人多了,(农家书屋)作用很大。吐鲁番市艾丁湖乡干店村文化室(书屋)管理员反映,以前农闲时间很多群众在家待着没事干,想看看书、查查资料却无处可去,大多靠打扑克、打麻将来消磨时间,有了农家书屋,村民有了好去处,能了解国家政策,获得更多的生活常识、种养技术,一些村民陪孩子一起看书,自身文化素质也得到了提高。随着农村文化户在全区各地的不断发展,许多地方出现了"四多四少",即,抵制非法宗教活动的多了,进清真寺的少了;到文化站(室)看书读报、有知识懂法律的人多了,打架斗殴的人少了;参加科普、文体活动的人多了,到宗教场所做"乃玛孜"、从事封建迷信活动的人少了;忙于科学致富的人多了,酗酒赌博的人少了。农村的治安状况和社会风气进一步好转,农牧民学科学、用科学的氛围得到了提高,乡风文明程度进一步提高。总之,"农家书屋工程使农牧区各族群众能够在家门口及时了解党的路线方针政策,及时看到优秀的出版物,及时查阅生产生活信息技术资料,有效地加强了农牧区思想文化阵地建设,解决了农牧区出版物缺乏、信息闭塞的问题,缓解了农牧区'看报难'、'读书难'、'购书难'的状况,农家书屋成为抵御'三股势力'渗透破坏的坚强阵地。同时也丰富了农牧民精神文化生活。农家书屋作为农牧民共有的书屋,为广大农牧区带来了书香气息,丰富了农牧区学生课外阅读内容,让家庭贫困的孩子能读到自己喜爱的图书,把农牧民从牌桌拉向了书桌,提高了农牧民文化生活品位,推进了乡风文明建设"。① 乡村文化产品对于青少年的健康成长也有正面导向作用。布尔津县阔斯特克乡党委政府不断加强对农家书屋的建设,实现了全乡各村农家书屋全覆盖。同时,规范农家书屋的管理,为各村书屋配齐了藏书架、桌椅等设施,书籍种类涉及科普、文学、儿童读物等十几个类别。村干部们更是主动担起农家书屋管理员的职责,负责对农家书屋图书的分类、登记、编号等管理和服务,并建立健全了借阅制度,确保农家书屋能建得起、用得上、管得好。在为广大农民提供"普及科技知识,传播先进文化,提供精神食粮"等主要服务的同时,增强对学生、儿童的服务功能,让农家书屋成为农村孩子学知识学文化的好去处。如今,在阔斯特克乡,农家书屋不仅是农牧民致富的"加油站",也成为学生儿童的"营养乐园"。②

六、坚持开展多种多样的文化活动

主要包括文艺演出及日常文化活动、科学技术培训活动、农民自办文化活动、推动公共文化服务品牌向农村延伸活动以及内地多个省市"文化援疆"活

---

① 《新疆农家书屋:农牧民心中的一盏灯》,中国新闻出版网 2012 年 10 月 29 日。
② 《阔斯特克乡农家书屋孕育文化大阵地》,布尔津县人民政府网 2016 年 8 月 8 日。

动等。自治区开展"访惠聚"活动以来,各驻村工作组利用自身优势,开展丰富多彩的文化活动,成为新疆村级文化建设的重要组成部分。

(一)坚持开展文艺下乡演出和日常文化活动

农村各级文化机构一方面生产文化精品,并下乡为农牧民展演,另一方面辅导或指导群众开展各种各类文化活动。专业文化机构或单位充分发挥文化职能部门作用,积极服务群众、服务基层。具体而言,发挥城乡文化工作的专业指导作用,认真做好基层文化站、文化室业务人员培训工作,利用寒暑假开办各类中小学生学习班,活跃丰富青少年假期文化生活。还组织力量挖掘民间艺人,加以培训,安排演出,并派业务骨干帮助各乡(镇)场开展农牧民群众喜爱的文艺活动,每年派专业干部到乡(村)文化站(室)协助整理图书进行分类,经常性指导社区、乡镇开展文艺会演。有的县还努力发挥图书馆"终身学校"的功能作用,开展"全民读书月"活动及文化或文艺下乡活动达数百场之多。有的县要求文化站(室)每个"巴扎日"在市场摆设流动阅读点,有选择地向群众提供赠阅出版物,有的地方针对牧区牧民要在没有电、没有广播的夏牧场度过数月的特殊情况,采取书屋跟着牧民走的办法,把赠阅出版物带到牧区毡房,使牧民在放牧时、孩子在放假时都能看到书。专业机构、单位在优化服务的同时,还大力开展文化创编和演出活动。许多县艺术表演团体逐步适应市场经济的需求,结合实际,大力实施文艺精品工程,创编演出适应形势的文艺节目,在全疆各报刊、杂志上发表作品,等。同时,下乡为农民群众演出上百场,观众达数万人次。以哈密市陶家宫镇为例,该镇积极推动专业文艺演出队深入基层演出,并全程指导及参与当地的百日文体竞赛活动,增加深入基层演出场次,充分发挥流动舞台车的优势,推动文艺下乡、进村工作,扩大基层演出的活动面。2016年7、8月间,本课题组在南北疆多地农村进行问卷调研的结果显示,320名参加问卷的乡村农民对"是否经常有'文化下乡'活动"的问题,选择了"经常有"的占比为88.75%,选择"很少有"的仅为8.13%,选择"没有"和"不清楚"的共计3%左右。这说明,文化下乡活动长期坚持有序开展,且对于新疆农村群众的影响也比较大。

多地政府相关机构组织指导农民开展形式多样、丰富多彩的文化活动。

特别是近郊或经济发达区域的政府相关机构充分发挥县、乡、村三级文化阵地的优势,积极开展知识传播、信息交流、咨询服务、技术推广、民情征集和文化娱乐等活动。形成了重大节日为主线,平时活动不断线,时时有歌声、处处是赛场的生动场面。具体包括:农村百日文体竞赛活动。作为"自治区百日广场文化活动竞赛"的延伸,"自治区乡村文体竞赛"于2007年冬季在全疆基层农村广泛开展,之后,形成"百县千乡"广泛开展的农村大型文化活动。在调研中,我们发现,不论是南疆的和田、喀什、阿克苏,还是北疆的伊犁、昌吉,或是东疆的哈密、吐鲁番,各地县乡(镇)政府相关部门或机构,都能结合本地实际,开展富有特色的文体竞赛活动。该活动的组织开展,在很大程度上改变了农闲时节部分群众无所事事及宗教活动、赌博现象回头的状况,从乡(镇)到村、组,处处有歌声、时时有活动;节日假期文化庆典活动。节假日期间,各县文体部门或机构充分利用县乡文化阵地,广泛开展形式多样的群众性文化体育活动。诸如新春社火活动、古尔邦节麦西来甫活动、诺鲁孜节文艺晚会、"五一"职工文体综合活动、"六一"少年儿童广播操动、"七一"文艺会演及歌咏比赛或军民文艺晚会、"七一"综合文体活动、青少年及中老年冬季长跑活动、广场文艺演出等大中型群众性活动,等等。农牧区群众文化生活形式也是多样的,包括叼羊、赛马、拔河及农牧民运动会等。还有的乡镇经常组织大型文体活动,每年乡村两级都会组织开展若干次大中型文体活动。此外,还有书画比赛、广场麦西来甫、广场文艺晚会等。总之,每逢传统节假日或对于我们党或我国具有纪念性意义的日子,以及诸如"民族团结教育月"、"公民道德建设活动月"、"热爱伟大祖国 建设美好家园"之类的重大活动期间,新疆各地的县、乡(镇)、村都会组织开展多种多样的群众文化活动;日常健康文化娱乐活动。这类活动常常与前两类结合起来开展。如有的地方以"农民演,演农民"为活动内容,开展自村至乡至县到地区的农牧民文艺汇演,许多县将开展"一读二听三看四学五娱乐"作为活动的基本要求(即读报纸、听广播、听讲座、看新闻、看书刊、看科教片、学文化、学科技、学政策、学法律、举办棋类、牌类、球类、卡拉OK、麦西来甫等活动);有的以"十个起来"活动为载体,以宣传文化阵地建设为依托,推进农村精神文明建设,即:五星红旗飘起来,领袖画像挂起来,宣传牌子树起来,科普专栏办起来,革命歌曲唱起来,爱国电影放起来,健康书籍读起来,广播喇叭响起来,文艺节目演起来,体育活动赛起来。有的开展场形式多样、健康向上、丰富多彩的活动,形成了体现本地特色、群众参与广泛并能长期坚持的广场麦西来甫、大型社火、广场晚会、健美操、国标舞、赛马、叼羊、放鹰、摔跤、斗羊等文体活动。在这些活动中,既有政府组织的,也有农民个人组织的;打造以墙壁文化为主的"景观"文化。典型的如昭苏县的"墙壁文化"。走进昭苏县农村,就会看到墙壁上书写、绘制的文明标语、图案,这些墙语,有宣传党的富民惠民政策的,有普及计生和法律知识的,有规范村规民约和宣传邻里和睦的,有指导未成年人教育的,有倡导农民学科技的,有抵制反对封建迷信的,等等,可以说包罗万象,几乎涵盖了农村生活的方方面面。昭苏县在社会主义新农村建设中,以开展生态村、文明村建设为突破口,将农村墙体标语作为体现文明程度的窗口来抓,把农村墙壁作为弘扬先进文化的有效载体,将健康文化送进农村,让墙体成为建设新农村、培育新农牧民的一个阵地和窗口,引导群众树新风、倡新风,进而打造了以墙壁为主的"景观"文化。该县10个乡镇投入财力、物力、人力,打造了"文明长廊"、"景观长廊"、"书画长廊"等一批适合农牧民口味的墙壁文化长廊。不仅如此,而且该县让墙体文化向深层次延伸,依托文化长廊建设,着力发展农村文化大院,让文化大院成为稳固"墙体文化教育"的重要力量。昭苏县新农村建设注重让墙壁"文明说话",使人们在耳濡目染中受到了教育,全县社会文明程度提高了,人们的精神面貌焕然一新。迄今,墙壁文化、文化长廊等在新疆的广大乡村普遍可见。2016年7、8月间,本课题组赴南北疆多地农村进行实地考察调研,亲眼看到这种文化景观,沙湾县乡村以"人人都是维稳哨兵、民族团结从我做起"为主题的墙壁文化、阜康市乡村以"团结发展、乡规民约"为主体的文明长廊、墨玉县乡村以"传播现代文明新风、抵御'三股势力'渗透"为主旨的景观长廊、麦盖提县以"提升刀郎文化品质、引领民族团结风尚"为核心的刀郎文化园,等等,亲身感受到其中魅力。

(二)坚持开展农村科学技术文化培训活动

农村科技服务和针对农民的科技文化培训,既能帮助农民改善经济窘况,拓宽其就业门路,从而使其提高物质生活水平,又因农民生活环境及其生产生活行为方式的改变而导致其心理观念的变革、视野界限的扩大,因此,直接促使其生活技能的提高、整体素质及思想认识的提升,是农村文化建设和新型农民培养的有效途径。自治区各级政府都建立起农村科技服务和科技培训的组织机构,有序开展内容丰富、以农业技能为主的培训。各县、乡、村创建了农村科技服务与培训的载体或平台,以传统方式为主、辅之以其他多种形式,进行时间不等的短期培训。越来越多的农村群众能自觉参加培训,随着培训效益的显现,他们参加培训的意愿愈益强烈。

负责农村科技服务和培训的组织机构纷纷建立健全,经费得到一定的保障。新疆各级政府包括基层农村政府比较重视农民培训组织机构建设,纷纷构建了庞大的农民培训行政组织机构,以各地县农业广播电视学校(农民科技教育培训中心)为依托、以县(市)科技培训星火学校为中心、以乡(镇)、村农牧民科技文化学校(班)为主阵地,形成了地、县、乡、村四级科技培训网络。农民培训经费主要包括扶贫办提供的财政扶贫培训资金、人力资源和社会保障系统提供的劳动力转移培训资金以及农村致富技能培训资金、财政部门提供的农民培训配套资金、科技部门提供的部分农民培训科普知识宣传资金、农口部门提供的农业部划拨的专项农民技能培训资金,等。

培训项目种类日益多样化。首先,大力开展农牧民致富技能培训。新疆从2007年起,在全疆范围大规模开展农民致富技能培训工作,由农办牵头,人力资源和社会保障厅组织实施,农口和其他相关部门配合,实施"一年一户一人一技"的培训工程;其次,认真组织实施"阳光工程"培训项目,成立了自治区阳光工程指导小组,在农业厅科技教育处设立了办公室;再次,分阶段不断调整实施"新型农民科技培训项目";第四,稳步提高和加大扶贫培训项目实施力度。此外,各地州,如南疆三地州科技局、畜牧局、科协等各有关部门不定期还开展形式多样的农民培训,培训内容主要是各单位职能范围内的农民实用技术培训以及科普知识培训,培训的经费主要来源于科技三项经费。除了短期培训外,还有针对农村初中毕业生的、较长时间的职业教育。根据对和田墨玉县阔依其乡的调研,农村职业教育主要是在学校里的"2+1"模式,具体指的是,当学生上完初中自己无能力考上高中或者家庭经济条件不允许考高中的初中毕业生,在初三下学期就开始参加职业培训。培训的内容主要有六个:一是学习裁缝;二是地毯编织;三是农机维修;四是学习烤肉;五是砖瓦工;六是学习林果业裁剪和嫁接。这些项目主要是劳动保障局的项目,也有扶贫办支持的合作项目(地毯和养殖业技术项目)。培训项目的经费由墨玉县公共财政全额拨款,由墨玉县的振玉培训中心给学生培训,经费转移支付给培训中心。但是县里下达人数多,经费少,所以相应也就减少了培训人数。

培训形式因地制宜,培训内容具有较强的针对性。新疆农村科技培训形式主要以项目的运作为载体,具体依托"科技之春"、"科技之夏"、"科技之秋"、"科技之冬"、"党员远程教育"等平台,结合农时开展内容及形式多样的培训。此外,利用"科技大篷车"、"三下乡"、"科技周"、"全国科普日"、"世界气象日"、"防灾减灾日"等系列科普活动,加大科普宣传力度。同时,采取以传统方式为主,辅之以多样的培训方式。首先,分级培训和分类培训相结合。分级培训分为三个层次,即地、县、乡三个层次开展培训。地区以培训各类专业技术干部为主,县级以农民技术员、大户或专业户为主,乡(镇)以广大有培训意愿的农民为主;其次,一般以传统培训方式为主,同时,形式也日益多样化,诸如现场指导、互联网远程教育、企业订单培训等;再次,培训方式,特别是南疆三地州的培训方式,主要是乡政府组织集中课堂讲授培训、上门指导培训以及发放培训技术资料、播放录制光盘,等。

培训内容具有较强的针对性。首先,针对农村富余劳动力转移培训,主要是农业科技文化培训,包括针对牧民的乡畜牧养殖培训,以短期培训模式和技能培训为主;其次,针对牧民日常生活的需要,为了改善牧民的生活饮食水平,政府也对牧民进行了无土蔬菜栽培和禽类养殖培训;再次,政策文件宣讲培训,特别是针对担负固边守边使命的边远农牧乡村,政策宣讲培训具有特殊的重要性,该项培训内容主要有惠边政策、守边政策、党政方针政策、法律知识培训,培训对象主要是一线固边人员、宗教人士和三老人员。实际上,这类培训是培训规模和次数最大的培训。

农村科技培训活动对于促进新疆农村经济社会的发展起到了积极作用。基层文化站(室)以丰富、多彩的文化娱乐活动满足农牧民精神生活需求,使农牧民的思想状态有了很大的改变,对衣、食、住、行有了更高的要求,在农业生产中的主动性、能动性和科学种植、养殖的积极性大大提高。基层文化站(室)还通过农业技术和现代文化知识的培训为培养农民新的谋生手段、新的生产技能和新的生活方式做出了努力,对村里的发展起到了至关重要的作用。农民通过职业教育自身也得到了发展。同时,农村文化机构组织开展积极工作,开始主动关注农民的精神文化需求,农民的文化权益得到了一定的保障。根据调研,新疆农村各级政府正努力在科学管理方面下功夫,试图将行政命令或村规民约等强硬手段与金钱鼓励或免除义务工等柔性方式结合起来,吸引和激发农牧民参加培训的积极性。

(三)坚持开展农民自办的文化活动

"所谓农民自办文化,就是指农民个体或群体依靠其拥有的各类文化资源,而进行的以满足自身或群体的精神文化需求或物质利益需要为目标的各类文化实践活动"。[①] 农民自办文化是农民自身为主体、以农村为主题,具有自发性、群众性、民俗性、非均衡性及准公益性的文化实践活动,是以满足农民自娱自乐的文化诉求又能体现农民文化生活现状的文化创新、实践活动。自办文化的兴起,不仅能满足群众多元的文化需求,同时还能弥补政府公共文化提供不足的缺憾,而且对于新疆少数民族地区传统民俗文化的继承与发展具有重要的意义与价值。自办文化还极大地调动了各族群众的文化创新热情及积极性。

尽管许多地方乡村文化阵地条件还比较简陋,但却能想方设法开展当地农民喜爱的文化活动,因地制宜组织和自办文化活动,使乡村月月有活动,经常有歌声,节庆有庆典的良好氛围。以昌吉市为例,自发形成70多个民间文艺演出队,演出的节目包括回族花儿、新疆曲子、腰鼓、合唱、武术体操等十多个门类,2万多名活跃在昌吉民间的文艺骨干通过挖掘基层群众喜闻乐见的文

---

① 肖剑忠.关于农民自办文化若干理论问题的思考[J].绍兴文理学院学报.2007年第5期。

艺作品,感染和带动 10 万农牧民群众参与农村文化活动。[①] 昌吉六工镇曲子队成立于 1990 年,是由当地农民自发组织起来的,现有人员 58 人,农忙时田间劳作,农闲时创作演出,多年来从不间断,凭着对新疆曲子剧及业余文艺的爱好和热情,队员们克服种种困难,不计个人报酬,自编、自演、自导了大量的农村题材作品及新疆曲子戏,如:曲子戏《张连卖布》、《晚秋春花》、快板《夸夸咱们六工镇》、维吾尔族歌舞小品《买"灯"大收获》、哈萨克族歌舞小品《养牛就是好》等作品 30 余部,演出 300 余场,受益人数达 50000 余人,在宣传党的政策,传播科技知识、新农村文化建设等方面发挥了积极作用。[②] 昌吉奇台县活跃在各大文化娱乐场所的文艺团体有近 40 个。这些团体中有以"崔家班子"代表的新疆曲子表演团体,有以"阿迪力文艺团"为代表的新疆十二木卡姆的表演团体,更有从区内外获奖的舞蹈、歌唱为代表的现代歌舞表演团体。走进奇台县碧流河乡西戈壁 3 村,在这样一个只有 60 多户人家的小山村里,竟然有两支远近闻名的秦腔、眉胡剧演出队。这些文艺、戏剧表演队由村里的 30 多名农民自发组成,他们农闲时集中排练,如今能演出秦腔、眉胡等 30 个折子戏剧,县上乡里的重大活动都有他们的身影。他们创作编排的节目充分反映和宣传各县各行各业转变工作作风,争创一流业绩,大力推进新农村建设中的新人、新事、新气象,不仅让广大农牧民在文化热情方面有了一个良好的展示和交流平台,而且通过自娱自乐提升了广场文化活动健康向上的群众文化精神。再如察布察尔县,既有政府组织的文化活动,也有本地农民提议并组织的自办文化活动,包括察布查尔县有艺术表演团体下乡、贝伦舞比赛、锡伯刺绣展、射箭等。哈密市陶家宫镇,每逢节假日、闲暇时期,自发成立的文化室就组织新疆曲子戏的演出。在泉水地村、陶家宫村等汉民族聚居较多的地方,形成了以秧歌、旱船、高跷、舞狮为主要内容的社火活动;新庄子村文化户自发举办篮球赛;上庄子村、马场村的民间切力西、斗鸡、斗羊等;荞麦庄子村的文化户在农

① 《新疆昌吉民间文艺队感染带动 10 万农牧民参与文化活动》,http://www.cnr.cn/newscenter/gnxw/201111/t20111122_508818171.shtml。

② 《中国新疆曲子之乡——昌吉市六工镇》,http://www.xjwh.gov.cn/ed27d511 - 42b3 - 49be - aad5 - c11aa6c21832_1.html。

闲时间,组织阔克麦西热甫等丰富村民文化生活的活动。该镇还开展了"文化体育活动周"活动,免费开放活动中心。

(四)坚持开展公共文化服务品牌向乡村的延伸活动

在农村轰轰烈烈的文化活动中,公共文化服务品牌向农村延伸。在较长的一个时期内,"三股势力"不断对我国及我区进行多层次、多渠道、多方式的文化渗透和反动宣传,同我争夺阵地、争夺群众、争夺青少年,给国家统一,社会稳定、经济发展、民族团结和基层政权建设带来了显在或潜在的威胁。针对分裂分子的渗透破坏,新疆各地农村以构建的四级文化网络为载体,大力开展健康向上、群众广为参与的文化活动,使各族群众对民族分裂主义的表现与特点有了更加清醒的认识,政治敏锐性和鉴别力进一步提高,政治意识、阵地意识和大局意识不断强化,增强了凝聚力、向心力,意识形态领域阵地不断得到巩固。在自治区党委宣传部牵头、文化厅具体组织实施下,全区连续多年普遍开展了"百日广场文化活动竞赛",使城镇广场成为我区各族群众重要的文化活动场所。通过竞赛评优的激励机制,广场文化活动日益发挥巨大影响力,成为全区群众文化活动的一个品牌。这项活动已延伸到各地的乡镇,成为基层文化活动的新亮点。新疆各级宣传文化部门充分发挥文化阵地的作用,以文化网络为载体,主动为农牧区精神文明建设提供支持,开展健康向上的文化活动,组织丰富多彩的群众文化活动,成功举办了农牧民文艺会演,先后开展数百场"三下乡"、"四进社区"、农牧民运动会等乡村文体活动,尤其是利用农闲时间,坚持开展不同规模的送文化下乡活动,组织文艺小分队,深入田间、地头,宣传党的方针政策,或利用"巴扎天"组织图书、电影服务队下基层,丰富农牧民的文化生活。县级文工团、文化馆和图书馆成为文化下乡的主力军。在活动中,工作人员引导农牧民学文化、学科学、学法律,增强了农牧民经济意识、科学致富意识、现代化文明生活意识、法制意识,使农牧民素质得以提高,满足了群众求知、求乐的愿望,改善了村风、民风。随着活动的深入开展,文化活动积极分子队伍不断壮大,部分乡(镇)、村宣传文化中心成为农村最热闹的、群众最向往的去处,活跃了农村文化生活,为文化的发展增强了后劲,进一步巩固了社会主义文化阵地,促使新疆农村精神文明建设水平不断提高、农村文化事业全面发展。一些地方多方自筹资金,相继建起了一批文化广场,举办群众文化示范活动,搭建各族群众展示文化艺术的平台。多种农村文化体育活动的开展,有力地带动了广场文化、社区文化、校园文化、军营文化的全面发展,使参与活动的人数与日俱增,有效地淡化了宗教氛围和宗教意识,在全区农村唱响了祖国好、共产党好、社会主义好、改革开放好、民族大团结好的时代主旋律,以实际行动提高了广大人民群众的思想道德素质和科学文化水平,用社会主义思想文化牢固占领城乡文化阵地,为加快农村"三个文明"建设步伐做出了积极贡献,促使农村形成盼富裕、求发展、一心一意搞建设的局面,从而,营造出一个喜庆、热烈、祥和的社会文化氛围。许多群众不仅热爱本民族的文化艺术,也十分爱好中国传统民间艺术。弹起冬不拉、跳起麦西莱浦舞、扭起秧歌舞、舞起社火等这些丰富生动的民间艺术,使各民族的群众走到一起,尽情享受文化的乐趣,中华文化的纽带使各族群众联系得更紧,形成了农村民族团结、社会稳定的良好局面。

(五)中央和内地援疆省市大力开展"文化援疆"活动

"文化援疆"的重头戏在新疆的农村。2011年9月,文化部、国家文物局在乌鲁木齐市组织召开第二次全国文化、文物系统对口支援新疆工作会议,进一步贯彻部署做好对口支援新疆文化建设工作,贯彻落实文化建设"春雨工程"和"文化遗产保护工程"。19省市与我区受援的12地州、82县市,文化部有关单位与文化厅直属单位进行了援疆工作对接,签订合作意向书,落实了一些援助项目、资金及合作规划,在第一次援疆会议取得成效的基础上进一步细化、量化援助任务,取得了实质性进展。在文化部的号召和安排部署下,黑龙江省文化厅自筹资金向阿勒泰地区受援赠送5辆猎豹越野吉普车(64.9万元),大庆市援建福海县青少年活动中心和大庆广场项目,投资达1800万元;河北省文化厅援建尉犁县河北群众文化体育活动中心建设项目,拟定投资5583万元;江苏省文化厅投资400余万元援建伊宁市吐达洪巴依旧居修缮工程,投资480万元援建昭苏县新建细君公主纪念馆,江苏省张家港市援助伊犁州巩留县,每年组织开展一次为期一周的领导及干部互访活动,并建立两地文化资源互通共享机制,还出资10万元资助县文体局改善设施;湖南省文化厅援助吐鲁番市文化馆建设 400 万元、地区歌舞团 100 万元等资金已经到位;湖北省文化厅为博州歌舞团赠送价值 30 万元的舞台演出车一辆,湖北省博物馆支援全州文物保护经费 50 万元。同时,援助做好博州文化阵地和文化基础设施建设;为博州创作一批精品剧目;大力推行"引进来"和"走出去"的人才交流机制;组织开展文艺演出、文物巡展、业务交流、学习观摩等文化交流活动,以加快博州文化产业发展。吉林省文化厅选派 5 名优秀的演员赴阿勒泰地区参加"金山文化艺术节",所有费用由吉林省文化厅承担。① 有的援疆和受援双方之间还作了培养文化人才和丰富文化产品及服务供应的远期规划。福建省援助昌吉回族自治州,包括:加强文化人才培养方面的交流。每年安排 5 – 10 名文化系统人员赴福建培训,每期 3 – 6 个月,加强文艺精品创作的交流。打造 1 – 2 个昌吉州地方剧目,推广及巡演;加强公共文化建设方面交流。继续实施"春雨工程"、"大舞台"、大展台、大讲堂活动;加强文化遗产保护交流,每年选派 2 – 3 名美术老师配合昌吉举办美术展;加强对外文化交流。每年拟安排 1 – 2 名优秀人才或院团赴境外交流;加强文化产业发展的合作。例如,福州市每年免费帮助昌吉州奇台县培训业务干部 5 – 10 人,两地互派人员开展文化艺术交流活动,帮助奇台县古城艺术团解决部分音像、服装、道具等设备经费,对奇台县博物馆文物布展和库房改造给予资金扶持,双方组织文物交流巡展;与其他省市合作培养文化人才。还有的援疆和受援双方制定了对传统文化保护与传承的重大举措。为使察布查尔县锡伯族歌舞艺术得以继承、发展,确保民族文化艺术事业后继有人,该县和沈阳市两地党委、政府,为进一步共同抢救、保护、挖掘、传承锡伯族传统文化做出一系列重大举措。沈阳市艺术学校,将从察布察尔县中小学校,年满 11 到 14 周岁的 60 多名应试考生中,通过初试和复试,最终筛选出的 30 名培养对象,进行为期三年的培训,每名学生三年的 3.6 万元培训费用由沈阳市委、市政府全部承担。为了培养察布察尔县锡伯族艺术人才,沈阳市艺术学校校长一行受沈阳市市委、市政府的委托,曾专程来察布察尔县招收 30 名锡伯族学生,由沈阳市市委、市政府出资 108 万元为察布查尔县

---

① 《第二轮对口援疆文化项目对接落实情况统计》,http://www. xjwh. gov. cn/92ea9495 – 7ea6 – 4c65 – 99a8 – 6340b50209cd_1. html。

培养 30 名锡伯族艺术人才。文化援疆,新疆其他各地农村也稳步推进。新疆各地文化部门统计,"十二五"期间,全国 19 个省市文化援疆除人才培养、艺术交流外,有资金投入的援助项目总金额为 11.5 亿元,各类文化援疆项目 300 余个。援疆省市以民生为重点,建设了一批基础文化设施,开展了多种形式的交流、培训活动。19 个援疆省市多措并举,通过挂职锻炼、专题培训等多种形式,开展了广泛而深入的人才、智力援疆,为新疆文化发展注入了强劲动力。①

在第二次中央新疆工作座谈会"推进援疆工作"的指导思想引导下,文化艺术援建工作不断改进和提高,并助力于新疆影视文化产业快速发展。2015年 4 月 22 日,文化部文化产业对口援疆工作座谈会暨全国文化产业工作会在乌鲁木齐市召开。这是全国第四次文化援疆会议,而文化产业作为对口援疆的专题会议还是第一次。文化部文化产业司司长吴江波表示,2015 年,文化部文化产业司将在四个方面,加大对新疆文化产业发展支持的力度:一是继续推动特色文化产业发展,二是加大对新疆文化产业人才培养的支持力度,三是支持新疆举办文化产业投融资对接活动,四是结合实施原创动漫边疆推广计划。这必将对新疆农村文化建设,特别是对新疆农村的文化产业发展产生极大的促动作用。

（六）"访惠聚"工作队开展多样性文化活动

主要形式有思想政治宣教活动、文艺演出活动、汉语培训班等。主要是开展以"去极端化"、"民族团结"、"社会稳定"、"努力致富"等为主题的宣传教育活动,宣教内容十分丰富,包括思想政治类、法律类、科技类等。有的驻村工作队利用节假日积极开展大宣讲教育活动,在庆祝三八劳动妇女节时,资助近4000 元开展了庆祝三八国际妇女节文化活动,组织全村妇女同志认真开展"去极端化"专题大宣讲教育,要求全村女同胞自觉当好先进文化的传播者、民族团结和社会稳定的促进者、"最美家庭"和美丽新疆的贡献者,团结一心,努力奋斗,力争将该村建设成"十星级"村。参加村民近 500 人,历时六个多小时,规模大、效果好,反响强烈,受到了村民的热烈欢迎。该工作队还利用开办夜

---

① 参见:《新疆文化产业发展动力强劲》,中央政府门户网站 www.gov.cn.2015 年 4 月 24 日。

校进行大宣讲。2016年4月4日,该村汉语夜校培训班正式开班,共250余人参加。有的州有驻村工作队开展"普法宣传"系列活动,建立法制培训服务成效机制,邀请法律专家开展《宪法》、《婚姻法》等专题讲座,邀请会"维汉双语"的教师讲解社会主义核心价值观、道德建设、"提升妇女素质工程"等专题知识,抽调少数民族业务骨干会律师组成专家服务团开展"送法进村"活动,在村委会设立免费法律咨询室和法律援助中心,维护村民合法权益。该州有的驻村工作队利用村民大会日、宣讲日、大喇叭工程、流动宣传车等载体,采取多种形式,大力宣传全县民族团结、道德模范等方面的典型事迹。工作组整合村委会资源,大力开展"道德讲堂"、"讲文明树新风"等教育培训活动110余场次,依托村级活动场所现有墙体资源,以社会主义先进文化为引领,村村打造文明宣传长廊,坚决用社会主义先进文化抵制宗教极端思想的渗透,营造良好文化氛围。该州某驻村工作队把开展大走访作为融入群众的切入点,在走访中发挥草根宣传队、宣传员的作用,突出对群众的思想即予以和政策宣传教育,面对面向群众宣讲强农惠农政策。组织开展致富能手、绣娘、好媳妇、好婆媳等系列评选活动,主动与群众结对子、交朋友、学"双语",开展就业技能培训,积极为少数民族群众提供现代种养殖技术,帮助转移就业,在办实事办好事中增进互信、加深感情。

同时,驻村工作队组织、参与健康的文化娱乐活动。2016年3月,麦盖提县某驻驻村工作队参加了村小学举办的"诺鲁孜节"文艺会演活动,并送去慰问品。在工作队的积极参与和鼓励下,活动中全校150余名师生积极踊跃表演了刀郎麦西来甫、刀郎小苹果、诗朗诵、舞蹈等形式多样的精彩节目,展现出全校师生们良好的精神风貌。有的驻村工作队在重大节日开展大型文艺活动。有的驻村工作队针对农村农时特点,将"民族歌曲大家唱"、"民族舞蹈大家跳"、"五四"青年节庆祝活动安排在晚上进行,组建民间艺人演艺队,以十二木卡姆弹唱等形式,编排以党的政策、"去极端化"为内容的歌曲节目。还有的驻村工作队利用村级服务中心、小广场、灯光球场、远程教育站点、农家书屋等平台,在群众茶余饭后组织开展学"双语"、学法制、讲政策、读报纸、看电影等形式多样的文化活动,充分调动了村民参与的积极性。该驻村工作队还组织文艺队进行舞蹈、相声、小品等文艺节目表演 300 余次,极大地活跃了村民们的文化生活。①

七、保护并挖掘富有特色的文化资源

新疆农村拥有非常丰富、具有鲜明地域和民族特色的自然与人文资源。新疆地域辽阔,在 160 万平方公里的土地上,天山南北由于不同的地理特点,形成不同的气候、地形地貌,并产生了不同的生产生活方式,从而衍生出不同的文化类型。新疆农村独具特色的自然、人文资源文化成为发展文化产业的深厚底蕴。要使这种文化资源转化为文化生产力,首先必须收集、梳理、整合本地历史文化遗产,包括保护古代历史文物、申报非物质文化遗产,还包括建章立制、规范管理,等。当前,新疆农村公共文化服务体系的建设过程,同时也应当是为这种转化提供充分条件的过程,是为本地农村文化产业发展凝铸底蕴的过程。从这个意义上讲,新疆农村公共文化服务体系的建设及完备过程,在很大程度上就发挥着激发、促进新疆农村文化产业开始起步的作用或功能。为了合理挖掘和利用它们,从自治区到各地县公共文化服务部门或机构多措并举,主要包括:

（一）支持申报各类文化遗产项目

2009 年支持启动新疆天山申报联合国"世界自然遗产",并于 2013 年 6 月 21 日上午在柬埔寨王国首都金边召开的第 37 届世界遗产大会上,正式公布将"新疆天山"列入世界自然遗产,成为中国第 44 处世界遗产。天山属全球七大山系之一,是世界温带干旱地区最大的山脉链,也是全球最大的东西走向的独立山脉。此次申报的新疆天山世界自然遗产地,由昌吉回族自治州的博格达、巴音郭楞蒙古自治州的巴音布鲁克和阿克苏地区的托木尔、伊犁哈萨克自治州的喀拉峻—库尔德宁等四个区域组成,总面积达 5759 平方公里。2013 年 3 月 4 日,国家文物局公布了 22 处丝绸之路首批跨国申报世界遗产名单,其中新疆维吾尔自治区有 6 处入选,具体包括高昌故城、交河故城、克孜尔尕哈烽燧、

---

① 关于"访惠聚"工作队的文化建设工作主要来源于本课题组 2016 年 7 月至 8 月在新疆南北疆广大乡村调研时所获得的资料。

克孜尔石窟、苏巴什佛寺遗址、北庭故城遗址。

喀什地区采取有效措施和形式,促进非物质文化遗产的传承和保护。启动了丝绸之路重点文物抢救保护项目艾提尕清真寺和香妃墓维修保护工程,第三次全国文物普查田野调查工作经自治区专家组验收,普查到达率和通过率均达到了100%。该地区的麦盖提县使刀郎文化得到更加广泛的传播,于2014年12月以"舞动梦想 精彩麦盖提"为主题的刀郎小苹果舞蹈培训班,培训结束后,将在全县大力推广普及刀郎小苹果舞蹈,并决定在2015年元旦进行一场刀郎小苹果舞蹈比赛活动。① 在我国第七个"文化遗产日"来临之际,该地区的莎车县乡两级联动,举办了具有本县特色的"文化遗产日"系列文化活动,活动的主题是"今天多一点责任,明天少一点遗憾"。为庆祝"文化遗产日",增进广大各族群众对非物质文化遗产的认识了解,营造全社会共同参与非物质文化遗产保护的良好氛围,推动非物质文化遗产保护和传承工作,莎车县乡两级组织了形式多样的系列活动:十二木卡姆传承中心的非遗图片展、喀群乡的农民画展、文化公园的民间艺人文艺演出、阿斯兰巴格乡的县乡两级文艺会演与非物质文化遗产展演等。每个场地和展馆都挤满了观赏的群众,即有乡下来的农民,也有外地来的游客,活动规模之大、参与人数之多创下历届新高。在此期间,县里还专门在文化公园门口设立非物质文化遗产保护咨询点,宣传相关法律法规,并利用新闻媒体对莎车县非遗保护项目及代表性传承人进行专题报道。

(二)启动大规模文物普查和保护开发工作

逐渐规范了文物保护工作,积极"申遗",并促使民族传统文化得到多方面保护和挖掘。2006-2008年,自治区文化厅组织在全疆开展了一次大规模的非物质文化遗产普查工作,对新疆各民族非物质文化遗产的现状开展调查,全面了解和掌握各地各民族非物质文化遗产资源的种类、数量、分布状况、生存环境、保护现状及存在问题,2012年新疆投入3亿元用于丝绸之路新疆段重点文物抢救保护工程。② 与此同时,各县、乡镇也越来越重视文化资源的法制化

---

① 《麦盖提县举办刀郎小苹果舞蹈培训班》,天山网2014年12月5日。
② 《新疆今年投入3亿元保护"丝路"文物》,新华网2012年3月29日。

保护。叶城县人民政府与有文物保护点的乡(镇)签订了《叶城县文物保护责任书》,在一定程度上遏制了破坏文物事件的发生,使文物保护工作逐步走上健康发展轨道。若羌县在非物质文化遗产保护传承方面,坚持保护与开发并重的原则,将县域内非物质文化遗产的保护与旅游、探险等紧密结合,进一步加大非物质文化遗产普查、整理、申报、保护、传承工作力度,丰富表现和传播形式,制定优惠政策,支持、鼓励民间团体或个人发展传统文化,特别是鼓励和立足于楼兰文化的本土原创性作品创作,打造一批具有核心竞争力的知名文化品牌。① 哈密市陶家宫镇高度重视民族文化传承和挖掘,着力培育和发展以"哈密木卡姆和新疆曲子"文化为主的艺术品牌,构建布局合理、设施完善、功能齐备、服务方便的公共文化服务体系。经过多年的传承挖掘和保护,汉族的"新疆曲子"、维吾尔族的"阔克麦西来甫"、"哈密木卡姆"文化得到较好的传承和发展,全镇呈现出文化多元化、主体多样化、内容时代化的良好发展态势,群众业余文化生活丰富多彩,每年12月—次年3月举办的哈密木卡姆、新疆曲子、社火等培训分别在城市进行展演,收到良好效果,观众都达上万人次。

库车县非常注重文化资源的保护开发,制订了周密的保护措施,划定石窟群周边的保护范围和建设控制地带,坚决贯彻"保护为主、抢救第一、合理利用、加强管理"的文物保护原则,对境内石窟强制进行保护。2005 年以来,随着文化旅游的日益升温,库车越来越重视文化资源的保护开发,制订了周密的保护措施,划定石窟群周边的保护范围和建设控制地带,坚决贯彻"保护为主、抢救第一、合理利用、加强管理"的文物保护原则,对境内石窟强制进行保护。在库车人的努力下,这里的文化资源得到了全面的保护、合理的开发,博大精深的龟兹宗教文化以其独特的魅力吸引着八方来客。以克孜尔石窟为代表的龟兹石窟群已成为与敦煌莫高窟、龙门石窟、麦积山石窟、云冈石窟齐名的国际、国内关注的一个焦点,是代表丝绸之路沿线龟兹文化的热点旅游资源,已成为库车旅游经济发展的新亮点。库车县抓住西部大开发、旅游大发展的历史机遇,深入挖掘库车老城古龟兹建筑的内在价值,提高对古民居的保护,将之融入旅游业。古民居由于年久失修,许多都成了危房。库车县各部门通力协作,

---

① 《新疆若羌县出台〈"十二五"文化产业发展规划〉》,新疆日报网 2011 年 3 月 25 日。

对颇具代表的穆罕默德·尼牙孜霍加老总古民居、尼牙孜·阿吉古民居、阿不都瓦依提·卡孜阿吉(老镇长)古民居进行投资维修复原,开发民族风情浓郁,具有人性亲和力的传统民俗旅游项目,深入开发民族家访旅游,形成了以老城建筑为主体,突出维吾尔风格,以古民居、库车王府为看点,库车大寺、热斯坦民俗风情街为支撑点的民俗旅游环形区域。充满浓郁维吾尔风格的库车老城,成为库车旅游的新景观、特色旅游精品、旅游的精彩片断,已成为游客来库车旅游必去的一个景点。库车县还多方搜集历史遗留下来的龟兹乐舞素材,今天龟兹乐舞作为一种文化遗产得到了各级政府的保护,《乐舞龟兹情》、《十二木卡姆》、《龟兹一千零一》系列乐舞欣赏已成为国内外游客来库车旅游的一个项目。为了进一步丰富居民文化生活,库车县持续加大文化投入,在政策、资金、技术上扶持民间文化活动的发展,采取以奖代补的方式,每年拿出20多万元对乡镇文化站活动开展、阵地服务情况进行考核奖励,并为民间艺人发放补贴,扶持当地群众性演出团体的发展。县文艺演出团体除配合县上开展广场文艺演出外,还积极探索文企联姻、市场化运作新途径,开展系列文化活动,多层次、多样化满足群众文化生活需求。近年来龟兹歌舞团演员自编自演的音乐歌剧《乐舞龟兹情》《龟兹美女》《库车赛乃姆》《龟兹一千零一》《龟兹恋歌》已经逐渐形成了特色文化品牌。该县齐满镇是区级木卡姆之地,至2012年,齐满镇政府出资15万元,建成了两所木卡姆培训基地,农民老艺人每个星期上四节艺术类课程,包括手鼓、都塔尔琴、热瓦普、吹琴等乐器及舞蹈的培训。齐满镇胃干村的《木卡姆》,《赛纳姆》和木卡姆老艺人已经被政府列入了非物质文化遗产的工作之中。

吐鲁番地区对旅游文化资源采取静态和动态两种保护形式,不但加强管理和规划、注重文化原貌的维护、积极开发新型项目,还建立有效的传承通道。不仅如此,而且该地区每年都举办农牧民木卡姆演唱比赛,由镇、县、区逐级选拔。通过这一方式,进一步激发群众对木卡姆的热情。在新疆,吐鲁番木卡姆是第一个进入国家研究课题的,其研究的首要目的就是传承木卡姆艺术、保护木卡姆艺人。

特克斯县注重保护历史文化名村,就加快推进琼库什台国家历史文化名村的保护和发展提出 4 点要求：一要突出特色，完善规划。该县严格落实国家历史文化名村保护要求，在保护自然环境、木屋结构等原生态特色的同时，结合当地独特的文化、旅游资源，明确产业布局和发展定位，合理确定旅游餐饮、休闲体验、游客服务、民俗展演等规划选址，努力打造游客体验游牧民俗、休闲疗养的旅游胜地；二要整合资源，加快发展。整合文化、旅游、扶贫、交通、地质灾害等项目资金，选用当地石材、木材等，加快停车场、游客服务中心、民俗演艺、景区道路、垃圾处理、主要路段沿线排水渠等建设，改善村落生活环境，完善服务配套设施；三要细化分工，统筹推进。明确旅游、交通、水利等部门及镇、村两级的任务和要求。喀拉达拉镇尽快提交全村基础设施建设框算方案，水利局加紧景区内供排水设计工作，交通局及早启动景区道路硬化建设，镇、村两级要合理布局太阳能路灯、环保厕所、垃圾桶（箱）、垃圾填埋点等，加强景区及沿线环境卫生整治工作，驻村工作队加强宣传，鼓励牧民解放思想、转变观念，大力发展现代畜牧业，选定几名牧民专门从事集中养殖，使更多牧民转行从事二、三产业，多渠道促进增收，扶持村集体建设旅游浴室等公共设施，由当地牧民承包经营，增加村集体收入；四要注重引导，规范经营。成立旅游合作社，由旅游局研究制定旅游合作社规范管理指导手册，明确合作社运行、收费、评星定等、奖励标准、马队管理等要求，喀拉达拉镇组织从事牧家乐经营的17 户牧民赴那拉提等景区学习取经，打造地方特色美食、民俗文化等，提升合作社规范经营管理水平，着力营造良好的旅游发展环境。① 同时，提高对于传统文化传承人的待遇，例如，从 2008 年 3 月开始，作为自治区级的传承人待遇，每年自治区会发 3600 元，伊犁州对于传承人从 2011 年开始积极筹措为他们发放 2400 元，如果被评为国家级的会发放 8000 元。

　　"朱伦呼兰比"是锡伯族独有的一种传统文化表现形式。锡伯族朱伦呼兰比于 2007 年被列入第一批自治区级非物质文化遗产代表作，属少数民族曲艺类别。善于吸纳一切外来优秀文化的锡伯族人民，运用文学翻译媒介，将大量汉族古典文学作品、俄文作品和其他民族的优秀文学作品翻译成锡伯文，在民

---

① 《特克斯县历史文化名城和琼库什台历史文化名村保护工作汇报材料》，特克斯县建设网 2011 年 4 月 27 日。

间广泛念诵,创造了别具风格的集体欣赏文学形式——朱伦呼兰比,这种文学形式深受锡伯人的喜爱,在长期的念说过程中,涌现出一大批作家、诗人、翻译家、书法家、念说家和吟唱家,经过他们一代又一代的传承,使朱伦呼兰比流传下来。朱伦呼兰比这一文学形式具有广泛的群众基础,拥有过众多的听众,为提升锡伯族的整体文化素质、活跃群众文化生活做出过不可磨灭的贡献,也为发展锡伯语言文字注入了新的活力。因为面临失传,所以只有通过老艺人把这项传统文化发扬光大,世世代代传承下去。朱伦呼兰比大赛,其目的就是抢救、保护、传承处于濒危状态的朱伦呼兰比曲艺艺术,培养更多的传承人。经过培养,察布察尔县能熟练地念说朱伦呼兰比的艺人有 50 多人。年轻人也有,但数量相当少,而且熟练程度也不如老前辈。为此,该县一方面通过录音录像、制作节目等方式来传播和保存资料,另一方面抓紧培养传承人,使之代代相传。

昌吉州广泛征集各类文史资料,内容包括自新疆解放以来,发生在昌吉大地上的政治、经济、文化、局势、教育、体育、卫生、民族宗教等方面的重大事件及历史人物。该地区呼图壁县举办乡村艺术节暨曲子文化节,2014 年 7 月,已是第三届新疆乡村艺术节暨曲子文化节,它以"百年乡村小曲子,传承之地呼图壁"为主题,继续秉承"弘扬传统、打造精品、文化惠民"的理念,包括"一曲、三篇、四季、十项活动"等内容,使大家既能欣赏到纯正的新疆曲子、曲艺及其他剧种的经典曲目,又能领略到新疆曲子的古今演变和历史脉络。①

（三）创建了一批"中国民间文化艺术之乡"

"中国民间文化艺术之乡"是 1987 年文化部为推动民间文化艺术事业的繁荣发展、丰富活跃基层群众文化生活而设立的一个文化品牌项目。"中国民间文化艺术之乡"的申创有助于优秀民族民间文化艺术的发展和创新,充分挖掘民间文化的价值和作用;有助于推进公共文化服务体系建设,保障广大基层群众基本文化权益;有助于推动文化产业建设,带动当地经济社会发展,最终实现公共文化服务体系和文化产业"两翼齐飞"的局面;有助于增强凝聚力,形

---

① 《新疆第三届乡村艺术节暨曲子文化节开幕》,www. ts. cn. 天山网 2014 年 7 月 21 日。

成良好社会风气,推动社会主义和谐社会的建设。1987 年至 2003 年,共在全国命名了 486 个"中国民间艺术之乡"和"中国特色艺术之乡"。2007 年至 2008 年,将名称统一为"中国民间文化艺术之乡",并在全国范围内重新组织开展了命名工作,963 个县(区)、乡镇(街道)和社区被命名。2010 年,确定"中国民间文化艺术之乡"命名周期为 3 年。按照文化部的定义,"中国民间文化艺术之乡"是运用民间文化资源或某一特定艺术形式,通过创新发展,成为当地广大群众喜闻乐见并广泛参与的群众文化活动形式和表现形式,并对当地群众文化生活及经济社会发展产生积极影响的县(县级市、区)、乡镇(街道)。从这一定义中可以发现,"中国民间文化艺术之乡"虽立足于传统,但重在当代的普及和未来的发展的特点,而各地在创建过程中做了许多有益的尝试。新疆农村获得"中国民间文化艺术之乡"称号的地方已有数十个,遍布于南北疆许许多多的县、乡(镇)。其中,既有同一种民间文化艺术散布于多个县、乡(镇),例如沙湾县、巴里坤哈萨克自治县奎苏镇、乌苏市甘河子镇等地都有社火,哈密市回城、麦盖提县库木库萨尔乡等地有具民族地域特色的农民画,也有同一个县、乡(镇)形成多种民间文化艺术,如博湖县乌兰再格森乡有蒙古长调、江格尔、托布秀,巴里坤哈萨克自治县奎苏镇有歌舞、社火等。从维吾尔木卡姆、哈萨克族"阿肯弹唱"等民族歌舞到英吉沙小刀制作等传统工艺,应有尽有、异常丰富。

(四)初步探索了乡村影视旅游模式

影视旅游,属文化创意范畴,是指"把影视文化与旅游活动结合起来,把与影视制作、拍摄、宣传等有关的一切事物作为客体,融观赏性、知识性、参与性与一体的专项旅游活动"[1]。影视城或影视基地"是狭义上的影视旅游"[2],具有文化创意产业的一般涵义及特征,是"基于文化资源积累及科技发展,源于个人创造力、技能及才华,以信息及网络技术为主要载体,通过知识产权的形成和利用,经过创作、生产、流通等环节,能够为社会创造财富、提供就业机会

---

① 孟铁鑫 袁书琪. 我国影视城的旅游开发研究[J]. 资源开发与市场,2006(3)。
② 胡丹. 影视旅游发展研究——基于文化创意的视角,扬州大学 2009 年硕士论文,第 8 页。

的产业"①,具有文化艺术性、高知识性、创造融合性及渗透性等特征。因而,文化、知识、人才、创意以及资金、技术等,都是影视旅游发展必不可少的关键因素。

由于具备了一定基础,特别是独特的文化资源,新疆农村的影视城有了一个良好的开局。2012年初,巴音郭楞蒙古自治州和喀什地区即将新建两座影视城,至此,"自治区初步形成南有阿克苏巨星影视城,东有鄯善西域影视城,乌鲁木齐有七剑影视城的格局"②。

西域影响城位于吐鲁番地区鄯善县辟展乡柯柯亚村及七克台天山脚下,南临国家级重点风景区库木塔格沙漠,北依天山,东望大戈壁,西连吐峪沟大峡谷,312国道从旁而过,交通十分方便。西域影视城主要由柯柯亚影视城、大马营影视城、拓厥关影视城等三部分组成,规划面积30平方公里,已建置景区域占地面积8000余平方米。主景区《天地英雄》影视城位于柯柯亚大峡谷西岸,地形地貌特征多变,地势开阔,视野宽广,文物古迹众多,是理想的西域题材影视拍摄基地。柯柯亚古城原状是西南两边墙体保存较好,东墙断续相连,北墙除角楼外基本倒塌。该古堡修有瞭望孔、火炮发射孔、作战指挥台等设施。城堡修建时间约为清代同治十二年(1873年)左右,是阿古柏武装侵占鄯善后,用来控制柯柯亚东北山口,抵抗清军西进,具有侦察和指挥作战功能的一处地势险要的关隘城堡。当地人也称它为安集延城。2001年4月至7月,西安电影制片厂选中了以这个古城为代表的三处景点作为外景地,出资进行了原貌修复。现存建筑主体以夯土城墙为主,四角筑有角楼,城内可辨房屋、壁龛、烟道等遗迹,城墙高约5—6米,有垛口。经过精心修复后,2001年11月在此拍摄了大型历史影片《天地英雄》,著名影星姜文、赵薇出任该片主角。2000年—2005年,该影视城已先后拍摄《天地英雄》、《天山下的来客》、《阿凡提的故事》、《苍茫天山》、《库尔班大叔》等影视作品。2004年由香港著名导演徐克和内地著名动作导演张鑫炎联袂执导的《七剑下天山》将主场景三分之二选定在鄯善影视城拍摄。随着各种题材影视作品的拍摄,鄯善影视城声名远扬,被区内外媒体誉为"新疆第一影视城",是拍摄反映古代、近代和西域题材

---

① 胡丹.影视旅游发展研究——基于文化创意的视角,扬州大学2009年硕士论文,第18页。
② 《乌鲁木齐市米东区〈七剑〉影视基地的困境与出路》,新疆日报网2012年2月24日。

影视作品的最佳拍摄基地,成为新疆影视观光旅游的一大亮点,2005年接待国内外游客12万人次。

七剑影视城位于乌鲁木齐市米东区铁厂沟镇。在东天山最高峰博格达峰山脚下一条三面环山的原生态山谷中,山谷长8公里,宽1公里,占地1000多亩,距新疆首府乌鲁木齐市20公里。2004年,为了配合香港导演徐克导演的电影《七剑》和另一剧组拍摄的电视剧《七剑下天山》,在基地的"天汇山庄"修建了明末清初仿古建筑。2005年,香港著名导演徐克率领黎明、杨采妮、甄子丹等众多明星及工作人员200多人入驻"七剑"影视城,长达100多天,影片《七剑》和电视剧《七剑下天山》中部分主要情节都是在这里拍摄的。"七剑"影视城由古代山寨、民居、黑灵殿、习武祠堂、酒楼、马厩、地下暗道等拍摄景点组成,外景场地十分壮观。景区环境优美,空气清新。景区内有百年以上的野生榆树林、甘甜清洌的山泉、怪异嶙峋的硅化木、错落有致的蒙古包和红白相间的小别墅,还有可供游人参观的祭坛、心安泉、榆树王、七剑山寨、硅化木、黑灵殿、防空洞等景点。在《七剑》的拍摄场地——武祠、黑灵殿游览的游客,会不由地回味着古人侠士的刀光剑影、荡气回肠。《七剑》在新疆天山拍摄,景色色彩鲜明,美不胜收,让观众大饱眼福。[①] 2005年,《冰山上的来客》剧组也将此作为外景基地之一。2006年,《七剑》《七剑下天山》在全国热映之际,"七剑影视城"也迎来了鼎盛时期,这里成为剧组争相拍摄的热点。因为电视剧和电影的热播,最高时,影视城每天门票收入曾达到5000元,"从2004年到2006年期间相当火爆,疆内外游客慕名而来,每天有好几百"[②]。

阿克苏有雪山冰川,也有大漠戈壁,有草原湖泊,也有胡杨峡谷,集中了诸多地形地貌,是影视拍摄的宝地,曾接拍过《卧虎藏龙》等10多部影片。2004年,被称为"影视大鳄"的邓建国第一次到阿克苏时,就被这里绮丽的自然风光和浓郁的少数民族风情深深吸引。在惊叹大自然神奇之美的同时,他萌发了在阿克苏投资建设影视城和民族文化旅游电影制片厂的愿望。邓建国认为,

---

① 国际在线乌鲁木齐2006年8月7日消息:影片《七剑》和电视剧《七剑下天山》拍摄基地的"七剑"影视城昨天在新疆开门揖客
② 《乌鲁木齐市米东区〈七剑〉影视基地的困境与出路》,新疆日报网2012年2月24日。

阿克苏毗邻中亚国家,民族众多,风情独特,不但可以拍现代戏,也可以拍少数民族题材的影视剧,更适宜拍摄古装戏,是一个难得的影视基地。2006年,由邓建国投资的阿克苏民俗影视城正式在阿克苏西郊开工建设。这座影视城占地15平方公里,分为广场区、明清一条街、古西域36国、水上乐园、明星别墅区、会展区等几大区域,总投资预计达14亿元。2006年开建的是广场和影视城的门楼,投资达5000万元,于第二年5月份竣工。在当地领导以及许多人看来,影视城建成后,"对阿克苏知名度的提高,旅游业、文化产业的发展都带来难得的良机"①。

客观上讲,相关部门或机构对于新疆农村独特资源所进行的保护性开发,获得了一定经济效益和社会效益。首先,引进市场机制促进第三产业蓬勃发展,并增加了农民的就业与创业。进入21世纪以后,特别是2005年以来,阜康市三工河乡以天山"申遗"为契机,突出区位资源优势,大力开展民族风情园提升改造:一是实施瑶池旅游合作社重组改造,与乌鲁木市34家旅行社签订协议,组织开展民族婚礼表演、手工刺绣等8项哈萨克民俗体验活动,建成民族传统手工艺品销售场所,全年共接待游客10.2万人次,实现收入204万元。二是加快劳动力转移步伐,深入实施了"转移就业"和"致富技能"两大培训工程,开展技能培训11期461人次,引导性培训8期436人次,416人取得资格证书。组织针对农牧民的专场招聘会5期,涉及工种20个,提供1320个就业岗位。积极组织开展了"就业岗位送到家"、赴产业园区实地参观等活动,已有49人在产业园和西域旅游、滑雪场等企业实现就业。组织种养殖大户、旅游经营户、创业人员、外出务工青年等成立了农牧民经纪人队伍,通过经纪人队伍带动农牧民就业创业;其次,旅游经济实力大幅度提升。天山天池景区的开发带动作用明显增强,三工河乡阔克拉拉村、骏马村服务业收入增长明显,在2012年就达1119万元,水磨沟餐饮收入为4234万元,其他如交通运输、河谷经营户等经济收入10200万元,新天滑雪场经济收入为350万元。同时,旅游设施建设力度加大,旅游接待能力不断提升。博斯腾湖捕鱼节暨祭湖仪式从2008年开始举行,每年举办一届。每到节日期间,都要举办原生态的蒙古族传统祭湖

---

① 《新疆阿克苏民俗影视城开工建设》,新华网乌鲁木齐2006年9月11日。

和渔民开湖仪式、西海第一锅万人鱼宴、观看捕鱼、博斯腾湖"头鱼"拍卖、垂钓大赛、环湖自行车比赛、赛马、赛龙舟、大型晚会等活动,同时还举办民间社火表演、旅游商品工艺品展、名人绘画、书法、鱼拓、茶艺表演等活动。博斯腾湖捕鱼节暨祭湖仪式,已成为博湖旅游的一张靓丽的"名片",展示了博湖的历史文化底蕴和独特的旅游资源。以2012年第五届捕鱼节为例,接待游客超10万人次,实现旅游直接收入上千万元。伊犁察布察尔县仅在2011年五一黄金周期间,就累计接待游客3.6万人次,实现旅游综合收入318.54万元,与2010年同期分别增长50%和31%。其中,锡伯民俗风情园共接待1147人次,门票收入19900元;再次,促进了传统文化资源的保护与开发。公共文化服务机构积极为农民提供文化服务,不仅促成了一批具有特色的农村公共文化服务品牌,而且促进了新疆农村传统文化资源的传承、保护及挖掘开发,文物保护得到进一步加强。这在一定程度上为新疆农村文化产业发展培育了潜在市场、奠定了基础。一批依托果园、文体活动中心,集旅游、娱乐、健身为一体的乡村休闲场所应运而生,这种休闲文化场所的建设,既满足了新疆农村群众的多元化生活需求,又进一步完善了农村点面结合的文化网络;最后,积极作为,取得了综合性效益。察布察尔县组建农村各类协会,以协会促发展。纳达齐牛录乡自2008年成立刺绣合作社以后,截至2013年,共有30多人在刺绣合作社集中作业,周边还有200多人在家庭作业,加上三个鞋厂的产出,与刺绣有关产品年纯收益超过30万元,总产值达76万元。自2006年"联合国援助501项目"在该县启动以来,合作社每年都会从每个乡镇场选出两名刺绣人员到云南、苏州、杭州等地走出去学习交流,也请专家走进来,进行技术培训、样式设计和市场研发等。501项目办在爱新舍里镇举办锡伯族手工艺品创新设计培训班,针对察布察尔县手工艺品种相对单一,设计理念陈旧等问题,通过邀请手工艺品设计专家亲临指导,促使民间艺人们对锡伯族手工艺品的设计理念进行创新,并拓宽思路,打破常规,将锡伯刺绣的传统元素结合现代工艺,研发、制作出既保留锡伯族特色,又满足时尚潮流的锡伯绣品牌手工艺产品。同时,提高了全县501项目乡镇刺绣协会会员们的品牌意识,树立市场观念,以顺应社会与时代发展的要求。

第二章　新疆农村文化建设存在的问题

2005 年以来,尤其是中央新疆工作座谈会召开之后,新疆农村文化建设各个方面都取得了较大成效。这为今后的发展初步奠定了一个良好的基础。然而,由于种种原因,新疆农村主要是乡村文化建设仍然存在不少问题。特别是村级文化建设尚存在许多问题,虽然已有一定基础,但文化建设的持续性发展力度较弱、后续保障不足,公共文化产品服务的功能没有充分发挥、质量仍在低水平徘徊、效果仍然不尽如人意,这使得中央、自治区以及各地乃至各县的政策举措无法真正落实,尤其是文化建设停滞于"最后一公里"。作为一种特殊的人类社会实践活动,新疆农村文化建设是在关于它的理解和认识指导下而展开的实践活动过程,而在这个建设过程中遇到的问题,首先与关于新疆农村文化建设的理解和认识问题直接相关。

一、对文化建设的内涵理解有形式化和片面性倾向

目前,相当一部分人对于新疆农村文化建设的理解认识存在形式化、狭窄化和片面化倾向,这在一定程度上导致新疆农村文化建设缺乏整体性、被边缘化,文化市场发育迟缓。

(一)对文化建设内涵的理解有形式化倾向

由于新疆农村干部,特别是乡村干部自身素质所限,相当一部分人对新疆农村公共文化建设的实质内涵的理解和认识不到位。现实中,单纯注重公共文化服务及其产品的外在形式或物质性载体、忽略其实质内涵的现象仍然屡见不鲜,由此导致实践活动中的偏差,表现于实际工作就是,关于公共文化建设的思路、规划、安排及措施等过于注重硬件的资金投入,主要关注建立图书馆和文化馆("两馆")、文化站、农家书屋等硬件或数量方面,而很少讲新疆农村的整体精神风貌、各族群众的观念或思维方式及其精神文化诉求和需要等内涵方面。对于新疆农村文化建设的理解呈明显的形式化倾向。由于对新疆农村公共文化服务本质内涵缺乏全面、深刻、清晰的理解,因此对于新疆农村公共文化建设的核心价值目标与主要功能就认识得不够明确,也就缺乏对新疆农村公共文化建设意义深刻理解,缺少在此基础之上而构建的系统性、整体性思路与战略性规划。

在计划经济时期,新疆农村文化基础设施配备还比较受重视,多数村庄都有文化活动场地和文化活动用品,尽管当时设施比较简陋,但对于农村广大人民群众文化生活水平的提高有着非常重要的作用。而改革开放以来,在全社会以经济建设为重心的主旋律下,人们对农村文化建设的关注越来越少,对群众的各种文化需求考虑越来越少。特别是在新疆农村经济落后,地方政府财政困难的情况下,政府急于把经济搞上去,所以很少把精力放在文化建设上,对农村文化生活缺乏足够的重视和系统的规划。因此,新疆农村系统的、完整的文化建设战略规划还没有形成,农村文化建设的保障体系还没有建立和完善,比较规范的文化投资、融资政策和财税政策也没有形成,以上这些情况直接导致了新疆农村文化事业的萎缩和退化,长期落后于经济建设,新生的文化生产力功能得不到充分的发挥,也不能得到规范的和有效的政策法律保障。新疆农村文化建设缺乏战略规划主要体现在以下几点:一是缺乏科学定位。新农村文化建设如果定位科学准确,就会符合当地农村的历史传统和现实状况,就能成为本地区广大群众的共同价值,新农村文化建设的开展也必然卓有成效。农村经济的快速发展和群众素质的极大提升,特别是能够熟练使用网络、手机等新媒体的年轻一代成为农村的主要劳动力后,农村群众对于文化的需求已然脱离了传统的文化常识、科学技术介绍等范畴,他们向往着更贴近城市水平的文化产品进发。但由于理解认识偏差,在对新农村文化建设进行定位的时候,缺乏科学考量,许多地方没有注重量体裁衣,没有从自身的实际出发,没有从本地区国民经济和社会发展状况、人口结构、自然环境、资源条件、历史沿革及文化发展需要出发,简单地借鉴其他地方,倡导一些文化的"拿来主义",造成一些文化形式在本区域的水土不服;二是缺乏科学论证。对新农村文化建设的各个方面进行可行性研究,特别是对农村文化的发展模式、发展途径、发展步骤、发展目标等进行科学评估,可以使新农村文化建设能够健康有序地进行。但是目前新疆很多农村在新农村文化建设实施过程的论证时,往往是领导干部一个人说了算,没有广开言路,听取各方意见,领导调走后,定位往往没有延续性。有的在论证过程当中,缺乏财政投入、组织保障、社会效益、经济效益等方面的科学论证,没有充分考虑文化基础设施的使用功能及美学要求,也没有注意体现地方特色、民族特色与时代精神;三是缺乏科学规划。对新农村文化建设进行统筹规划,不仅包括长远规划,而且包括近期规划、详细规划,将规划细化到各区域、各部门、各阶段。但是长久以来,人们关注农村文化建设的重点,大多集中于农村实行的九年义务教育和政府各部门的文化下乡等活动,对于农村文化基础设施建设、农村文化资源和文化产业的开发、新型农牧民的培育和农村人力资源的开发、农村社区建设、农村文化市场的培育等一系列的农村文化配套体系建设,大多并不完整,也不系统,有些地方甚至是空白。这种片面的以传统观念来理解农村文化方面的建设内容,使得新疆农村文化建设与经济建设出现严重错位,没有建立农村文化建设的投入长效机制,从制度上确保财政对农村文化支出的增长高于财政支出的增长,投向文化建设的财政资金的增量向农村倾斜。新疆农村政府在文化资源开发的过程当中,大多没有明确的思路,随意"遍地开发",没有从传统的数量增长型向质量增长型转变,同时也没有合理地分层次、分阶段来进行政策扶持和开发引导。

(二)对文化建设作用的理解有狭窄化倾向

一直以来,新疆许多农村管理层对当地文化建设不够重视,未把公共文化服务构建列入主要议事日程,管理理念、方式等不利于公共文化的建设。一个普遍存在的问题是,乡村领导大多只注重抓经济建设工作,对文化建设的重要性缺乏正确认识,没有把文化工作放在重要地位。他们普遍认为农村文化建设就是组织村民"说说笑笑,蹦蹦跳跳",简单地将农村文化建设等同于文体化、娱乐化活动,把新农村文化建设简单地理解为文化下乡,放几场电影,唱几场戏。新疆农村一些基层领导干部并没有深刻领会创新、协调发展的实质,没有正确认识文化在新农村建设中的作用,他们意识不到或没有足够认识到农村群众素质的提高对农村经济发展所起到的重要作用,没有真正意识到并且足够重视到地方民族文化资源对地方区域经济发展的巨大推动作用,片面地把经济总量、经济增长速度作为自己执政所达到的目标,没有做到统筹协调发展,放松了新农村文化建设,认为首先要搞好农村的经济建设,这样才有力量抓新农村文化建设。甚至有个别的基层领导干部认为发展新农村文化会影响当地经济的发展,把新农村文化建设与经济建设对立起来。特别是在一些经济发展相对落后的地区,不少领导干部并没有意识到文化贫困既是农村经济落后的结果之一,更是造成农村经济落后的原因之一。因此,他们看不到文化建设在陶冶情操、丰富生活、凝聚民心、协调人际关系中的潜移默化作用,更认识不到文化发展对于实现社会主义意识形态领导权和社会主义核心价值观引领作用的重大意义。许多乡村干部只重视农村物质建设,轻视农村文化建设;只重视乡镇文化建设,轻视村级文化建设,主要表现有以下几种论调:"靠后论",觉得农村富裕了,农村经济上去了、发展了之后才能进行文化建设,强调首要任务是要集中精力提高经济水平;"附属论",片面理解农村文化建设与经济建设的协调统一,把对眼前农村经济建设有没有用作为衡量农村文化事业的主要标准,如果有用就重视就开展,如果没有用或暂时作用不明显的就不重视甚至丢弃;"牺牲论"或"代价论",认为牺牲农村文化建设是理所当然的,是加快农村地区经济发展所必须付出的一种代价,尤其是当一些乡镇财政比较困难的情况下,忽视了农村文化阵地的建设,忽视了群众精神文化的需求。在工作中将文化建设排在各项工作的后面,往往是经济当主角,文化作配角,说起来重要,忙起来不要,结果导致对文化建设工作领导不力,农村文化建设落后于农村经济发展状况。在调研中还发现,相当一些人对文化工作在经济社会发展中的地位认识不足,对经济建设与发展的理解比较陈旧,特别是在片面理解的"以经济建设为中心"的思想支配下,认为文化工作是软任务,是花钱多效益少的社会公益事业,可搞可不搞,不愿意花钱投入,致使农村文化阵地建设滞后,从事文化事业的同志心灰意冷,缺乏积极性,大多放弃主业改做其他被乡镇领导认为是"中心"的工作。这种对经济社会发展和文化建设作狭窄化理解的错误观念,导致已经富裕地区的农村经济发展后劲不足,农村文化建设受到严重的损害,社会弊病泛生;而在那些相对落后地区的农村,则陷入了经济、社会、文化互不协调的畸形发展和恶性循环,影响了当地广大村群众的脱贫致富。

（三）对文化建设地位的理解有片面化倾向

纵观人类社会发展历程,每一个时代、每一个国家社会和经济的进步发展都离不开文化的发展,离不开文明的进步。可以说,经济和文化在任何地区、任何时候都是紧密地联系在一起,相互支撑、相互促进的。当今世界,文化在经济发展中占据的位置越来越重要,经济竞争中文化资源的作用越来越重要,文化和经济相互融合,相互渗透,共同发展,形成了文化生产力,出现了经济-文化一体化客观趋势。这种文化生产力成了当今世界经济发展、社会进步的重要推动力,成为许多国家与地区经济起飞的强大驱动力。随着时代的发展、社会的进步,人民群众的消费观念也发生了明显的改变,人们的文化消费和精神享受等方面的需求越来越多。在当前发展中,文化资源作为一种战略资源,具有较高的经济价值,可以为一个地区的经济社会发展做出重大贡献。从现实情况来看,新疆农村许多地方由于特殊的地理位置、历史渊源和社会环境,不同地方、不同民族形成了独特的、保存较好的丰富文化形态及文化资源,这些宝贵的文化形态和文化资源在人类社会的文化历史中占据着重要的位置,为农村经济建设奠定了深厚、坚实的基础。在社会主义市场经济条件下,新疆农村需要更新观念,找到农村文化建设与农村经济发展之间的内在契合点,为新疆农村的经济发展注入新鲜活力。但长期以来,新疆农村基层很多人缺乏敏锐的眼光和远见卓识,忽视对其自身或周边文化资源进行深入、科学、合理的开发利用。这又导致关于新疆农村文化发展及文化市场机制建立健全问题理解的僵化、片面化倾向。在具体进行新农村文化建设时,文化建设与经济建设各自独立、互不关联的现象普遍存在。文化和经济两张皮，文化建设和经济发展相互孤立，即使有些地方文化建设与经济建设有一定的联系，但这种联系不是范围不大，就是程度不深。一些基层领导干部仅仅把文化看作是一种娱乐和休闲的东西，没有把本地区的文化作为一种资源加以合理开发利用，他们把大部分精力放到要资金、跑项目上，农村文化建设进入不了地方的经济社会发展规划，挤不进地方政府财政的支出事项，原有的阵地萎缩，队伍不稳，公益文化资产严重流失。

调研发现，新疆农村基层政府相关人员——包括许多乡村干部——的思想解放程度不够，对文化市场的管理尚未到位，对新疆农村文化产业的发展持犹疑态度，对文化政策和财政投入等方面还存在着"等、靠、要"的观念，宣传、工商管理部门对社会主义文化市场方面缺乏深层认识，也没有设置管理文化市场的专项部门，更没有形成相应的管理机制。这又在很大程度上导致了文化市场混乱的现象。农村居民也不够重视。在本课题组的调研访谈中，关于"制约文化建设进一步发展的因素"问题，大多数人都认为是"主动性不够，宣传力度不够"，"积极性不高，意识不强"、"自觉性差"等。

二、公共文化服务网络建设的全面有效性不够

在当今世界多极化、经济全球化的背景下，各国在展开经济竞争的同时，文化软实力也处于激烈竞争状态。加上我国坚持社会主义意识形态，西方国家利用文化强势渗透，并大搞"和平演变"或"颜色革命"，文化发展面临严峻挑战，特别是农村地域宽广，相对落后封闭，思想文化阵地容易被外来势力侵蚀和利用。而边疆地区的文化安全更是受到国内外敌对势力的直接渗透与挑战。以美国为首的西方反华势力及敌对势力十分关注我国边疆问题，非常注重以文化传播为手段争取、拉拢边疆民族地区乡村群众的心，专门针对包括新疆在内的边疆民族地区农村群众采取了一系列渗透、拉拢的举措。其主要方式就是文化侵入和意识形态渗透，借助广播电视等文化设施，不断增大信号的发射功率和强度，并从边境"地"前移至边境"前沿"，以带状型全方位扩大跨境覆盖范围。他们在边境沿线设置高密度、大功率的广播电视发射设施，通过美

国之音、自由亚洲等多个电台电视台,用国家通用语和民语对我边疆民族地区进行多频段、大覆盖、全天候的广播电视渗透。诸如此类、专门针对边疆多民族思想文化阵地的争夺还有许多。被操纵的全球化与目标明确的文化帝国主义在全球范围内也极易引起文化分裂主义,甚或可能把鼓励文化分裂主义当成是破坏主权国家文化认同与社会团结的一个基本策略。需要警醒的是,从中华人民共和国成立以来,我们与国际反华势力和民族分裂势力围绕西藏和新疆地区的斗争一直没有停止过。维护这些地区的稳定,反对国际敌对势力和民族分裂势力的破坏活动,维护民族团结和祖国统一,对保证改革开放和现代化建设的顺利进行,对我们党和国家的长治久安,对于新疆社会稳定和长治久安,都具有极其重大的意义。这一点我们必须保持十分清醒的头脑。随着改革开放的不断深入,一些深层次的矛盾浮出水面,再加上国际反华势力和国际恐怖主义的策制和煽动,一些打着"民族主义"旗号、实为恐怖主义的事件爆发了。2009 年,新疆乌鲁木齐"7·5"严重暴力事件的发生,就是在"东突"势力影响和煽动下出现的。大量的事实表明,"三股势力"及其活动是影响新疆社会稳定的重要危险,新疆地区存在的分裂和反分裂斗争是长期的、复杂的、尖锐的,有时甚至是十分激烈的。对此,必须着力于实现公共文化服务网络的完全覆盖。然而,目前新疆农村并未实现公共文化服务网络的完全覆盖。

(一)公共文化服务网络建设的全面性不够

无论是从区域而言,还是从人群来讲,抑或从文化服务的项目或品种来看,都不同程度地存在着"盲点"或空白。有的地方相关机构或部门不能为群众提供便捷的、基本的公共文化服务及产品,有的地方即使提供了基本的公共文化服务,当地村民的参与度也较小,特别是一些特殊的群体,如文化教育程度很低者(包括不懂国家通用语者)、经济困难者、得不到其需要的公共文化产品者等,基本不能参与。上述地域和人群的文化生活基本处于自发状态,由于种种原因,相关机构或部门工作人员只能是无可奈何地任其"自生自灭"。可以说,这些地域、人群及种类仍然处于新疆农村公共文化服务建设的辐射范围之外。一些区域未能被完全覆盖。这主要是自然村或"三不管"的乡村。据自治区相关部门调研时听到的反映,一些国有农林牧场分散、偏远、亟须精神文化产品,赠阅出版物覆盖面还不能满足基层文化建设需求,希望能纳入"两个工程"赠阅出版物配送范围;希望农家书屋进一步扩大覆盖面,把自然村纳入建设范围,更好地体现农家书屋普惠特点,方便农牧民读书。据了解,南疆某村的一部分农村群众曾自发、自愿筹资二十多万元建立了本村文化活动室(书屋),这体现了基层群众对文化生活的强烈需求。同时,"文化下乡"活动次数和范围比较有限,不能满足农村群众精神文化生活的需要。调研中还发现,部分自然村仍未被公共文化服务体系所覆盖。库尔勒某自然村所属镇政府在社区中心还特地建成了图书室(社区中心距离自然村约为7公里),投资相对充足,并初步建立了公共文化服务体系,在社区中心建有村文化室,但由于该村地属兵团管辖范围,却由地方镇政府机关管理,而政府机关又不享有在当地建造房屋的权力,所以,只能将村文化室建在该镇的一个社区中心,有关的活动和事务由自然村的干部代为处理。对于满足当地居民的文化需求造成了一定的障碍。就是说,由于行政区划及管理系统的不同,会导致一些村级实际未能被纳入公共文化服务网络的覆盖范围。

(二)公共文化服务网络建设的针对性不够

从公共文化服务网络构建方式来看,不能实现十分有效的针对性文化供给。政府提供的公共文化产品供给只有与农村群众的文化需求相吻合才能得到普遍欢迎,才能发挥其真正的效用。但新疆农村公共文化产品及服务不能完全满足群众的需求,特别是南疆三地州农村公共文化产品的供给,品种单一、形式单调,不能有效满足群众的文化需求,群众渴求的文化服务没有畅通的渠道向政府反映等问题仍然存在。群众在文化建设中的主体地位未能得到充分体现,他们的主动性、积极性和创造性还没有被完全激发出来。新疆农村大多地处偏远,交通不便,突出的是南疆三地州,社会主义市场经济的商品市场、奋斗、竞争等观念还没有普遍形成,延续了几千年的多子多福、早生早得福、传宗接代等落后思想观念在这些地区仍然普遍存在。另外,在新疆农村,许多群众对新农村文化建设的个体认识普遍还有偏差,认为新农村文化建设是政府的事,完全与自己无关,在新农村文化建设中主动参与的热情不高。

农村公共文化供给决策机制只有在全面、准确了解和掌握农牧民对文化需求信息的情况下,才能做出有效的决策。如果决策机制不合理,信息不对称,农牧民意愿就无法得以体现。长期以来,新疆农村公共文化产品供给采取的是"自上而下"的决策、行政手段强制执行的供给机制。在这种决策机制下,政府的文化供给决策的准确性取决于其对农牧民文化需求信息的掌握上。但是在现实中,群众的文化需求是经常变化的,影响农村文化需求的各种因素也处在不断变化当中,要做到信息完全对称几乎是不可能的。这就在客观上出现了政府对农村公共文化产品的需求情况了解不全面、研究不到位、定位不准确等问题,从而,在一定程度上导致农村公共文化产品配置的盲目性,供求脱节、利用率低下。从供给模式来看,作为满足精神需求的农村公共文化产品应具有丰富、多样、适合于不同年龄、不同层次、不同需要的特点,并因人、因地、因时制宜,从而形成面向全体农民的全方位、多视角的文化服务网络,但新疆农村公共文化产品供给的实际情况是,公共文化产品供给对象覆盖面不全,层次划一。调查发现,新疆农村的很多公共文化产品主要是针对青壮年农民,而适合于老人、妇女和儿童的公共文化产品却很少。在这种情况下,部分农村群众游离于农村文化服务体系之外,部分文化产品脱离群众实际需要,相当一部分农村群众文化活动流于形式,公共文化服务的供给由政府部门唱独角戏的局面。

(三)公共文化服务网络建设的有效性不够

从公共文化服务网络包含的数量和类型来看,没有完全满足农村基层的文化需求。首先,文化场馆的数量不能够完全满足广大农村群众的需要。本课题组于2016年7、8月间在南北疆多地乡村进行调研的结果显示,虽然公共文化场馆、基础设施和机构建设取得一定成效,图书室/农家书屋、文化站、文化广场等都名列前茅,在许多地方也能见到文化中心(占比为14.7%)、博物馆(10%)和民族文化传习班(6.9%),此外还有其他的文化场馆或机构(占比9%),但仍然不能完全满足群众的文化需要。通过个别访谈,村民表达了同样强烈的诉求;其次,部分乡村仍未能被纳入现代信息网络服务体系之中。随着农村经济的不断发展,网络逐渐进入广大农村地区,其具有的全球性、互动性、自由性、开放性和快捷性等正逐步冲击农村文化的壁垒,并在农村的发展中提供了巨大的推动作用,然而网络在农村地区的发展也存在一些让人担忧的现象。调研发现,新疆农村许多地方,特别是偏远乡村,网络的使用率低于全国平均水平,农民自己拥有电脑的还是少数,许多农村地区也根本没有铺设宽带网,农民通过网络与外界的接触不够。在国家对农村远程网络教育实施大力推广的情况下,新疆许多乡村都建起了远程教育网点和党员电教室,但由于网络人才缺乏,利用率并不高。在这个方面,针对新疆农村实际制定并运用相应法律和政策的前瞻性地探讨还较少,学者们也很少思考如何运用伦理、技术等手段加强对网络发展的引导问题,以充分发挥网络在新疆农村文化建设中的积极作用,遏制其消极影响,而着眼于科学合理地使用数字化技术手段并促进新疆农村网络健康发展的建设与管理问题的探究也很不够。鉴于新疆农村地广人稀、各族群众居住分散,传统的出版发行方式手段单一、时效性差,经济社会发展对信息化要求越来越迫切的具体实际,数字出版业在自治区大有可为,数字出版业务发行亟待发展,而乡村的数字出版产品的提供却几乎是一片空白。本课题组成员在南疆某村调研时发现,当地交通信息闭塞,文化资讯渠道不畅通,以至当地政府在社会主义先进文化的塑造方面功能缺失。即使信息网络硬件建设到位,但由于乡村相当多的少数民族群众没有掌握国家通用语言而存在着很大语言障碍。

三、公共文化基础设施长效管理机制不健全

中华人民共和国成立初期,边疆多民族地区广大农村群众处在信息封闭、文化饥渴的时代,文艺界演什么农民看什么,政府办什么算什么,农村放一部电影,附近几个村子的群众都能翻山越岭前往观看。现在,这种局面已基本不复存在。电视、网络、录像等现代科技对电影的冲击已成为不争的事实,而由地方政府和组织机构根据自己主观意愿安排的农村节目有时并不能起到令人满意的效果。传统的政府指令安排对于农村文化的影响正在逐渐减弱,虽然中央早已出台了"深入实施农村重点文化惠民工程,建立农村文化投入保障机

制"①的政策,然而,适合于农村群众文化基础设施的管理和保障的长效机制尚不健全,这在很大程度上导致其功能发挥不充分。

(一)文化机构组织管理机制不健全

首先,村级文化组织机构宣传引导工作不深入、不到位。许多村民反映需要农牧业科技类出版物,但此类图书及音像制品"两个工程"已有配发,且品种较为齐全,但群众不知道或没看过。2012年,相关部门做过一个调研,在东疆某村座谈时,有村民提出需要枣树种植及病虫害防治类书籍,调研组在书架上找到了专门针对枣树种植及病虫害防治的书。本课题调查问卷也显示出,村里对赠阅出版物宣传不够。因而,基层文化站(室)和书屋要加强"两个工程"赠阅出版物的宣传,让群众知道文化站(室)和书屋有他们需要的出版物;其次,开放时间等方面的管理不够规范。新疆农村文化站、农家书屋特别是村级文化室,不仅文化产品数量缺少、文化设施缺乏、功能单一,而且相当一部分没有持久性、规范性的开放时间。课题组成员在南北疆乡村调研时,看到村文化室都常常锁着门。2012年本课题组在南疆四地州某县做了一个小范围的问卷调查,参与这次调查的村民共有38人,当问及"当地的文化站或图书室怎么开放"时,20人(占比约54%)的回答是"每月开4次",8人(占比约22%)的回答选择"没开过",只有8人(占比约22%)的回答选择"上下午都开"。其余被访者要么选择"每天上午开"或"下午开",要么选择"每月开1次"。2016年,在南北疆四个地州农村所做的较大规模问卷调查中,参与调查的乡村群众(普通群众占大多数)520人,对于"村图书室和文化书屋开放的时间"一问的回答,选择"每周开放一次"(亦即每月开4次)者占比81%,选择"每月开放一次"者占比约11%,仅有1.9%选择了"每天开放"。通过对比可见,现在村文化室的开放时间与4年前相比并没有变化,仍然不能保证每天开放。另外,参加调研的群众对文化站或文化室的具体开放时间的不确定性,从侧面说明了我们当前基层文化站或文化室开放时间不固定、不规范的现实状况。本课题组2016年在对南疆乡村文化建设进行实地考察时,发现村级图书室开放时间不规范

---

① 2013年中央一号文件《中共中央 国务院关于加快发展现代农业 进一步增强农村发展活力的若干意见》。

仍然是比较普遍的现象,特别是南疆三地州农村更加突出。这导致现有文化资源未得到充分利用,乡村文化站、图书室没有发挥出应有的功能,个别的形同虚设。

当问及原因,有关工作人员回答说是农民农忙时节,没人来看书,而问及村民,则是因为没时间、没兴趣、太远、不方便、家里有电视或有网络,等。这说明公共文化产品服务的提供并不是完全符合村民的方便、快捷的要求,仍然属于农村图书室管理机制不健全的问题。

(二)文化建设资金投入的长效机制尚不健全

首先,政府投入比较有限。文化投入是农村文化活动的重要保证,是农村文化事业可持续发展的重要基础,是农村普及科学文化卫生知识、传播社会主义精神文明、开展健康文体娱乐活动的必要条件。改革开放以后,在一个较长的时期内,经济发展和教育、科学、文化、卫生发展的比例失调,教科文卫的费用太少,不成比例。进入21世纪以后,政府对农村文化建设固然越来越重视,文化事业经费总量也逐年增加,财政投入逐渐增长,但是占财政总支出的比例并没有随着财力增长而增长,"对宣传文化事业投入的增加幅度应不低于同期财政收入的增长幅度"要求并没有真正落实,如果扣除项目建设和政策性增资因素,有的地方文化经费投入甚至处于负增长。同时,国家的文化投入绝大部分都向城市倾斜,投入新疆等西部民族地区农村文化事业经费更可以说是微乎其微了。自治区及各地财政对城市的关注程度比较高,大多数都投在城市文化建设方面,对农村文化的重视程度相对较低,所以,农村公共性文化活动由于种种原因大量缺失。加上农村地广面大,原有基础十分薄弱,因而,文化投入的"比例失调"的状况仍然没有从根本上得到改变,投入不足仍然是包括新疆农村在内的民族地区农村文化建设滞后的经济原因;其次,企业和个人及其他社会力量向农村文化建设投资的积极性调动不够。在新疆农村公共文化建设中,中央财政与各级财政的投资是资金的唯一来源,而社会资金却明显不足。在地方政府投入不足的情况下,要想更好的发展农村文化事业,调动民间资源,促使企业、社会团体和个人多方投入,就显得越来越重要。根据一些东部发达地区的经验,在经济发展较快的乡村,企业和个人资金是农村文化投入的主要来源。有些乡镇在当地企业的支持下,先后成立了民乐队、腰鼓队和舞蹈队等等。有的企业为了丰富自己企业职工的文化精神需求,还积极创建自己的文化活动中心。新疆农村许多地方的村民自己成立了一些文化演出团队,在农村文化阵地中发挥了重要的作用。但是企业和个人向农村文化建设投资的积极性还远没有发挥出来,企业和个人的投入没有得到进一步的规范,在大多数情况下仅仅属于个人的偏好和随意性行为,就是说,社会力量参与不够。在当前农村文化经资投入不足的情况下,边疆多民族地区政府对新农村文化建设的投入的形式、办法不多,有限的资金使用效率不高,在加快新农村文化建设方面的政策不到位,农村文化运行机制、体制的改革比较迟缓,没能调动起更多的社会资本参与到新农村文化建设的进程当中。概言之,以政府投入为主、社会多渠道筹资为辅的基层文化建设投入机制还没有形成,未能通过民营文化、自办文化等形式促进农村文化的发展。虽然国家、自治区及地方财政投入逐渐加大,但由于文化建设要求长期性、持续性的巨大投入,因而,新疆农村公共文化建设资金仍然捉襟见肘。新疆农村文化建设经费投入不足,主要表现在以下三个方面:一是地方文化事业经费总量有所增加,但占财政总支出的比例并没有随着财力增长而增长,多数地方文化事业经费占财政总支出的比例多年徘徊在一个低水平上;二是乡(镇)文化站没有专门的事业和活动经费,村图书室没有专门的购书经费;三是多数文化站没有固定经费来源,主要靠临时筹集,开展活动没有经费保障,这种现象尤其普遍。长此以往,农村文化建设没有经费保证,就可能出现滑坡的危险。如何更好地维持日常管理、补充更新书籍报刊、保持管理人员的连续性和稳定性,建立长效保障机制是农家书屋建设的当务之急。

(三)文化基础设施的后续建设难以得到保障

包括新疆在内的西部少数民族地区农村文化建设,最困难的问题不是如何建起来,而是如何确保农村文化设施的后续建设得到保障、怎样持续发挥作用的问题。县乡机构改革前,农村各乡镇文化活动经费主要按农村统筹经费的一定比例提取,但农村税费改革后,取消了此项提留,乡镇的文化基础设施后续建设经费缺乏资金保障。根据统计,西部地区农村在文化建设投入上基本只保工资,真正用于事业建设和业务方面的经费很少。同样,新疆农村(特别是南疆三地州)虽然各县图书馆和文化馆、各乡镇及行政村文化站(室)和农家书屋的新建速度较快,但整体建设滞后、缺少基础设施后续建设的财力和物力保障,从长远来看,发展后劲不足。部分文化设施有"假、大、空"之嫌,外表看起来颇为雄伟壮观,进去细一观察,内部设备陈旧或严重缺乏。再者,由于图书馆缺少计算机等设备,难以实现图书检索和流通环节的自动化,制约了工作的开展,也远远落后于现在的网络时代,更无法传播先进的文化。此外,乡镇文化站机构设置的问题值得关注,有的文化站设在乡镇政府院内,成了乡镇政府的内部活动室,没有起到应有的作用。有的文化站甚至连专门的场所都没有,服务能力逐渐弱化。有的文化站设施被任意挤占挪用,造成文化场所日益缩小,阵地丢失现象严重。部分文化馆只有办公室而没有开展辅导、培训、教育等活动的功能场所,也缺少文艺演展必需的设施、设备,藏书不多且新购少。特别是村一级文化室,由于历史原因和经济条件制约,文化室和书屋面积狭小、设施简陋、设备不够、藏书不多、阅读条件不好、功能不全。乡村群众对扩建图书室,增加电脑、电视等设备,提供多元视听条件的呼声较高。

（四）文化基础设施的功能尚未得到充分发挥

农村的文化基础设施主要包括四个种类,即:县乡村级文化室、文化站、图书馆;农牧民文化活动场所、文化活动器材;电视、教室、电脑、教具等农牧民接受文化教育所需要配备的设施;广播、电视、宽带等网络设施。目前,包括新疆在内的边疆民族农村地区的文化基础设施建设总的来说比较薄弱,特别是新疆南疆三地州农村的基础设施建设,严重滞后于其他地方,群众对文化、科技等的渴求不能得到很好满足,影响了新农村文化建设的顺利开展。新疆农村文化基础设施的现状与农村经济社会的发展不太协调,功能难以发挥,主要表现在以下几个方面:一是文化基础设施落后。改革开放后,在一定程度上出现了农村社会活动中心由集体向家庭转移的现象,边疆多民族部分地区村级组织形同虚设,无法真正履行文化供给的职能。很多农村的文化基础设施相当落后,许多原有的文化设施也没有很好地发挥作用。长期以来,我国边疆民族广大农村地区的文化基础设施建设方面仅仅注重图书馆、文化站、文化馆等,但即使是在这种情况下,边疆民族广大农村地区的文化基础设施还是严重不足。虽然国家早在"六五"计划中就已经提出的"县县有图书馆、文化馆,乡乡有文化站"这个目标已经实现,但仍有相当一部分基层的图书室和文化馆有名无实,只挂牌子而无馆舍或有馆舍而无管理员。有的文化设施,比如县图书馆、文化馆、乡镇文化站,也由于面积小,年久失修,设施陈旧落后,无法开展相应的文化活动,多数县级电影公司难以正常运转,许多县级剧团有名无实。很多地方虽然硬件上去了,但利用效率并不高,并且软件建设也远远跟不上形势的发展。由于各级政府的财政有限,新疆农村文化基础设施建设投入主要集中于乡镇层面,在多数村庄基本没有文化活动场馆,有的乡村虽然千方百计建起了文化站、文化室,但面积大多过小,设施过于老化,并且由于经费紧张,无法添置必要的文化用具和书刊。

与此相类,新疆农村的文化场馆和基础设施虽已初步建立,但可持续性发展并未得到保障,功能也未得到充分发挥。首先,重短期投建而轻后续建设及长期管理。目前,新疆农村公共文化硬件建设有了显著提升,但是运转能力相对较差。基层农村基本文化阵地建设最困难的不是如何建起来,而是如何确保文化设施的可持续运行,发挥实效。特别是南疆三地州农村基层公共文化服务基础设施建设基本上都由国家全额支持,不管是东风工程还是西新工程以及村村通工程,全都是一次性投入的建设,但是后期的维护、修葺、保养以及运转、使用等都没有相应的充足经费支持。同时,在不正确政绩考核观的支配下,主管文化领导为追求宣传轰动效应,一般都倾向于将资金投入硬件或有形可见的事项,如文化站文化室的修建、视听资料的购买以及设备、乐器以及办公用品等的购买,赛马之类的文体活动,等。但对于乡村农民文化素质的整体提升等无形潜在而又见效慢、需要久久为功但却有根本性长效的工作,大都没兴趣,或不愿下大气力或不知如何去做。所以,尽管基层农村的公共文化设备硬件相对有了显著改进,但是由于机制不活、投入不配套、辐射功能差,村级图书室不积极作为,因而,新疆农村,尤其是南疆三地州的乡村文化机构及设施的文化功能尚未得到充分的发挥;其次,资源整合困难,文化阵地功能没有充分发挥。随着新疆农村经济社会公共服务体系的发展,新疆农村的文化建设已经延伸到教育、体育等方面,是由多个部门共同参与的,因此需要建立多部门协调平台和协商机制,确保所有部门在新农村文化建设中的职责,从制度上保证各个部门共同建设、共同享有新农村文化。但目前的现实情况是,由于分属多个部门管理,相关部门之间缺乏有效的沟通协调,出现了很多多头管理,互相推诿扯皮的现象,新疆农村乡镇文化站与农技站、广播电视站、学校配合不够,资源整合困难,浪费现象仍然存在。有些时候在农村开展文艺辅导、科技讲座、信息交流、法制宣传、体育比赛等,由于各部门没有协调配合,造成活动难开展,农牧民难集中,时间难安排,效果难保证。另外,新疆农村基层文化工作的组织管理职能逐渐弱化,农村文化阵地的宣传、教育、娱乐功能没有得到充分发挥,文化站、文化室等缺少定期性的文化活动项目。

(五)文化立法的针对性和可操作性较差

针对新疆农村地域、民族特点的文化市场监管立法迟滞落后。文化部、国家民族事务委员会于 2000 年发布《关于印发〈关于进一步加强少数民族文化工作的意见〉的通知》,国务院于 2009 年发布《关于进一步繁荣发展少数民族文化事业的若干意见》,新疆维吾尔自治区及各地州、县也发布了地方性法规和规范性文件。具体到文化市场方面,主要是鼓励支持利用本地区资源挖掘、整理和开发有本地特色的旅游项目、活动和产品。这些虽然一定程度上突出了建设当地特色文化产业、促进当地文化市场形成与发展的功能,但相对具体的管理、规范、引导工作的规定则较为贫瘠。新疆农村有着丰富多样的文化资源,但人口比例较大且较为分散,与城市文化市场相比,农村文化市场发展由于受到经济和社会发展水平的限制呈现出极不平衡的态势,且经营单位普遍具有规模小、分布散、以个体经营和个人独资企业为主的特点。新疆现行与农村文化建设相关的行政法规、规章及规范性文件,主要涉及农村文化建设、专项资金或具体项目、社会主义新农村文化致富工程、文化站建设等方面的文件,直接与农村文化市场监管相关的主要为调研通知。从人员配备方面来讲,政府部门在农村文化市场监管上投入的精力和力度还远远不够。大部分乡镇均以设置综合文化站的形式进行文化监管,但文化站工作人员多数为兼职且呈现出"小队伍"面临"大市场"的格局,管理有责、执法无权的境况使他们很难全面履行农村文化市场的监管职责,基本上只能起到市县执法人员到农村检查时的配合作用。在市场监管过程中,不可避免地会因监管行为的范围、幅度而产生纠纷,文化市场监管领域的多元纠纷解决机制尚未建立起来。① 在民族文化保护的立法方面比较滞后,实际工作中的主要依据是自治区制定颁布的地方性法规和规章,对于新疆民族文化保护立法的内容尚未全部涵盖,专门针对某一特定领域立法规范的较少,诸如新疆少数民族体育、民族制造工艺、地方戏曲等尚无专门性法律规范予以保障。同样,新疆农村民族文化保护立法的"精细化程度还不高"②,立法内容政策化,较为笼统,缺乏针对性、适用性及可操作性。

四、公共文化产品服务供给的质量相对较低

随着新疆农村广大群众物质生活水平不断提高,他们追求充实的精神文化生活的愿望越来越强烈,文化需求逐年增大。但如前所述,由于财政投入不足,城市与农村文化发展不平衡的状况没有得到根本性改变,导致新疆农村文化建设总体滞后于经济社会发展,也落后于城市文化建设。2005 年以来,虽然新疆农村公共文化产品的供给已经有了较大的好转,但仍然存在供给相对不足的问题,致使新疆各族农民群众的精神文化需求依然得不到充分满足,特别是由于文化产品及服务质量相对较低,造成新疆农村广大群众在解决了温饱问题后仍处于文化饥渴的状态。

(一)公共文化产品供给及其优质资源相对匮乏

政府财政在城乡文化的投入上差别仍然比较大,针对城乡居民的文化产品服务仍然不平衡,这不仅表现在农村文化基础设施建设比较落后,而且表现在为基层提供的公共文化资源总量相对偏少,并且质量相对较低,公共文化产品供给和服务相对不足,农村优良文化资源相对匮乏,群众的文化生活相对贫乏,农村基层的文化活动缺乏创新和新意,文化阵地难以充分发挥作用,进而,

---

① 刘继萍. 文化市场监管立法的突出问题与对策[J]. 哈尔滨工业大学学报(社会科学版),2014.3。

② 李扬. 我国少数民族文化保护立法实证研究[J]. 河北法学 2014.8。

制约了新疆农村文化的繁荣、群众素质的提高。这就使不良文化有了滋生和蔓延的空间。诸如烧香拜佛、占卦算命、看风水等封建迷信活动时有发生,文化生活格调不高,许多人茶余饭后便以打牌、搓麻将消磨时光。以上这些不良文化严重毒害了群众的身心健康,败坏了乡风乡俗,冲击了农村原有的优秀文化,影响了农村的稳定和群众正常的生产生活,势必会阻滞社会主义新农村建设的实施,给新疆农村的社会稳定和长治久安带来很大的负面影响。

(二)文化室提供的产品质量亟待提高

文化站(室)出版物品种数量与实际需求有差距,特别是文化产品提供的质量亟待提高。文化站(室)和农家书屋要实现公共文化服务功能,图书种类、存量要达到一定规模,才能真正满足群众生产、生活、学习等多样化阅读需求。然而,现实中,区县和乡镇两级财政仅仅能够保证文化事业单位的人员工资和办公经费,乡镇文化站则几乎没有活动经费,开展年节活动全靠向企业、事业单位"化缘"。由于财政收入有限,对文化事业的投入不高,尤其对公益性文化事业的投入少,直接导致村级文化设施建设相对落后,文化阵地建设滞后。村级文化室、农家书屋等建设仍然满足不了农牧民群众日益增长的精神文化生活的需求。基层干部和各族群众普遍希望增加出版物品种数量,丰富文化站(室)的各类出版物。本课题组调研发现,由于国家财政投入少,地方财政又有困难,一些地方未能落实每年地方财政收入用于文化建设的政策,农村文化建设投入不足,活动经费严重短缺,能够用于农村文化建设的专项资金很少,乡镇只能勉强发放人员工资,除了人头经费外,县、乡用于农村文化建设的专项资金几乎没有,导致文化建设项目极少、文化设施建设滞后。乡镇文化站不能依靠自身发展,图书室的图书也不能正常更新。一些乡村供给的文化产品比较陈旧。特别是村一级的图书室,由于购书经费得不到保证,致使藏书中过时和陈旧的书达到了60%以上,有的甚至达到70% - 80%。部分偏远乡村文化站室摆放的报刊等公共文化产品比较陈旧。2012年,本课题组在对前述南疆地州某县的乡村的38位居民所做深度访谈与问卷调研中,当问及"当地的文化站或图书室的期刊报纸主要是哪一年的?"的时,只有4人(仅占全部被试的10.52%)选择"当地的文化站或图书室的期刊报纸主要是当年的",其余的人对此回答或是去年的,或是前年的,甚至还有 2008 年和 2009 年的。2016 年调研显示,大多数人(71%)选择期刊报纸"是当年的",9% 选择"是去年的",还有 17% 的人选择"不清楚"。这说明,通过几年的建设,新疆农村基层文化站或图书室提供的期刊报纸更新周期加快,但在一定程度上仍然比较陈旧,部分文化产品不能及时更新,这使得人们对于时事新闻、政策信息的需求仍然未能完全得到满足。

与上述问题相关,新疆农村基层文化阵地未能完全实现公共服务均等化。东风工程实现了乡镇、行政村、街道及社区的覆盖,但农家书屋目前只覆盖到行政村和部分自然村、农林牧场、边境线居住点,仍有部分自然村农林牧场、边境线居住点等存在着读书难、看报难的问题,这些地区的各族群众读书、看报需求更为迫切。由于夏天农忙时节看书借书的人较少以及很多农牧区年轻人在外打工,因而,在基层农牧区群众中有部分人群很少能够有机会阅读出版物。本课题组 2016 年 7、8 月间在自治区相关部门以及南北疆乡村调研时了解到,由于民语言翻译能力较弱,符合农牧民阅读需求的优秀出版物仍然欠缺,而青少年缺少通俗易懂的看图讲故事书刊,提供的文化产品与在一定程度上仍然实际需求相脱节,进而导致东风工程和农家书屋工程配送的民文出版物对少数民族群众缺乏足够的吸引力。所以,总的来讲,自治区农牧区读书的氛围不浓。

(三)文化服务活动相对缺乏新意

随着近年来农村经济的快速发展,新疆农村群众的物质生活条件明显物质生活水平也显著提高,现代农业科技进步对农业体力劳作的减轻,使得广大群众越来越不满足"日出而作、日落而息"的传统生活方式,而是渴望享受到丰富多彩的精神文化生活,以满足自身求知、娱乐、健身、交流等精神层面的需求。但现实情况是,尽管农村基层文化管理者和"访惠聚"工作队对于组织村里的文化活动有热情、勤动脑且肯干,然而,新疆农村大多数群众的文化生活相对而言仍然比较贫乏,农村大多数的文化活动内容和形式创新不足,仍停留在传统上逢年过节的唱唱歌、跳跳舞等老一套的模式,农业科学技术传播和法律法规普及活动相对缺少,甚至有些地方连一些简单的文化活动也难以坚持,村民劳作之余的消遣活动大多集中在走亲访友、赶巴扎、串门、闲聊、看电视、看录像、聚众喝酒,甚至赌博打牌和从事封建迷信活动等等。

新疆农村文化服务活动相对贫乏单调主要表现在以下几个方面:一是活动场次较少。目前,新疆农村大多没有充分调动当地群众的文化积极性,农村文化资源开发不够,没有形成形式多样、内容丰富的定期农村文化体育活动模式。即使在一些已经脱贫致富、相对发达的农村,由于文化基础设施建设的严重滞后,群众在享受物质文明繁荣后果的同时却不能享受到精神文化方面的成果,形成了文化贫困。广大农村群众喜闻乐见、丰富多彩的文化活动内容、文化表现形式没有得到充分的供应,农村文化阵地的教育、宣传、辅导、娱乐的功能也没有充分发挥出来,因而,不能很好地满足农牧民精神层面的需求。部分乡镇文化站、文化室为了应付上级交办的任务而操劳,或者为了自身的生存而忙于创收,应有的内在功能正在逐渐地萎缩和降低;二是活动内容较单一。尽管随着改革开放的深化,新疆农村一些相对富裕的集镇一度曾经有过大大小小的简陋的台球室与录像厅,甚至一些较成规模的集镇还开办过各种歌舞厅和卡拉 OK 包房,并存在一定数量的网吧,但由于种种原因,这些娱乐方式又都很快陷入凋零,各种娱乐方式像走马灯一样不断轮换。群众并没有完全享受到真正适合他们的、能够令他们持久感兴趣的娱乐方式。2016 年本课题组在新疆南北疆农村所做的问卷调研显示,参与调研者对于"村里有的宣传活动"的回答,只有不到百分之二十的人选择了"搞(文体)活动",占参加调研者(520 人)的比例约 19%。看电视已经成为广大农牧民的唯一消遣,无论是城市来的"三下乡",电视里的农民频道,还是本地的各种农牧民活动,基本上都是沿用城市那套娱乐方式,并没有真正代表和反映农村文化和农牧民生活。同时,农村群众性集体文艺节目相对较少,文艺形式的开发还远远不够,难以满足群众日益增长的精神文化需求,农村群众所熟悉的地方剧、戏曲、麦西来甫等等,与现实的方针政策、法律法规、道德风尚等结合得还不是太紧密和完美;三是活动内涵简单。不同年龄段,不同文化程度的人对文化的需求是不同的,但由于农村文化供给比较单一,人们的需求很难得到满足。不少地方文化建设还是一些简单的文艺体育活动,停留在让群众乐一乐的层次上,没有把立足点放在全面提高群众整体素质上,不能满足广大群众综合性、多样性、多层次的文化需求,致使他们的科学技术水平、思想道德和法制意识在整体上提高缓慢。本课题组调研时发现,在偏远乡村,政府文化建设力度总体上还比较小,文化活动内容比较简单、覆盖面比较狭窄,公共文化建设对于丰富农村群众文化生活的作用或功能仍然不够强大。其突出表现是,文化活动开展不正常,政府有能力时才多举办几次,村民无法全部参加文化活动。因而,很多人的主要文化休闲娱乐形式还是聊天和看电视。文化产品和服务少而单一。文化馆最多就是组织文艺演出、辅导基层文艺活动,图书馆仅仅能够提供一点报刊阅览和数量不多且比较陈旧的图书借阅服务,文化站则只有一点年节文化活动。农村文化市场尚未形成,只有一点图书、音像制品。农村群众的文化生活量少而单一。尽管有的村设有文化室,可以供农牧民看书、下棋和打球,但由于文化室开门时间是政府办公时候,所以,村民根本不可能去或去的也很少,文化室几乎成了一种摆设。还有许多地方开展的文化活动覆盖面窄,群众参与不普遍。有些文化部门和单位不善于运用新手段和新方法开展农村文化活动,其行为方式过于简单和陈旧,对群众没有多少吸引力,有些文化站最拿手的是唱歌、跳舞等活动,文化阵地的宣传、教育、辅导、文艺的功能没有充分发挥。许多地方"为文化而文化",只是在年节期间象征性地开展一些活动,主要是为了完成上级布置下来的任务,这些活动内容和形式雷同的多,群众参与率低,效果不佳,不能真正满足群众对文化的渴望。此外,这些大都是年轻人的活动,很少有针对老年人和中年妇女的文化活动,后者主要是在周边观看,当然有时也有拔河比赛、跳民族舞蹈等专门针对妇女的文艺活动与文艺汇演,但大多数妇女由于家庭负担重、农活忙等原因,没有时间参加;四是读书活动太少。本课题组于2016年7、8月间赴南北疆多地农村调研结果显示,在参与这次调研的320人中,选择"新疆农村居民在居住地区所有的文化生活或活动中,较多的"依次有民族歌舞表演(占比21.1%)、广场文化活动(占比20.2%)、看电影电视(占比18.5%)。(说明:不排除这些活动有交叉)未达到百分之十的从高到低依次是上网(占比8.7%)、游览文化景点(占比7.4%)、参观博物馆(占比6.2%)、到图书室/农家书屋(占比5.0%)、到卡拉OK厅

（占比2.9%）。这说明,新疆农村群众文化生活主要内容是民族歌舞表演、广场文化活动、电影放映以及看书报,共占比近70%。新疆农村群众经常参加的文化活动名列前三的依次是民族歌舞表演(占比为22.1%)、广场文化活动(占比为21.5%)、看电影电视(占比为16.5%)。新疆农村群众经常参加的文化活动超过百分之十的还有看书报(占比11.8%)。低于百分之十的人选择的经常参加的文化活动从高到低依次是上网(占比为8.7%)、游览文化景点(占比为6.5%),占比相同的是参观博物馆和到卡拉OK厅,都是4.4%。选择"经常去图书室/农家书屋"的人数最少,占比4.0%。这说明,新疆农村群众经常参加的文化生活或活动主要包括观看民族歌舞表演、参加广场文化活动、观看电影电视以及看书报,共占近60%。

特别需要重视的是,虽然图书室/农家书屋在新疆农村是政府建立的最为普遍的文化设施机构,占比约25%,也是农村群众最经常去的文化场所,占比约27%,但他们经常进行阅读书报之类的活动占比却很小,选择自己"经常参加的文化生活或活动"者仅占比约12%。而客观现实是,新疆农村群众,特别是文化教育程度普遍提高的年轻一代,对于阅读有着更加强烈的诉求。鉴于此,如何提高村图书室/农家书屋组织村民开展阅读活动比例并吸引农村群众参加读书看报活动,以真正发挥新疆农村图书室或农家书屋的文化熏陶作用,就是一个需要进一步思考和探讨的问题。

此外,新疆农村相关政府机构开展丰富农村群众公共文化活动的作用力还比较小。本课题组成员2016年7、8月间在南北疆调研时,亲身感受到农村基层群众群众对于一些村干部不作为的抱怨,纷纷要求村干部组织文化活动。

五、文化管理服务水平相对较低

为群众提供公共文化服务,是各级政府的重要责任。长期以来,新疆等边疆民族农村地区的文化建设中,各级政府占据了主导地位,在农村文化建设的过程中发挥了主导作用,这既体现了社会主义的本质要求,也是我国农村经济相对落后情况下政府必须承担的责任。特别是新时代开启以来,政府对农村文化服务力度进一步加大,服务水平进一步提高。然而,客观上讲,作为欠发达地位,新疆农村的文化管理服务水平相对比较低下。

(一)文化管理职能存在"错位"现象

在进行新农村文化建设的过程中,存在形式主义问题,对中央和自治区指标精神理解不到位,工作不扎实,在一定程度上脱离了群众的实际需要。一方面,广大农村群众迫切需要健康、丰富、多样的文化娱乐生活,但农村的文化建设却比较滞后,无法充分满足群众需要,另一方面,农村文化市场的管理跟不上时代的发展,有的地方甚至缺乏文化市场的管理,部分农村基层干部对社会主义新农村文化建设事业发展的重要性和紧迫性认识不到位,不同程度地存在着重视物质文明建设、忽视精神文明建设的倾向,有些乡村领导干部对新农村文化建设还存在认识上的误区,在具体开展文化建设的过程中往往出现"说起来重要,做起来次要,忙起来不要"的现象,导致一些愚昧落后、不健康的文化在农村蔓延。

(二)文化建设管理方式比较落后

当前,从中央到地方,唯 GDP 论及片面的政绩观开始转变,但相当一部分管理者仍然不能完全摆脱片面政绩观的影响,热衷于投建各种各种文化硬件服务设施,而真正能见实效的各种文化活动及隐形文化服务却因为周期长、非显性而不被重视。这种文化供给模式实施的结果就是,农村基层文化建设表面上轰轰烈烈,实际效果却不是很理想。这种状况也表现在科技培训不能完全适应农村群众需求及农村长远发展。新疆农村培训主要有 4 类,即技术类,包括农业种植技术、机电维修技术、日用生活消费品制作技术,等;法律知识类;语言类,主要是汉语的学习;政策宣传类。由于种种原因,诸如经济贫困、技术落后、管理方式方法简单粗暴、规模太小、缺乏系统性、时间安排不甚合理、上级监督和群众反馈权利或渠道的缺失、部分干部观念传统守旧、有些农牧民培训意愿模糊以及师资、教材(尤其是民语教材)的缺乏、理论多而实践少等,使得新疆农村培训的广度和深度上都不能完全满足群众的需要,一部分群众,主要是偏远乡村的牧民培训严重缺乏,培训普及率比较低。另外,科学文化知识的培训或普及性讲座很少,一些偏远农村更少,而影响到这部分群众的思想观念和科学知识的更新。传统观念意识仍然起着主导作用,不思进取,难以适应现代社会的生存方式。

(三)文化管理者的服务意识不强

新疆农村部分乡村干部管理方式方法简单化、粗暴化,这种管理方式方法具体体现在文化管理上,就是文化组织管理者与当地居民之间的交流沟通还不够,缺乏长效性平等对话的平台、机制和氛围。因而,在新疆农村公共文化建设中,群众的真实文化诉求还不能完全听到,本课题组调研发现,新疆农村一些地方政府公共文化管理机构及其服务中,相关的工作计划、安排、策划、活动,资料较全,然而显示服务者与被服务者之间对话沟通的数据资料等几乎没有。无论是没有做还是根本就没有这个意识,都说明一点,即,新疆一些农村的公共文化建设并未将对普通农民群众内心的文化诉求的了解作为一项急需要纳入到公共文化服务体系建立健全之中的一个重要工作。这又导致新疆基层农村的公共文化服务方式不能完全适应群众要求。

六、传统文化的传承和文化资源开发状况堪忧

产生于新疆农村的传统文化,反映了这一地区的文化发展历史,反映了当地群众的审美情趣,经过历史的积淀,富于活力和浸渗性,除了具有娱乐功能之外,还有道德教化、文化传承、社区整合等功能。然而,由于传统文化传承面临断层、文化旅游发展中传统文化资源开发失当、资源开发利用浅表化、文化产业发展中财力匮乏,传统文化传承和文化资源开发状况堪忧。

(一)传统文化的传承面临断层困境

众多散布于新疆农村的民间艺术家出生在农村,成长在农村,和农民有着天然的相通性,其艺术养分直接来自于农村,在优秀传统民间文化的传承过程中,起着非常重要的桥梁和骨干作用。如何充分发挥优秀民间艺人在丰富农村文化生活、传承民族优秀民间文化方面的积极作用,并且激发农村自身的文化活力,在新农村文化建设中是个需要重点关注的问题。但是现在边疆多民族地区一些民间老艺人、歌手、乐师、舞者、民俗传人相继去世。2012 年课题组在北疆某县调研时了解到,该县申报了四个国家文化传承项目,至少应该有 4个传承人,但实际上只有 1 个,其余 3 位已经去世,而这些民间艺人的过世很可

能就是一项传统文化的终结。还有一些承载着丰富历史信息的少数民族文字,现在只有极少数老年人会写,但随着老一辈的过世,二三十年后,很难再保留下来了。目前,新疆农村富有传统特色文化的搜集与传承的难度仍然较大,农村文化资源普查过程中存在着很大的困难,许多具有历史价值的资料随着主人的去世而消失,只好从其他村民口中打听和整理,搜集难度很大。调研还发现,新疆农村很多经典的民族文化遗产由于没资金、无人愿学,现在面临后继乏力、无人传承的窘境,甚至在当地根本没有多少人去关注。本课题组于2016年7、8月间赴南北疆乡(镇)、村调研结果显示,在新疆农村现有的公共文化场馆或文化机构中,乡村居民经常去的地方依次为图书室/农家书屋(占比为26.5%)、文化站和文化广场(占比都是22.5%)。去得较多的地方还有文化中心(占比为13.9%)、博物馆(占比为9.3%),一些人还经常去其他地方(占比9%),去民族文化传习班(所)的人很少,仅仅占比4.4%。这说明,新疆农村群众对于图书室/农家书屋、文化站、文化中心和文化广场等文化场馆较为感兴趣(占比超过85%),但是对于民族文化传习班感兴趣的人则很少,因而,出台激励政策及措施,通过这种载体继承和发扬优秀传统文化,是一个特别需要重视和研究的问题。

(二)特色文化资源的开发失当

目前,边疆多民族地区很多农村并没有把挖掘当地优秀传统文化与地方经济发展较好地结合起来,没有充分利用当地独特的地域文化优势、深厚的传统民间文化优势以及地方艺术品牌优势,为发展新农村文化建设和地方经济服务。许多以非物质形态存在的、与当地的民族智慧和灵魂血脉相辅相成的文化记忆和文化基因等精神财富正迅速消逝。另一方面,有些人为了适应市场的需要,追求更多的经济利益,往往有意无意地歪曲民族传统文化内涵,这种行为混淆了消费者的视听,也是对民族传统文化的不尊重,对当地优秀文化的延续产生了很大的负面影响。此外,传统文化大多建立在群居的基础上,由于农村一定程度上存在的集体主义弱化、个人主义盛行等倾向,邻里之间、村民之间的互帮互助越来越少,人们之间的交往也越来越少,人际关系淡漠,伦理道德减退,仁义思想淡化,利益驱动增强,等等,这些都使得现在农村集体的凝聚力减弱,农村传统文化的根基发生了动摇。对于优秀传统文化开发和保护以及价值的认识不到位,特别是一些管理者对优秀传统文化资源的内涵价值认识以及保护开发仍然不到位。

1. 文化资源开发利用不足,造成独特文化资源的浪费。目前,新疆农村传统文化资源并未得到充分挖掘。除了已被列入联合国非物质文化遗产名录的维吾尔木卡姆、玛纳斯、麦西莱甫以及一批被列入国家、自治区和地区的文化遗产外,还有其他无数丰富多彩、独具特色的传统文化活动或风俗,许多还不为世人所熟知。本课题组调研时发现库尔勒某镇村有孩子们向母亲献花来表达对母亲之爱的节日、克州柯尔克孜族的弹库木孜,等等。还有延续了许多年、迄今仍然鲜活地存在于农民日常生活之中的"赶巴扎"。赶巴扎是新疆农村普遍性的重要的集体活动,其中颇有代表性的如和田墨玉县的巴扎。每周日是墨玉县的大巴扎,墨玉县巴扎最多可达15万人,通常周日各家家中都没有什么人,举家赶巴扎,下午7点左右才陆续回家。这一天,各乡村群众乘着公交车、出租车、三轮平板摩托车等各种交通工具纷纷前往县城逛巴扎,传统与现代的工具交织在一起,真是蔚为壮观。在这里,显示出当地群众生活的乐观、悠闲及其喜好集体性活动的特性,呈现了一副其乐融融的生活场景。还有更多的以上没有提到的、作为新疆许多农村特有的文化形式。政府还没有足够重视,没有深入了解、挖掘并加以保护、利用,因而,造成了独特文化资源的浪费;

2. 在发展文化产业的时候可能使传统文化遭到破坏,主要包括对传统文化所依托的自然环境的破坏、对物质文化及非物质文化的破坏等。以传统建筑为例,在新疆的新农村建设过程中,一些地方领导干部和农牧民忽视了对乡村文化遗产的抢救与保护工作,只图短期经济效益而毁掉了"千年宝"。一些远古的石刻碑记,一批具有历史意义的村落、古树、栈道、古桥、古建筑等或者被轻易迁移、拆毁,或者缺乏保护性措施,在岁月中自然毁掉。在一些先富起来的地区,很多具有民族传统特色的民居已经被不伦不类的"小洋楼"所取代。很多开发商为了追逐经济利益,更是借助乡村旅游,将一些古村落变成景点,在村落里涂红抹绿,编造一些伪民间故事,吸引人们的眼球。这使传统建筑遭到毁坏。究其原因,主要是未能充分认识环境承载能力的有限性和传统文化的易损性,导致生态环境和当地传统文化受到损毁。同时,在文化产业开发中普遍存在的以游客为主,而不是以居民为主的现象,直接导致了当地传统文化基因的改变,严重地破坏了当地的文化生态,极有可能导致当地文化彻底毁灭。许多文化产业的开发常常忽视传统文化的内涵和价值,特别是南疆三地州民族传统特色浓郁的民俗文化与民族风情,这是最具吸引力的文化产业项目之一。但在开发中要么一味强调对旅游地自然资源的开发,忽视了传统文化的保护;要么仅仅停留在传统文化的表面形式,忽视其特有的文化内涵和价值。不顾当地传统文化的特性,完全屈从旅游者的口味,将传统文化简单、粗糙地舞台化、商业化,使旅游地出现了众多专为迎合旅游者而被篡改得面目全非的服饰、歌舞、习俗,而当地的传统民俗、庆典等活动也不再按特定时间、地点、方式进行。这对当地的传统文化造成了破坏,忽视了传统文化存在根基是当地环境而不是游客的需求。①

3. 文化资源开发利用的浅表化。文化资源的开发,应当在了解和把握其本质属性的基础上,找到与游客兴趣的契合点,使后者在游览中享受到该文化产品所带来的愉悦和满足感,并激发其"下次再来"以反复体验这种愉悦和满足感的意愿。然而,目前新疆农村文化资源的开发利用却未能达到这种程度,仍处于浅表化状态。以影视文化旅游为例,2012 年自治区巴音郭楞蒙古自治州和喀什地区新建两座影视城。此前,自治区已初步形成南有阿克苏巨星影视城,东有鄯善西域影视城,乌鲁木齐有七剑影视城的格局。但这三座影视城基本处于荒废、亏损或惨淡经营状况。② 其重要原因就是特色资源开发的浅表化,典型的例子是七剑影视城。七剑影视城(影视基地)位于乌市米东区铁厂沟镇,也称七剑天汇影视城,地处峡门子景区南侧支流——干沟河谷地带,这是一条长 8 公里、宽 1 公里、三面环山的山沟。作为修建景色优美的影视拍摄基地,曾经用来拍摄电影《七剑》、电视剧《七剑下天山》和《冰山上的来客》,随

---

① 参见:綦群高等. 基于文化视角的南疆三地州新型农民培养[M]. 中国农业出版社,2012 年版,第 105 - 107 页。
② 《乌鲁木齐市米东区〈七剑〉影视基地的困境与出路》,新疆日报网 2012 年 2 月 24 日。

着影视剧的拍摄和播放,加上这里三面环山的原生态的山谷地形与自然风光,曾一度游人如织。然而,2007年以后游客渐渐稀少,到2012年,七剑影视城已处于无人看管的状态,变得破败不堪。迄时的七剑影视城,大门多年失修,显得有些破败,影视城被白雪覆盖,依稀可见山沟里七八座仿古建筑。往前不远,就是明末清初仿古建筑,走进这里,让人感觉像是进入了一个古老的村落,一切都那么原始。大门前,一块锈迹斑斑的指示牌上写着"因年久失修禁止入内"。破败的大门旁一侧七八十厘米高的围墙上竟有被人翻越的痕迹。进入村落,先看到一个马厩,3匹雕像马身上落着雪,食槽里全是积雪。通往影视城内其他仿古建筑的道路已被积雪覆盖。在习武祠堂前,写有"武祠"两个字的门牌由6块木板拼成,一块木板已不知去向,还有一块悬着,随时可能掉下来,屋顶不少地方开了"天窗",一块"爱护公物"的牌子躺在地上……就像一个废弃的村落。有业内人士认为,缺少规划、起点较低、后期投入不足是造成目前这种状况的主要原因。而影视城要走出目前的困境,必须由完整的规划和投入。固然,这里有原始的仿古建筑,还有优美的自然风光,但基础设施条件较差,管理没跟上、旅游包装不到位,加上后期投入及开发没跟上,造成了影视城破败的景象。①从更深层次上讲,就是没有真正体现文化产品的本质属性,没有使游客享受到天山剑侠文化带给他的愉悦和满足感。例如,七剑影视城里的黑灵寺,是被有的影迷称为"《七剑》全剧里面最漂亮的一场打戏"的拍摄地,电影里看看挺长的、气魄挺大的地儿,装潢非常奢华,实地看看"也就尔尔",使人产生"看实景有时候就是幻灭的过程"的失落感。还有武庄的中心,十八般兵器放在两边,都挺大的,不过上去一看,居然全部都是焊着的,使人觉得"真不好玩"。可见,七剑影视城没有将游客在电影或电视剧中的愉悦和满足感延伸到实地中来,因而,没有激起游客"下次再来"的享受意愿,更没有扩大影响力,最终被渐渐淡忘。这种开发的浅表化问题同样存在于其他地区。调研发现,南疆三地州对民族传统文化资源的开发与保护还处于起步阶段,且开发多集中于民俗实物展示、饮食民俗、民居建筑等方面,而对于绝技绝活、民间工艺品、生活生产民俗、婚丧嫁娶等涉及较少,未能把独特的民族风情民俗,特别是

---

① 《七剑影视城由繁华变"荒滩"》,新疆都市报 – 新疆天山网2012年3月1日。

古老深厚的文化底蕴展示出来,与自身丰富多彩、生动活泼的民俗文化资源极不相称。已有的民俗文化产品更多的是"走马观花"的欣赏,而能身临其境参与体验的民间活动少,未能充分展示出南疆三地州丰富多彩的民俗风情和深厚的文化内涵。

(三)农村文化产业的起步艰难

1. 为新疆农村文化产业发展积累文化资本的人文和自然资源的开发缺乏财力和物力投入,突出的是传统文化传承性文化艺术表演缺少资金或财力和物力投入。这使得文化产业难以起步。县域普遍存在文化建设依靠产业化、市场化运作生存很困难的现象。即使已经起步的文化企业,同样面临缺乏资金的困境。七剑影视城 2007 年之后从轰轰烈烈渐渐步入荒废尴尬境地,分析其原因,固然有管理没跟上、旅游包装不到位等原因,但资金链断裂无疑是其中的重要原因。亚洲地理中心(被称为"亚心"),距海洋最远,其特殊的地理位置给人以深刻的科学寓意和神秘感,具有丰厚的历史文化底蕴,是乌鲁木齐市重点开发的旅游区,但也因为资金跟不上而陷入萧条境地。不同的地点,遇到了同样的问题。资金之所以匮乏,主要是因为政府资金投入有限,而民营资本也很少进入。据测算,在自治区县城建设一家 300 个座位的数字影院,需要有26 万人口才能维持基本运营。现实的情况是,全区很多县市,人口数量达到这个规模的不多,由此很多社会资本因为利润空间小,而不愿进入基层影院投入。同时,自治区各级地方财政多是"吃饭财政",难以筹措资金新建、改建影院,因此,2008 年以来,全区能够正常经营的城镇电影院由 8 家增加到了现在的 45 家,但这些影院绝大部分都分布在乌鲁木齐、克拉玛依等经济条件较好的地、州(市),县级(含)以下没有建设一家具有一定规模且符合现在放映技术要求和观影条件的电影院。① 同时,投资渠道过于单一。当前,除了个别产业(主要是文化旅游),新疆农村文化产业发展的投资基本上来源于政府(公共)文化部门或机构。近年来,新疆的经济虽然增幅较大,但由于原先基础薄弱,而文化建设"欠债"太多,因此,资金投入很有限,社会经济或民营资本文化投

---

① 《一线城市未饱和 分布不均是瓶颈》,于兮 亚心网博客 2012 年 4 月 27 日。

融资机制不健全,渠道不畅通。因而,新疆农村文化产业的投资渠道或方式非常单一,资金链也极易断裂。资金及体制或机制问题导致影视基地举步维艰。天山天汇影视城从繁荣到衰败的直接原因就是资金链断裂。由于文化产业规划滞后,政策支撑不到位。文化产业涉及发改委、财政、工商、税务、旅游、经贸等多个部门,在没有统揽协调的专门常设管理机构以前,难以形成合力。此外,新疆缺少支持文化产业的相关政策和措施。在财政金融政策方面尚待健全,尤其欠缺对农村文化产业项目的贷款风险补偿政策,影响了银行业投放贷款的积极性。

2. 新疆农村文化产业的发展,无论是与全国比较的相对意义上,还是在自身 GDP 总额占比的绝对性意义上,所占比例都较少,影响力也很小。一般来讲,发达国家文化产业占 GDP 比重平均在 10% 左右,美国达 25%,其在世界文化产业市场中所占份额则高达 43%。与之相比,目前我国文化产业占 GDP 比重 2.85%,占世界文化产业市场份额不足 3%。2013 年自治区"两会"上,有政协委员估算新疆比例大概是只占到 0.8%。据统计,新疆在建的文化产业园区已有十多个,国家级的文化产业示范基地有 4 家,获得国家认证的动漫企业达到 6 家,职工人数 202 人,网络文化服务机构数 2268 个,职工人数 6906 人,其他文化产业及相关产业 169 个,职工人数 2840 人。[①] 此外,还有 25 家在西北地区名列前茅的自治区级文化产业示范基地企业。[②]同时,获扶持资金企业数量实现递增,仅 2012 年,新疆就有 10 家企业获得自治区文化产业扶持资金 590 万元。[③]但以上绝大多数在大中城市,很少在农村,且农村文化产业占比也非常可怜。同时,农村文化产业的资金投入、经济收益和从业人员都很少。本课题组 2012 年在情况相对较好的北疆某县调研时发现,该县音像厅、旅行社等文化产业的行业,投资在几万左右,只有旅行社稍多一些,在四十万左右。收入不稳定,每月网吧收入一千五左右,音像厅一千左右,旅行社在三千左右。

---

① 《中国民族统计年鉴 2014》,中国统计出版社 2015 年 11 月,第 436 页。
② 《文化产业当成新疆发展软实力》,亚心网 2013 年 1 月 31 日。
③ 《新疆去年获国家文化产业扶持资金 2200 万元》,中国新闻网(北京)2013 年 1 月 8 日。

该县文化产业 2009 年盈利 680 万元,2010 年盈利 710 万,2011 年盈利 792 万元。从事文化产业的人员,2009 年为 103 人,2010 年 2106 人,2012 年 2108 人,具体做刺绣产品及服饰鞋帽生意,主要是在本地节假日等举行文艺活动时销售。就是说,新疆农村文化企业数量很少、所占市场份额很小、影响力小,其突出表现就是,缺乏整体规划,品牌形象不鲜明。例如,南疆三地州对于传统文化资源的开发与保护缺乏整体规划,没能形成一个涵盖整个区域的开发与保护方案,目前各个县市还处在各自为政的局面。在没有资源普查、认证,可行性项目的开发论证前,各个县市就盲目地开发了一些文化产业项目,导致"当地文化产业呈现出重复建设、力量弱小、散乱发展的状态,没能形成点、线、面的有机结合"①。2016 年 7 月,本课题组成员在自治区文化主管部门了解到,迄今,新疆农村文化产业发展仍然处于艰难起步的阶段。

3. 文化市场体制机制尚未建立健全。新疆农村拥有得天独厚的文化资源优势,但仍未得到很好的开发和利用,更谈不上如浙江横店影视城那样的、独具特色和国际竞争力强的文化产业集团公司了。目前,新疆农村文化产业缺乏规模化生产,仅有零星作品,产业规模偏小、产业结构单一。其中原因有物质的或硬性的,还有文化的或软性,包括制度环境和价值观念的约束。本课题组调研发现,文化市场管理机制不健全,政府缺乏对文化市场的管理。导致文化市场散乱,出现无照经营、非法经营等现象。法制法规建设严重滞后,激发新疆农村文化产业发展的政策措施还不够有力。而要发展新疆农村文化产业以及扩大对外文化交流、加强文化贸易等,都亟待出台专门的有针对性的、文化产业"走出去"发展战略的优惠政策和具体措施。此外,社会不稳定因素也在很大程度上阻碍了新疆农村文化产业的发展。

七、文化队伍建设乏力且高素质人才十分缺乏

无论做什么工作,关键还是靠人才。同样,新农村文化建设离不开一支掌握科学文化知识、懂业务的文化队伍,而新疆农村文化队伍建设建设面临的一个很大的问题就是人才的缺乏。

---

① 綦群高等. 基于文化视角的南疆三地州新型农民培养[M]. 第 105 页。

（一）公共文化服务队伍缺乏活力

全疆乡镇公共文化机构及其从业人员的数量30多年没变，但国家赋予公共文化服务机构的职能却在不断增多，公共图书馆增加了数字图书馆、文化信息资源共享、古籍普查等职能；文化馆增加了非物质文化遗产普查、电子阅览等职能；乡镇综合文化站作为最基层的文化服务机构，国家增加的公共文化服务职能无一例外的都要被辐射，但是，图书馆、文化馆和文化站的队伍力量薄弱，文化队伍年龄结构偏大、文化程度偏低、专业素养较差，整体素质不高，对新农村文化建设的理解不够深入和全面甚至有偏差，对文化工作没有一个较为清晰的思路。在岗人员缺乏培训学习、知识技能老化，思想、意识和业务很难适应新形势下文化活动的需要，也不能完全适应新农村文化建设的需要，因而与各族群众日益增长的基本文化需求之间存在的矛盾日益突出。基层的困难多、负担重，有的共享工程分中心电子阅览室工作人员不够，一些故障不能及时排除，阅览场所冷清，该发挥的作用没有发挥。有的送文化下乡、开展基层业务辅导等服务量无法达到国家规定标准。少数文化干部在其位不谋其政，没有责任意识，本着当一天和尚撞一天钟的态度履行公事。一些基层文化部门抱残守缺，松懈涣散，普遍缺乏竞争意识和危机感，导致文化建设缺乏创新和活力。

（二）基层农村文化队伍力量薄弱

村镇文化工作者以及农家书屋管理员队伍建设力度较弱，真正懂文化、会经营、善管理的人才很少。概言之，主要存在"三个不足"：一是门槛不高，先天不足。一些地方和单位将文化岗位作为闲职看待，作为干部职工子女就业的"安置站"，进人不设"门槛"，致使文化队伍先天不足。有的文化单位专业人才流失现象严重，经常处于"事无人干、人无事干"的两难窘境，文化单位想要的人进不来，不想要的人一大堆；二是体制不顺，压力不足，专干不专。对文化站的管理，以乡镇块块为主的管理方式，体制不顺，条块难以协同，缺乏合力。文化站、农家书屋有工作人员但结构不合理，专业人员少且多是"半路出家"。乡镇文化虽然有编制，但许多人在编不在岗，或在岗不在职（专职），大多是从其他岗位转过来的，不知文化工作怎么开展。其中许多为兼职干部，一人身兼数职,而且文化工作不是重点,全身投入文化工作的精力、时间不到四分之一,没报酬,缺乏激励和约束,也没有足够的时间和精力开展文化活动。由于缺乏有效监管,重视程度不够,村一级随意指定、随意调换文化室管理员的情况比较普遍,在一些地方,专职文化管理员相对稳定的比例不到三分之一,能干到一年的人员比例也比较小,个别行政村还长时间没有管理员。2016 年一个针对新疆农村文化宣传工作的调研问卷显示,有 2.9% 的村思想宣传文化工作没有专职负责人。部分乡镇党委、政府对文化专干不重视,将文化工作视为部门的事,当"包袱"甩,对大多数乡镇文化管理人员安排的工作太多,或过多地去挂职,在平时的工作中,大多要兼顾其他的事务,许多时间都用在一些日常的行政事务中,很难较好地开展文化业务工作。数量本来就少,还要常被抽去搞其他工作,文化倒成了文化专干的"副业",因而,没有足够的时间、精力去开展文化工作,更无暇关注文化建设的创新;三是培训不够,后天不足。因经费困难,文化专干很少有机会"充电",致使文化专干知识得不到更新,或技能得不到提高。文化站、图书馆队伍老化、素质较低、青黄不接、知识结构不合理的问题非常严重。有的则已经外出谋生、发展,造成了文化人才的流失。稍微有一点名气或影响的作家、艺术家,都集中在大城市。队伍素质整体不高,在宣传文化领域能够担当起懂专业、能带头的人才少,特别是有影响力、知名度高的大家更少。大部分乡镇、村十分缺乏吹、拉、弹、唱和文学创作等方面的专业人才,也没有专业的文艺辅导人才。一些民间文艺团体和文艺人员,由于得不到政府的引导、扶持和经费支持,仅限于从事农牧民的婚丧嫁娶等演出活动。民间艺人或团体缺乏有效的机制管理。平时扶持力度较小,特别是由于补助资金少,严重影响了其作用发挥和水平的提高。

（三）群众及社会力量的积极性未能充分调动

新疆农村群众大都没有意识到自己才是文化建设的主体力量,多是依赖于政府。在村民的心中,推动文化建设应该是政府的事情,有人甚至认为文化建设"那是文化人干的事",与自己无关,市场经济就是要想方设法挣票子,文化建设不大重要,根本无足轻重,因而,不大愿意或没有太大的激情参加文化建设活动,十分不利于发挥农牧民参与文化建设的积极性和主动性。又由于农村一般条件比较艰苦,经济不是很发达,造成很多年轻人宁愿出去打工,去外面的世界闯荡,也不愿意在农村工作,对于农村的文化事务更是不热衷。农村条件的相对艰苦性使得外面的人才也望而退步、犹豫不决,很难吸引外面的人才流进来。当老一代的民间艺人或年老体衰或去世以后,年轻人又不屑一顾,民间艺术就会日益衰落直至消亡。

（四）农村文化创意人才十分缺乏

新疆农村文化产业发展水平低下,还有一个重要因素,即人才方面的比较劣势。从事农村文化产业的具有现代科学技术、管理方式和新鲜创意的人才十分缺乏,外语、文化产业经营管理、文化贸易等专门人才也比较短缺。这使得各地旅游文化商品大多雷同,纪念品做工粗糙,纪念性不强,缺乏新意、没有形成鲜明的品牌效应。前述七剑影视城的惨淡,其中重要的原因在于缺乏创意人才。2013年8月举办的"首届中国·特克斯天山侠文化节（天山武林大会）"引来恶评一片,直接原因是其创意的失败,而究其失败的重要原因,同样是文化创意人才的缺乏所致。

事实上,在新疆,不仅农村文化创意人才缺乏,而且在地州以上的城市,也缺乏。例如,昌吉回族自治州最大的民族服装艺术公司就因为人员老化、新人频繁跳槽,陷入制作工艺无人传承的困境。这主要是由于新疆文化机构多为事业单位,在选人用人、收入分配和人才培养机制上缺乏活力,导致文化人才队伍建设滞后,缺乏高水平高层次的文化行政管理、经营管理、创意策划、艺术创作、市场营销等方面的人才。即使一些具有区域影响力的企业,人才流失情况也很严重。而农村的人才流失或缺乏情况更加严重。如特克斯县农村文化队伍力量薄弱,人才匮乏,从业人员素质不高,有专业技术职称、大专以上学历者很少。同时,人才结构也不合理。调研中发现,一些乡（镇）对人才管理工作缺乏科学、系统、可行的人才规划和培养计划,年轻干部没有得到充分的培养和锻炼,部分单位工作骨干一旦调走,就后继乏人,工作缺乏连续性。干部队伍整体素质偏低,部分人员工作缺乏积极性,对公务员素质培训、知识更新不够。领导干部缺乏经济管理知识和技能。镇区干部的调整、交流力度仍显不够。对干部的管理、设岗定责,缺乏合理有效、具有可操作性的工作规范。由于对文化干部队伍和专业技术人才队伍缺乏统一管理、对人才队伍的基本情况不够清楚,因而难以纳入镇政府的管理范畴,直接影响到新疆农村文化建设人才优势的形成。同时,对于新疆农村各类人才的合理流动,各类专业技术人才的需求与供给状况,人才的选拔和培养,等,缺乏有效的管理措施,对村镇社会经济发展形成了制约,进而影响了村镇的文化建设。虽然村里配了大学生村官,但很多都看不懂少数民族文字,无法胜任村镇急需开展的传统文化资源收集、整理工作。这些资料必须要去民间,很多珍贵的材料都在农民手上,在农民的生活当中,各具特点,如果不亲自下到乡村则很难发现。如果没有这方面的专业人才,很多工作就无法开展。所以目前最紧迫的问题是人才的缺乏。此外,当地很多的干部都整天对着电脑,似乎电脑能查阅所有的资料,但当深入下去要查阅相关文化资料时就很难。尽管有干部每年都下乡进行普查,但由于专业的限制使之并不理解这项工作的重要意义,更不知道怎样开展工作。

第三章　推进新疆农村文化建设的深度思考

毛泽东同志在《新民主主义论》中指出,文化是对经济、政治及整个社会现实状况的反映,又给予这一现实以巨大的反作用。新疆农村文化建设就是将我们党全面正确反映当今新疆农村经济、政治及其整个社会现实的思想理论通过诸种文化表达形式传播给新疆广大农村群众,使后者通过政府或社会提供的文化产品服务接受到前者所要传递的意义及内涵,最终引导并促使新疆农村各族群众认同社会主义意识形态及社会主义核心价值观,从而,提高当代中国主流意识形态的领导力以及主流价值观的凝聚力和影响力。党的十九大报告指出,文化是一个国家、一个民族的灵魂。文化兴国运兴,文化强民族强。没有高度的文化自信,没有文化的繁荣兴盛,就没有中华民族伟大复兴。当前推进新疆社会主义新农村文化建设,对于决胜全面建成小康社会,夺取新时代中国特色社会主义伟大胜利具有重大意义。因此,要卓有成效地推进新疆农村文化建设,就应当从认识到行为、从理念的确定到制度的构建、从核心的强化到根基的培厚,从文化服务提供的法治保障到文化人才队伍的培养等诸多层面进行全面系统性的探讨,实施综合一体化推进的规划。

一、进一步明确文化建设的实质内涵

马克思主义认为,没有正确理论指导的行动是盲目的行动。换句话说,每一个重大实践都需要深刻、准确的理解并给予实践以科学指导。新疆农村文化建设存在的问题暴露出我们对于它的理解或认识不够深刻和准确,具体而言,对于农村公共文化的本质内涵和公共文化产品所承载的深层意义及其传播问题理解得不够深刻和准确,对于新疆农村城镇化过程中群众文化观念变迁认识得不够清晰和透彻。因而,在此作进一步探讨,试图为不断推动新疆农村文化建设奠定坚实的理论基础。新疆农村公共文化建设是新疆农村文化建设的基本内容和主要部分,所以,首先必须进一步明确新疆农村公共文化建设的实质内涵,以弄清推进工作所围绕的核心主线。

公共文化服务是一种公共服务,公共服务就是提供公共产品,而公共产品又是出于社会公共利益、满足社会公共需要、为社会公众而生产和提供的产品,涉及社会及公众生活的各个方面,包括加强城乡公共基础设施建设、发展社会就业、社会保障服务和教育、科技、文化、卫生、体育等公共事业、发布公共信息等为社会公众生活和参与社会经济、政治、文化活动提供保障和创造条件。与私人产品相比,公共产品具有非竞争性和非排他性特点,非竞争性是指一个使用者对该物品的消费并不减少它对其他使用者的供应,即当某人在消费一定物品的同时,其他人也可以消费等量的同类物品,非排他性使它具有公共性,这类产品具有极大的外部效益,是一种人人都有权使用、人人都获益的产品,公共产品是这样一类物品,在增加一个人对它的分享时,并不导致成本的增长,而是排除任何个人对它的分享都要花费巨大成本,从而体现了全体居民的共同利益。公共产品的这些特征,加之规模效益大、初始投资量大,使得任何私人,包括私人企业,不愿意提供或难以有效提供,因此,一般都由政府等公共组织或其他准公共组织提供。为社会、为公众提供公共服务及公共产品,是现代政府的基本特征,也是现代政府的"首要职能和主要职能"①。在这个意义上,公共文化服务就是政府主导、社会参与、由政府和非营利组织等公共和准公共部门共同生产或提供公共文化产品的活动及过程。公共文化服务具有突出的精神性、文化性,其重心并不在于个体精神文化需要的满足和个体精神价值的实现,而是为了满足社会公共文化需要、保障公众文化权益、实现公共精神文化价值,它直接带来的不是社会基本物质生存状况的改善,而是社会整体精神文化状况的完善和提升,因而,公共文化服务的价值取向是社会公共

---

① 李军鹏. 公共服务型政府建设指南[M],中央党史出版社 2006 年版,第 20 页.

精神文化价值效益的最大化。通过公共文化产品服务的供给，能够促使人们增强科学意识、普及科学知识，传播优秀传统文化、新民主主义革命文化和社会主义先进文化，汲取精神食粮，公众能够获得更多更好的文化产品、提升整体道德水平，从而，促使整个社会生成积极健康的公共精神价值，并助力于构建富有现代文明气息的公共信仰－信念体系，发挥精神文化对于经济社会进步、区域全面发展等方面的良性外部效应，并实现"文化引领社会、教育人民、推动发展"的功能。与以上同等重要的是，公共文化服务及其产品在传播主流意识形态、形成特定政治体系所要求的政治文化，尤其是在维护国家政治稳定、维护文化安全等方面，还发挥着特别重要、无可替代的作用。从这个意义上可以说，文化是社会的灵魂。公共文化服务实际上是以物质性载体形式承载着公共文化需求、公共文化权益、公共精神文化价值以及公共信仰－信念体系的内容，亦即承载着公共性文化这一内核，而公共性文化则构成公共文化服务的最深层本质内涵。

同其他公共产品一样，公共文化产品具有非竞争性和非排他性，其基本特征是文化资源配置的社会性或公有性、文化利益取向的公益性、文化服务主体的公众性以及文化服务供给的公平性或均等性。公共文化服务的特性，决定了它不是任何私人组织的赢利活动，而是一项关乎全民共同利益的、以社会公平和公正为价值追求的公共文化事业。因而，公共文化服务不同于私人文化产品，它的提供者、服务对象、服务目的、基本理念、价值取向、功能作用等都是公共性的。首先，公共文化服务 是政府文化机构或社会的公益性、准公益性组织和部门提供的精神文化产品；其次，它以整个社会及其公众或者说是最广大人民群众为服务对象，目的是向公众提供公共文化产品和服务，使公民平等地享有文化产品，以满足社会公共的基本文化需求，保障公民基本文化权益，实现公民参与文化生活、分享文化发展成果、权利；第三，服务的基本理念是以公民为中心，强调"普遍均等"、"公平公正"的原则，由政府主导、社会参与，最大限度地为公民提供数量多、水平高的公共文化产品，不断满足人民群众日益增长的公共文化需求的文化服务。它体现的是"以人为本"、"以公民为中心"的社会价值观，彰显出社会的人文精神和人文关怀；第四，公共文化服务的价值取向是社会效益最大化,而不是以赢利为目的来获得最大化的个人利益。详细而论,公共文化服务提供纯公共文化产品和准公共文化产品,亦即纯公益性和准公益性文化产品。前者直接关系到国家文化主权、文化信息安全或社会稳定,或与国家和民族文化创新传承直接相关,如国家公共电视台等用以满足全体社会成员最基本的精神文化需要,由政府和非营利性社会组织以无偿方式向社会提供,通俗讲就是政府出钱、相关文化机构免费提供、老百姓免费享受的文化服务,后者与国家文化主权、文化信息安全不直接相关,包括艺术教育,广播电视和出版业中的科技、财经、农业、生活类文化产品,代表国家水准的艺术院团和节目创作,各类文化场馆提供的文化产品和服务等,各类图书馆、博物馆、文化馆、美术馆及其提供的文化产品和服务等。对这类产品,政府给予一定的财政支持,同时也参与市场竞争,消费者需要花一部分钱才能享有。但不论是纯公共文化产品还是准公共文化产品,其经营方式和目的都不是以赢利为目的,而是为了求取社会效益最大化;第五,服务的功能或作用是普及文化知识、传播先进文化、提供精神食粮。公共文化服务对经济社会的进步、对区域发展的推动等方面都具有很强的积极外部效应。公共文化服务及公共文化产品在传播主流意识形态、形成特定政治体系所要求的政治文化,维护国家政治稳定、维护文化信息安全等方面发挥着无可替代的作用。通过公共文化服务,能够创新科学思想、普及科学知识,传播先进文化、提供有益的精神食粮,丰富公众文化生活、提升社会道德水平、促使积极健康的公共精神价值生成,最终助力于构建社会文明的公共信仰信念体系,从而,实现"文化引领社会、教育人民、推动发展"的功能。

公共,亦称为公共性或共同性。公共性文化是人类社会性本质的一种表现方式,具体而言,公共性文化是关于社会公共领域生活的反映,它包括人们在公共领域实践当中提炼出的公共意识或观念、公共精神价值及品性、公共规范法则及习俗等。作为文化的核心或灵魂,哲学是一定社会生活现实最深层本质的理性反映。作为社会主义国家,当下中国人的政治理性和责任意识觉醒的最深层本质的反映,当代中国社会公共性文化的本质内涵,集中体现于作为主流而存在并发挥着主导性作用的马克思主义哲学之中。马克思主义哲学深刻地揭示了现代公共性文化产生、形成的根本基础——无产阶级改变、创造世界的伟大实践，精辟地论述了现代社会无产阶级公共性文化取代资产阶级私人性文化的历史过程，精准地把握到这一过程中所生成的现代公共性文化的本质内涵，并指明了实现这一过程的主体性力量及其根本途径或方式，这使得它能够从根本上修正旧哲学狭隘文化公共性的信仰和实践，并生成拥有广泛现实基础的公共性文化的特质，树立起一种新的文化、价值和实践的公共性理念，进而，从根本上实现了对旧哲学公共性理念的颠覆，使无产阶级社会实践当中凝结而成的公共精神构成了学理意义上的马克思主义哲学的真精神。同时，马克思主义哲学全面阐明了以"新唯物主义"为理性论点的新的文化公共性叙事，向我们提供了一种以"每个人自由全面发展"为奋斗宗旨的新"共同体"的生存理念。中国共产党继承、丰富了马克思主义的基本立场、观点和方法，发展了反映特定时代、带有鲜明中国特色、不断与时俱进以适用于中国特定实际的公共性文化，诸如关于"社会主义本质"的新界定、"社会主义初级阶段"论、"三个代表"重要思想、"以人为本"的科学发展观，特别是习近平新时代中国特色社会主义思想。今天，这种探索创新的步伐仍然不应该停滞，也不可能停滞，伴随着中国特色社会主义现代化建设的实践，在公共性文化建设方面，一定会以不断更新的理性形式去反映这一实践的最深层本质，将当下中国社会全体公民的个体理性或个体精神汇集成新的公共理性或公共精神，具体落实到社会主义核心价值体系之中。

与其他公共服务相比，公共文化服务具有突出的精神性、文化性，其内核或实质是公共精神文化价值。首先，公共文化服务提供的产品，其内容不同于其他公共产品。公共文化产品本身具有公共价值、公共精神，即使是作为商品的文化产品，尽管其生产、消费方式是营利性的，但其消费方式在很多情况下是欣赏，它所消耗的只是文化艺术的物质载体，而其中的精神价值不但不会被消耗掉，反而在人们的共鸣中进一步丰富，优秀文化产品通过再版复制而获得永久流传，因而其质性内容仍是公共的。无论是公益性还是经营性的文化服务或产品，在这一点上是共同的，即，文化是社会的灵魂。从这个意义上讲，任何文化产品在本质上都是公共的，它们所产生的效益具有时间上的延续性和空间上的延展性;其次,公共文化服务所产生的效果,并不直接带来社会基本物质生存状况的改善,而是直接带来社会整体精神文化状况的改善及提升;不仅是个人精神文化需要和个体精神价值的实现,更是为了满足社会公共文化需要、保障公共或公众文化权益、实现公共精神文化价值;所谓"公共文化需要",是相对独立于某个体和某群体文化需要的社会整体普遍的文化需要,是公众可以共同享有的文化需求。它以社会共同体利益为基本表现形式,本质上是全体社会成员共同生存和发展所需要的文化条件和利益,具有客观性、社会性和公益性。公共文化需要由涵括各民族独特的生活方式、风俗习惯、语言文字、心理性格以及自身开拓的发展道路等诸多方面所构成的现实总体概括、提取而来,在生产生活和历史进程中熔铸以体现本民族特质的民族文化和精神,同时,又由众多私人文化需求合成了公共性文化需求。进一步而言,公共文化需要是社会整体对于支撑其存在、发展的意义系统需要的反映,是社会公众对于统摄其多样文化、凝聚其根本意志的公共信仰或信念体系诉求的表征。所谓"公共精神文化价值",是社会全体成员或大部分成员共同选择的文化价值取向或共同持有的价值观念,换句话说,就是有关文化事务对于社会全体或大部分成员具有的实际精神文化的效用或利益,其中包括两种含义:其一主要指人们在从事社会活动时所遵从的公共文化目标取向和公共文化价值判断,其二指一种文化服务行为结果或一类文化事务对社会全体或大部分成员的有用性。当公共文化利益被人自觉意识到后,会进入相关利益主体的文化需求结构,成为衡量文化利益得失、文化形象善恶、文化产品美丑的价值尺度。公共精神文化价值的实现,就意味着社会全体成员或大部分成员共同选择、遵从和持有了能够有效满足社会公共文化需要、有益于社会整体生存和发展、有利于铸就促使社会文明进步的意义系统以及有助于构建和生成社会公共信仰或信念体系的价值观念,并且运用这种价值观念作为衡量或判断社会公共文化利益得失、善恶、美丑的价值尺度。一旦这种观念被接受,就会对人们的生产生活产生巨大的能动作用。对一个国家而言,它能够传播主流意识形态和社会核心价值体系,且将主流意识形态和社会核心价值体系作为衡量某个体、某群体的言论行为或文化产品对于国家、民族共同文化利益得失的价值尺度,作为判断其善恶、美丑的价值标准,以提高人们的政治认同和维护既有政治秩序的自觉意识。

概括以上,公共文化服务以物质性载体形式承载着公共文化需求、公共文化权益、公共精神文化价值以及公共信仰或信念体系,亦即承载着公共性文化这一内核,而公共性文化则构成公共文化服务的最深层本质内涵内容。因而,我国公共文化服务建设应当在继续加大场馆、项目等物质性载体形式建设的同时,明确并强调现代社会"公共性文化"这一实质内涵,为公共文化服务的进一步建设和发展注入精神"灵魂",以提升其内涵发展水平。

具体而言,新疆农村公共文化服务就是自治区及各级政府主导、社会参与、由政府和非营利组织等公共和准公共部门共同为新疆农村生产或提供公共文化产品的活动及过程。同一般公共文化服务一样,新疆农村公共文化服务也具有突出的精神性、文化性,其重心并不在于新疆农村个体精神文化需要的满足和个体精神价值的实现,而是为了满足新疆农村社会公共文化需要、保障公众文化权益、实现公共精神文化价值,它直接带来的不是新疆农村社会基本物质生存状况的改善,而是其整体精神文化状况的完善和提升,因而,新疆农村公共文化服务的价值取向是新疆农村社会公共精神文化价值效益的最大化。通过新疆农村公共文化服务体系的进一步完备,其成员能够增强科学意识、普及科学知识,传播先进文化,汲取精神食粮,新疆农村社会公众能够获得更多更好的文化产品、提升整体道德水平,促使整个社会生成积极健康的公共精神价值,并助力于构建以马克思主义理论(广义上的,下同)为基础的公共信仰–信念体系,发挥精神文化对于新疆农村经济社会进步、农村区域全面发展等方面的良性外部效应,从而,实现"文化引领社会、教育人民、推动发展"的功能。与以上同等重要的是,新疆农村公共文化服务及其产品在传播主流意识形态、形成特定政治体系所要求的公民文化或政治文化,尤其是在维护新疆农村、自治区乃至国家政治稳定、维护文化安全等方面,还发挥着特别重要、无可替代的作用。从这个意义上可以说,新疆农村社会的公共性精神文化是其灵魂。新疆农村公共文化服务实际上是以物质性载体形式承载着新疆农村全体成员公共文化需求、公共文化权益、公共精神文化价值以及公共信仰–信念体系的内容,亦即承载着新疆农村以马克思主义理论为基础、以社会主义意识形态为实质、以社会主义核心价值体系为表征的社会公共性文化这一内核,而后者则构成新疆农村社会公共文化服务的最深层本质内涵。

本质内涵属于事物的实质性内容,内容决定形式、形式体现内容,因而,我们应以恰当、合理的形式去表现或反映公共文化服务的内容实质,就是说,作为新疆农村公共文化建设的实质性内容,公共性文化决定着反映、表现或表达这一实质内容的形式,而多样性文化建设形式或承载载体则表现并构成了公共文化建设的内容,即,新疆农村公共文化建设原则思路的明确、物力财力的投入、制度或机制的构建、各项文化活动的开展、文化服务方式方法手段的创新、文化场馆的投建、人才队伍的打造等等,无一不隐含着"公共性文化"这一实质内涵,而在新疆农村公共文化服务体系的进一步完善中应当将"公共性文化"贯穿于建设的原则思路、制度机制、方式方法、场馆投建、队伍打造等等各个方面。否则,这种建设就会因缺乏核心或灵魂而丧失意义及价值目标,最终可能会沦落为形式化的"物"的堆积。因此,当前新疆农村公共文化建设应当在继续加大场馆、项目等物质性载体形式建设的同时,明确并强调其"公共性文化"这一实质内涵,为新疆农村社会公共文化的进一步建设和发展注入精神"灵魂",以提升其内涵发展水平。具体而言,应当始终遵循"解放思想、实事求是"的根本原则,全面把握新疆农村经济社会发展进程,时刻关注新疆农村各族人民群众的内在精神状况,深入了解新疆农牧民不断变化的、真正的文化需求,坚持以"与时俱进"的态度对待公共文化建设这一动态过程,适时采取有力且有效的措施,不断促进新疆农村公共文化建设的内涵式发展。同时,在马克思主义指导下,紧密结合全国、自治区及本地现实,构建新疆农村群众的意义世界及其公共信仰 - 信念体系。自治区党委第九次党代会明确提出了新疆"社会稳定和长治久安"的总目标,这就意味着,新疆农村要进一步完善公共文化服务体系,尤其应强调一点,即,文化建设及公共文化服务的完善,就是要以社会主义先进文化引领新疆农村的发展,也就是要促使新疆农村形成充满社会主义先进性文化气息,塑造拥有现代科技知识及能力素质、具有社会主义先进思想观念、适应于新时代中国特色社会主义社会发展客观要求的思维方式和情智心理及健康人格的新疆新型农牧民。具体到当下,新疆农村公共文化建设就是要塑造将"五个认同"深植心中的新型农牧民。

我们应当充分认识其重要性。当前,在新疆农村公共文化服务的建设和发展中,我们不仅要重视空间场地和项目等物质形式或载体的创建及投建,更应该关注创造和享用文化产品的新疆农村群众,注重他们内在精神世界的既有状况、完善或提升,诸如其文化需求的满足、价值观念的更新和科学知识水平的提高,等。只有形式载体的建设与人的整体精神演进相协调,只有当新疆农村公共文化服务的物质性设施完善程度与新疆农村群众的精神性状况发展程度相互协调或匹配时,才能真正谈得上"新疆农村公共文化的发展"。否则,所谓"新疆农村公共文化服务的发展"仅只徒具形式,而新疆农村公共文化服务的建设也只是没有"灵魂"的物的堆积。换句话说,新疆农村公共文化的建设和发展,不仅包括场地和项目之类的物质性载体或形式的创建或投建,而且包括服务对象的实际受益,即享用精神文化产品的新疆农村各族群众的文化需求得以满足,其文化权益得到保障,其意义世界能以建构,其价值信念由以确立。就是说,公共文化服务不仅要重视空间场地和项目等物质形式的创建及投建,而且要关注创造和享用文化产品的人,注重他们内在精神世界的既有状况、完善或提升。某种意义上讲,后者更重要,它是公共文化建设的核心或实质。只有形式载体的建设与人的整体精神演进相协调,只有当公共文化服务的物质设施完善程度与人们的精神状况发展程度相互和谐匹配时,才真正谈得上公共文化的建设与发展。

二、不断增强文化载体承载意义的传递与被接受性

新疆农村文化建设就是要为新疆农村群众提供更多承载文明健康内容的文化产品、更好传递积极意义的高质量的文化服务。这种内容和意义则由社会主义意识形态所支配、以社会主义核心价值观为引领。因而,新疆农村文化建设推进的成效如何之标志,与其说是文化产品的数量、种类和文化服务质量高低,毋宁说是这些文化产品、服务中所承载的内容及所传递的意义,后者是否被文化产品服务提供对象——新疆农村群众所接受以及接受的程度。就是

说,不断增强文化产品服务内容及意义的传递与接受程度,是新疆农村文化建设推进成效的重要标志。下面借鉴文化符号学和传播学理论对此予以深入阐释。

(一)文化传播以意义的传递为实质内涵

人类世界是文化的世界,它由多种多样的文化形式或要素所组成。从文化符号学视角来看,文化世界诸多要素最终又能够抽象为符号。多姿多态的符号构成了种种文化的景观。作为文化世界中的主体,人类一切行为皆起源于符号的使用,符号的使用使人类的全部文化得以产生并流传不绝。人正是学习和掌握了符号的使用,才能够成为真正意义上的人,因而,"全部人类行为由符号的使用所组成,或依赖于符号的使用。人类行为是符号行为;反之,符号行为是人类行为。符号乃是人类特有的领域。"①可以说,符号是文化世界产生、存在和发展的关键,是人参与文化世界的方式,而学习和使用符号也就是人从事实践活动所必备的独特能力。特别是当代社会,普遍的传媒工具——电视、因特网上的信息,被看作是一个复杂的符号,重大体育运动或赛事被当作一种象征符号,就连一张报纸,"也是一首共同的象征派诗歌"②。从事文化产品创作和传播的活动,也展现出创作、传播主体"共有的表现自己思想的一系列文化符号和技巧"③。

按照学界的普遍看法,符号"是以词构成的观念"④,语言形式的符号交往是文化的基础,正如美国著名人类学家莱斯利·A·怀特所说:"清晰分明的言语,是符号表达的最重要的形式。……文化'开端于语词',同样,文化的继承,发展和流传也在于语词"⑤。可以说,符号也就是替代对象的语词。因此,如果说符号对于人类实践活动非常重要,那首先就是指,语言符号在人类实践活动

---

① [美]莱斯利·A·怀特著. 文化科学——人和文明的研究[M],曹锦清等译. 浙江人民出版社 1988 年版,第 21 页。
② [加]埃里克·麦克卢汉 弗兰克·秦格龙. 麦克卢汉精粹[M]. 南京大学出版社 2000 年版,第 70 页。
③ [美]戴安娜·克兰. 文化生产:媒体与都市艺术[M]. 赵国新译. 译林出版社 2001 年版,第 120 页。
④ [美]莱斯利.A. 怀特著. 文化科学——人和文明的研究[M]. 第 45 页。
⑤ [美]莱斯利.A. 怀特著. 文化科学——人和文明的研究[M]. 第 32 页。

中的地位至关重要。因而,关于语言符号结构的分析,就可以被合理地看作是对符号的分析。法国结构主义哲学的主要代表人物之一、著名的文化符号学家罗兰·巴尔特认为,语言符号由能指和所指组成,能指即表达面,它属于符号的形式,是关于对象(某物)的词,如"狗"这个词,它是书面上的文字或空气中的语音,所指即意义面,它属于符号的内容,是关于对象的实际形象,如狗在提到或想到它的人们内心中的形象:四条腿的犬齿类动物,也就是能指所表示的思想或实物,"二者的关系就好比是一张纸的两个不可分离的面"①。能指总是有所指的,所指又总是能指之"箭"的意向性之"的",在一定条件下,能指与所指可以相互转化。② 因此,双方之间因相互联系、转化而始终共在于某个符号系统之中,语言符号的意指作用(记号过程)就是"一种把能指和所指结成一体的行为"③,因而,符号实际上是由这二者构成的符号系统。

进而言之,文化传播的基础是符号的传播,是通过符号形式传递符号内容或意义,就是说,符号背后的意义构成了文化本身,因而,文化符号传播的实质内涵是意义,正如有学者所言:"符号的魅力并不在于符号本身,而在于它的意义。一个符号具有其自身以外的隐喻的意义,并被用来产生一个由相互关联的意义构成的系统,因此符号的重要性恰恰在于它在文化中所构成的意义。"④这种意义存在于文化创作、传播主体的思想之中,并通过表现于其对符号的创编、运用而使意义对象化为符号形式。

在新疆农村文化传播中,每一种文化形式、每一个文化元素都是一个符号或一套符号系统,总会包含着有符号形式所表达的内容或意义,因而,新疆农村文化传播的基础同样是符号的传播,其实质内涵是这种符号形式面所表达的特定意义的传递,这种特定的意义或内容,则是我国主流意识形态及价值观念。因此,新疆农村文化符号的传播,就围绕着我国主流意识形态及价值观念而进行。新疆农村文化传播影响力,主要是指向新疆农村所传递的各种文化

---

① 章建刚. 艺术的起源[M]. 云南大学出版社 1996 年版,第 50 页.
② 参见:章建刚. 艺术的起源[M]. 云南大学出版社 1996 年版,第 56 - 57 页。
③ [法]罗兰·巴尔特. 符号学原理[M]. 李幼蒸译. 中国人民大学出版社 2008 年版,第 34 页。
④ 萧俊明. 文化转向的由来[M]. 社会科学文献出版社 2004 年版,第 40 - 41 页。

形式和文化元素所承载的意义——社会主义意识形态及社会主义核心价值观能否为新疆农村群众所接受及接受程度如何。

准确理解新疆农村文化意义的传递,至少包括以下二层含义:第一,重视文化产品、服务及设施背后所隐含内容或意义的传递,防止忽略文化形式表达意义所导致的偏差;第二,注意传递准确的内容或意义,防止向群众传递意义模糊的、不恰当的甚至错误的内容。目前,有关新疆农村文化实质内涵及意义的理解和认识仍然不到位。就前一层含义而言,有的将文化传播看作物质生产生活范畴之外的"剩余"部分,更有个别人把文化活动当作一种负累,这导致对于文化传播缺乏积极主动性或者消极无为。就后一层含义来讲,存在着传递偏离主流意识形态和主流价值观念的现象,与我国主流意识形态和核心价值观相悖的文化传播也偶有发生。对此,应加强学习教育,尤其是新疆农村文化传播主体,应不断提高认识水平,不论是高层决策者,还是基层执行者,都要深化对文化传播意义的理解,并在农村文化传播中,积极、主动地去作为。

(二)意义传递实现于受众对意义的接受过程

文化传播影响力的一个主要标志,是意义传递的效果或有效性,这取决于文化符号系统在特定环境中的有效性,亦即,传播主体能否生产出"被人们识别并接受"①承载意义内涵的一套符号系统。传播主体所传播的任何文化产品,作为一种符号系统,都有多层含义,包括各种转义。就传播与接受的过程而言,一方面,包含由文化创作者编制符码时赋予之并被传播主体所赞同的意义,另一方面,包含受众对这些被编制的文化符号或符码而读出的其他含义,即,对这些产品的解读,或者说,对于编码的解码。而受众的解读则可能产生两种价值取向:其一,可能产生与产品创作和传播者相一致、相吻合的解读;其二,可能产生与产品创作和传播者不一致、不吻合甚至截然相反的解读。就是说,承载意义的符号形成于符号编码与解码的过程中,换言之,符号承载的意义是由承载它的符码编创与解读双向互动的过程。进一步而言,文化意义载体的编码,是生产、制作方提供的,符号意义是根据其解释而产生、形成的,但

---

① [英]马克·J·史密斯. 文化——再造社会科学[M]. 张美川译. 吉林人民出版社2005年版,第16页。

在这种符号、象征意义的产生过程中,生产、制作方的编码并不是全部或唯一的,它只完成了符号系统构建的一半,并不能取代另一半——消费、享用方的解码,不能代替受众对此符号系统的解释,相反,它必须给予并突出受众的解读地位及作用。受众的解码,使得符号意义显现出其独特价值,受众的解释是使编码能够完成的必要步骤,是象征意义得以确立的重要环节。毋宁说,正是因为对于编码的不同解读,这种符号象征意义才能够"激活"①受众那片共鸣的内心空间,从而具有满足人们普遍性精神需要的特性。因此文化生产和传播中符号意义的存在,不是自身固有的,也不是任何单方面所能强加的,而是由生产创作者的编码与受众的解码共同创造出来的。因而,受众的接受与解读,是文化产品得以传播、符号意义能够传递的一个必要步骤。对此,国际学界有一个观点,即,关于意义的接受、符码的解读或解码,也是生产,是另一种悄悄的、潜在的、却更为广泛、渗透力更强的文化生产,这被有的学者称为是"另外一种生产"②。

由上,文化符号意义的产生形成,是由创作和传播方与享用接受方共同完成的,是只有通过双方的解释才能构成的、完整的符号意义体系的创造过程。以创作传播方所特有的价值观念形式或意识形态为基础和主导,并形成一定的符号象征体系,只具有潜在的符号象征意义。意义的产生不单由创作、传播一方所主宰,而且依赖于享用方和受众,只有当后者接受这种意义,对之进行解释,并产生与这种意义相吻合的理解,这一符号体系潜在的意义方才变成显在的。同样,受众的解释,象征意义的显在化,也包含其自身特有的价值观念形态,并且也是以此为基础和主导的。因此,文化传播中符号象征意义的确立,是创作、传播方与享用、接受方共同解释的产物,是其各自不同价值观念形态及以之为核心的情感撞击、共鸣的结果。同时,也是带有一定价值观念形态意味儿的编码,与带有异于这种价值观念形态意味儿的解码共同建构的过程。

---

① 盛新娣 张瑞 艾美华. 意义的传递与接受——关于文化传播的实质内涵问题探析[J]. 新闻爱好者,2017.4.
② [法]米歇尔·德塞图. 日常社会实践[J]. 吴士余主编. 视点. 大众文化研究[C]. 陆扬、王毅选编. 上海三联书店2001年版,第81页.

概言之,文化创作和传播中形成了"一种普遍性的符号共建与象征意义共享的现象"①。因此,文化创作和传播就是符号共建与象征意义共享的实践过程,是由符号意义的创作、传播主体与享用、接受者共同构建某种人类内在精神世界的活动。

人的内在精神世界体现为我们通常谈到的"概念空间"、"思维空间"、"逻辑空间"、"情感世界"等等。根据现代科学的研究,在人的创意或创造性当中,想象力又在某种程度上被认为是主要因素,是在一定社会中产生存在的,因此,文化符号意义的确立,也就是人的社会想象空间的形成。具体而言,特定社会想象空间的形成,是由文化创作、传播主体的想象空间向受众想象空间转化的过程。就是说,特定社会现实中人类的生存意义、感受及其发展状况,首先由创作、传播主体洞见到并将之上升到理论概括的高度,将无意识的形式提升为一定的意识形式,即,形成一种符号系统,这意味着,创作、传播主体将具体物——其所处的具体与境——同相关的抽象概念相连接而产生符号、形成一定的象征意义,以此表征该主体的具体与境。当这种表征方法得到普遍认同,这种连接在社会上广泛推及,这种具体与境就被成功地转化提升为一套符号,其象征意义得到确认,同时,此符号(概念)被受众认同并普遍使用,或被丰富、发展。随着创作、传播主体的想象空间在更大范围内得到推广,被更多的受众所接受,创作、传播主体的个性化想象空间便转换为社会想象空间,与此相应的符号、象征意义也就形成或产生了。就是说,这是由文化创作、传播者个性化的概念空间、情感世界等向社会推广转化的过程,前者必须为社会大众或受众普遍认同和接受。当然,认同和接受的方式因人而异、因时而异,也会因情而生、因景而定。

总之,文化传播是符号意义的创建者与享用者、传递者与接受者对于一切可开发、利用的思想文化资源的阐释与解读过程,是通过当下现实中文化传播者与受众的共建与共享来完成的。同样,农村文化传播也是编创承载意义符码的传播主体与解读符码的农村受众之间双向互动的过程,二者缺一不可。这就要求,作为农村文化传播主体、符号意义的传递者,农村基层文化管理者

---

① 盛新娣. 哲学视阈中的文化产业[M]. 五家渠:新疆生产建设兵团出版社,2009:58.

树立强烈的"服务农民"的意识,不断提高素质,形成平和、细致、循循善诱的工作风格及方式方法,引导农村受众从情感到理性对于文化作品形成同创作、传播者基本一致的意义解读。

　　客观地说,当前新疆农村文化传播主体——新疆农村基层干部"服务群众"的意识还不强,尤其是其中相当一部分管理者素质不够高,习惯采取简单、粗放管理方式方法,这使得群众的内心诉求不能得到理性表达。同时,文化组织管理者与当地群众之间的交流沟通还不够,缺乏长效性平等对话的平台和机制及氛围。因而,在农村文化传播中,仍然未能完全听到普通群众的真实声音,也就很难完全了解后者的内心诉求。其结果,新疆农村文化传播的有效性就大打折扣了。对此,应当着重使新疆农村文化传播主体的工作计划、安排、策划、活动等建立在充分了解群众文化需要和内心诉求的基础上,改进和完善文化传播方式,将对于群众文化诉求的了解,作为一项急需要纳入到农村文化传播及意义传递整个过程之中的工作内容,科学显示群众对于文化意义接受程度如何的客观状况,促使传播过程的平等对话,形成编码 – 解码的互动。

　　(三)意义传递与接受的内在统一在于意义的共建与共享

　　如前所述,意义传递与接受是由文化创作、传播者与享用、接受者之间在各自特定社会文化背景中形成的、处于无意识"界面"上的隐秘情感被那些符号所激发的过程。意义的构建和传播必须以适合受众趣味、与受众惯有的社会想象空间相吻合的形式或方式来展开,就是说,二者能够共享与共建符号的意义,并互为主体性。这一共享 – 共建的意义,具体指特定的一致性意识形态和价值观念。一致的价值观念形态或意识形态,缘于意义创作、传播主体与受众面对的共同生活环境,并表现为共通的社会想象空间。这使得双方有着某种"通验",也就是对于某种客观对象或物化形式的共通感受,后者始终存在于一定的社会之中,且往往被某种象征形式所表达。

　　自有人类以来,表征一定文化中共同、一致价值观念形态的象征形式(物),历经演变,每一种普遍流行过的象征形式都蕴涵着特定的社会生活内涵,隐喻着某种有过重大影响的价值观念形态。象征物体现人自身需要用普遍化的物质形式来寄寓其特定的社会想象空间,包括其面对现实获得生存发展的经验及教训,或成功喜悦及失败的恐惧。同时,也展现了人特有的创造性想象的潜能,即,将特殊物质形态同象征意义联系起来以构建社会文化内涵的能力。这种能力即是一种人们观念地把握事物的能力及其表现,也就是创造符号"开拓一片心理、想象空间"①,以帮助人们去记忆那种经验或体验。而表征这些经验或体验某种凝结形式的,就是特殊的价值观念形式或意识形态。

英国伯明翰学派代表人物之一斯图亚特. 霍尔认为,表征是当代文化生产的主要实践活动之一。就是说,文化符号的生产就是一种"表征的实践"②,即,把当代人们各种概念或观念及情感在一个可被转达和阐释的符号形式中具体化。意义的形成,实际上就是进入这种实践领域,在当代世界上的一定文化共同体中有效地进行运转和循环,即,是这一文化中的成员共享各种系列的概念或观念及形象的文化实践,正是这种实践,"使他们能以大致相似的方法去思考、感受世界,从而解释世界。"③因此,文化意义或内容总是特定社会中意义创作、传播者与享用、接受者共享的文化信码。更确切地说,是创作、传播者与受众对于含有特定意识形态和价值观念的符号意义的共享。在这个过程中,创作、传播者"以审美的方式"(鲍德里亚语)呈现实在,创造出能给受众以审美体验的产品,受众又对文化产品进行阐释与解读,从而通过双方的共鸣与共和来达到意义的共建与共享。

一方面,在符号象征意义的构建中,创作、传播者洞察享用、接受者隐秘内心世界、巧妙地开发、利用各种思想文化资源,制作能够吻合、引发后者审美体验的文化艺术品。如影视制作、报刊、文化旅游,甚至教育也是审美意义的制造、分享过程。这种审美包含的内容十分宽泛,如,即时新闻能带给消费者震撼之体验,主题挖掘也能带来深沉之美感。因而,符号意义创造的基本点在于,创作者不断探寻与享用者处于无意识界面上的社会想象空间的契合之点。实际上,这是文化实践的过程,是创作者捕捉并以艺术形式提升到意识界面上

---

① [美]肯特·沃泰姆. 形象经济[M]. 刘舜尧译. 中国纺织出版社 2004 年版,第 103 页。

② [英]斯图亚特·霍尔. 表征——文化表象与意指实践[M]. 徐亮 陆兴华译. 商务印书馆 2003 年版,第 10 页。

③ [英]斯图亚特·霍尔. 表征——文化表象与意指实践[M]. 第 4 页。

的享用者所特有的社会想象空间的过程。对此意义的透彻阐释,既不受制于创作者的聪明程度,也不取决于享用者的大脑,而"有赖于作者将读者带至象征性地产生的普通意义的'核心'的能力。"①

另一方面,受众对于创作、传播者所传递的符号意义做出回应。社会日益高涨的精神文化需要,意味着受众潜在地拥有生产者制造的符号象征意义所能触发的社会想象空间。然而,受众的社会想象空间只是无意识地存在于日常言表之中——这是生产者进行符号生产以开拓受众内在空间的可能性基础。同时,它又是对文化产品进行审美欣赏、解读的情感基础。随着文化教育的发展,文化符号的生产能力增强,受众欣赏、解读的能力也不断提高,这又促使其参与的热情更加高涨,而这正是当代符号意义创作的助动力。其根本原因是,当代大众传媒等符号内容的生产行业所珍视的,就是人类参与文化生产实践过程的能力,正如有学者所说:"媒介文化重要,是因为公众的普通成员的热忱参与所致。"②文化符号意义的共建与共享体现了当下人民大众的能动创造性。受众的回应,促使符号传播者朝向受众建构象征意义,以适应于受众解读方式的方向对各种社会讯息进行编码,前者必须像鲍曼所说的那样,"将生活的词汇语言游戏……翻译出来,以供扩大了的、普通的、转瞬即逝的观众来使用和解读"③。就是说,传播主体要实现意义的传递,就必须使生产、创作的符号意义为受众接受,并愿意按照传播主体的预期对之进行解读。

进而言之,受众对文化产品的享用、对符号意义的解读,也是寻求身份与产生着快感的过程。受众在解读符号意义时,表面上看,是其审美观起支配作用,但如果我们将其审美观并非作实体性理解,而是把它看作在特定现实中的产物,那么,实际上,它是受众在无意识中显示自己的"身份"——从宽泛意义上讲,并不一定是正规组织中的特定角色,且往往是非正规意义上的"自我"身份感,并从中得到快感。这正如英国著名学者约翰·费斯克所说,受众在这里

---

① [英]斯图亚特·霍尔.表征——文化表象与意指实践[M].第4页。
② [英]尼克·史蒂文森.认识媒介文化[M].王文斌译.商务印书馆2001年版,第284页。
③ [英]迈克·费瑟斯通.消费文化与后现代主义[M].译林出版社2000年版,第89页。

得到的"是意义、快感和社会身份"①。因此,受众对文化意义的接受,也被认为是在接受创作、传播者所传递意义的同时,"将奖戒性和工具性的时间转换成自由的和具有创造性的空间。"②这就是说,符号创作、传播者,作为文化资源的占有者,暗示、褒奖着受众对其符号产品的解读行为,并以此作为获得价值的手段或工具;但受众则往往并未按照或未完全按照生产者的暗示、褒奖及预想来享用、接受意义,而是开拓了另外一种自由创造的空间。③换句话说,他们并不是通过产品显示自己,"而是通过使用产品的方式来显示自己"④。

在创作、传播者与享用、接受者共享－共建意义的形成中,双方互动的内在根据,是特定的思想体系或价值观念形态,也就是特殊的意识形态。后者对于文化意义的构建发生着无形而有力的作用,只不过它在潜意识中,通过浸透到具体文化实践中,变换为构建符号象征意义的一种手段。因此,它是隐含在快感、身份的寻求过程之中的"基质",或者说,是特殊信码编译的隐性方式,是以文化实践行为过程反射出来的文化内核。在现当代文化创作中,固定意义的消失——歧义性的解读是其中一种表现,文化符号的多元性,各种文化符号意义的创作与享用,无不显现着这种潜隐的方式。当然,受众也会进行含有意识形态或价值偏向性的解读。这不仅仅是个人的喜好,而是潜隐着特定的价值观念和意识形态冲突的行为,或者说,是这个(些)人受其隐含着的特殊意识形态的支配所表现出来的偏好。在报刊中,语言符号表征不可避免地带有价值偏向或意识形态特质;在电视节目的创作及观看中,同样普遍存在着带有意识形态或价值偏向的编码/译码过程,"电视信息被看作是一个复杂的信号,其中刻写着某种受偏爱的读解方式",同时,"保留着传播不同意义的可能性——

---

① [英]约翰·费斯克. 大众经济[J]. 吴士余主编. 视点. 大众文化研究[C]. 陆扬、王毅选编. 上海三联书店 2001 版,第 134 页。

② [英]尼克·史蒂文森. 认识媒介文化[M]. 第 144 页。

③ 斯图亚特·霍尔将消费者或受众的解读或解码划分为三种方式:一种是以霸权为主导的阐释方式;其次是一种协商性意义的代码的结果;另一种是对抗性解读。相应地就有三种意义:预想性意义;协商性意义;对抗性意义。(参见《认识媒介文化》,第 70－71 页)

④ [英]尼克·史蒂文森. 认识媒介文化[M. 第 144 页。

只要按照不同于现有编码方式的方法去解码。"①就是说,创作、传播者在电视节目上的编码,取决于其意识形态立场,享用、接受者的观看、解读方式,差别也很大。

可见,文化意义的生产,是双方带有价值偏向的构建,是共同创造的结果,是双方所拥有的价值观念体系或意识形态相互影响、制约及作用的过程。意义的传递与接受,就是矛盾双方——创作、传播者与享用、接受者之间对于意义解读的内在统一,而实现这种统一,又在于形成意义的共建与共享。

当前,新疆农村文化传播中,意义的传递与接受之间并未实现内在统一,也未形成意义的共建与共享。因此,应当构建管理者与普通群众的对话交流机制,将管理者观念意识的更新及其方式方法和群众自觉性及素质的提高作为同时并进的一个过程的两个方面。作为传播主体,改进传播方式方法,作为管理者或干部要真正去了解、接近群众,满足受众需要,必须有平等、服务的意识或观念、水平,将自己与群众放在平等的位置上,多倾听群众的心声,多为群众着想,以便增强信任感,并在传播的形式、内容、方法或手段等方面不断改进,以更好适应普通群众的客观需要。同时,系统地跟踪调研并掌握农村文化传播的实际效果,思考东风工程、农家书屋所赠书刊及其所购买纸质版图书的意义,考量其在多大程度上适合农村的需要、农民喜爱阅读纸质版书刊的热情和比例是多少及其与电视和数字化信息相比何者的实际效益更大等问题,以适时加以妥善解决。

同时,提高新疆农村群众的现代知识水平和文明素质,注重和加强群众的教育和自我教育,加强思想政治教育,包括意识形态教育、现代美育熏陶、审美评价标准的转变等,增强其自我教育、自我学习的意识和能力,树立起通过自己的努力学习和奋斗改变自己命运的观念。对于农民群众自办的积极健康文化应大力扶持,通过诸多形式或途径加强思想政治教育或意识形态教育,且巧妙地将新时代中国特色社会主义文化融入其中。最后,创作贴近新疆农村生活生产的产品,为群众提供承载主流意识形态和价值观念,具有时代性、社会性和艺术性的意义载体或文化形式。

---

① 王逢振等. 消费文化读本[C]. 中国社会科学出版社2003年版,第466-467页.

各级领导或管理者应加强学习、提高认识，切实对公共文化建设的意义、作用等有一个清晰、明确的认识，并把公共文化服务体系的建立及完善纳入到当前的重要议事日程上来，做好系统性建设规划。按照自治区第九届党代会等重要会议精神的要求，吸收借鉴先进经验，努力将新疆乡镇文化站和村文化室建成文体服务中心，积极为全区完成基层文化站（室）建设的目标并使之发挥促进新疆农村社会稳定和长治久安的积极作用而努力。

三、注重形成文化建设的顶层设计和总体规划

推进新疆农村文化建设，必须善于从总体谋划，着眼于顶层设计，充分利用现有条件，调动一切资源，打造文化品牌，培育文化市场，深化"访惠聚"活动，持续提高广大农村群众的收入，进而，切实把新疆农村文化建设推进到更高的阶段。

（一）完善新疆农村公共文化建设的综合整体化模式

以建立村级文化阵地为重点，倡导、启发新疆农村广大群众在享受健康的文化服务中，逐渐形成并不断强化与社会主义核心价值观相一致的意义信念体系，以构筑新疆农村社会最广泛、坚厚的精神世界。概括和总结以往经验，发现新疆农村公共文化建设的一个显著特点，即，将公共文化建设与精神文明建设及创建自治区文明县、公民道德建设和民族团结教育、未成年人思想道德教育、校园文化建设、社会稳定以及反对"三股势力"渗透等工作紧密结合，形成综合一体化模式。其中，民族团结教育是规划方案和文化服务活动的一条主线，一个主题，是构建公共性文化的一种现实性方式。今后，应当以铸牢中华民族共同体意识为指导，继续突出此特点并完善这种推进方式，更大地发挥其有效功能，强调以民族团结为基础，对现有的相关思想理论进行深入探讨，对当今新疆农村社会公共性文化具有高度的自觉意识，持续巩固原有的综合一体化模式并不断完善之，将文化建设与精神文明单位的创建、民族团结教育、反对"三股势力"、维护社会稳定和长治久安、未成年人道德教育等等各方面力量不断进行科学合理地整合，提升农村各族群众的思想文化素质、增强其生产生活技能、提升其文明素质，从而实现新疆农村公共文化建设的综合整体

性推进目标。

在此基础上,致力于新疆农村文化品牌的打造,以满足农村群众文化精神需求为旨要,进一步精心打造新疆农村公共文化服务品牌,从地方到自治区品牌,进而形成全国性品牌。以新疆农村群众培训为例,首先要全面了解和掌握群众参加培训的需求特性。通过调研发现,新疆农村群众参加培训的积极性、自愿性、主动性具有一定的选择性,一般来讲,农村群众对于实用性很强的、可直接用于谋生的农业种植和机电维修更感兴趣,还有的对于自己非常喜欢的培训很感兴趣。这样的培训,他们通常都是自己来,有强烈的学习愿望。因而,应当针对不同情况采取相应措施以有效解决问题,就可使新疆农村培训更有影响力及号召力。对于政府买单、群众受益的村村演模式精心培育,努力打造公共文化活动品牌,在这个过程中,要注意以整合资源、优化机制为动力,突出大联动,进一步拓展资源整合范围,实施"借脑"工程,借助多方智力资源,从而,打造优质公共文化产品。

通过宣传打造文化品牌对于新疆农村发展文化产业非常重要。由于文化产业所具有的民族性、地域性特征,使当地文化不易为外人所知,有些也很难被外人理解,因此,应当下大力气宣传和介绍好新疆农村文化。首先,应该具有新疆农村文化的整体意识,做到品牌形象共塑,立足当地丰富的文化资源,整体定位,突出亮点。同样,新疆农村旅游区也必须明确自身整体定位,以增强吸引力和竞争力;其次,积极拓宽宣传渠道,灵活运用广播、电视、网络等媒体进行宣传;再次,宣传要有创意,目前各地旅游宣传铺天盖地,在如此纷繁的广告宣传中如何才能吸引旅游者的眼球,抓住旅游者的心理,创意很关键,也是新疆农村文化品牌打造成功与否的重要标志。

(二)尽快制定并完善农村文化发展的扶持性规划及方案

客观上讲,一些县已经制定了本地文化产业发展的规划,或出台了相关政策,然而,整体上仍处于初级、零散状态,并未形成规模,特别是自治区有关农村文化产业发展的统一性规划还没有出台。这使得县与县之间、乡与乡之间、村与村之间及城市与乡村之间仍处于各自为战、彼此分割的状态,这必定会阻碍新疆农村文化产业的大发展。因而,自治区相关部门或机构应当尽快出台关于新疆农村文化产业发展的指导性政策及规划。各地农村,特别是有条件、有基础者,更应抢抓机遇,尽量使本地发展规划纳入自治区级规划当中,并积极参与到新疆文化产业发展的进程之中去。

1. 对基层农村文化产业进行扶持。以电影产业为例,自 2008 年以来,随着新疆电影管理体制的改革,自治区采取多项措施,积极争取中央财政和对口援疆省市的支持,鼓励社会资本进入电影市场,千方百计加快全区影院改造和兴建步伐,但现在仍需要加大力度,尽快将我区县级城市(含县城)电影院建设纳入国家正在实施的"西新工程",纳入当地国民经济和社会发展规划,纳入自治区文化产业发展规划和精神文明建设总体规划、纳入各级党委政府重要议事日程,坚持政府推动与市场运作相结合的原则,采取多种措施,重点推进。具体而言,首先,国家和自治区对县级城市数字影院建设实施资金扶持政策;其次,加强对电影产业的政策扶持力度。国家、自治区、各地州市等层面都应制定优惠政策,在电影产业投资核准、土地使用、财税政策、融资服务等方面对新建改建影院给予扶持;再次,帮助新疆进行影视创作人才和中高级影院管理人员的培训,争取每年完成不少于 100 人的培训计划,即在未来五年内,国家援助新疆一定数量的培训影视剧作人才和影院中高级管理人员。毋庸置疑,电影对丰富新疆农村各族群众精神文化生活、促进生产力发展和社会和谐稳定有很大的促进作用。

2. 对农村文化产业发展实行扶持政策。要实现加快新疆农村经济社会发展的基本目标,就应按照自然环境特点和经济社会发展的基础条件,努力克服自然地理和区域经济的制约,走"国家政策主导、自治区重点扶持、地区产业变革"的发展道路,按照"走特色路、打概念牌、搞创新点"的基本发展方向选择符合自身资源状况、环境特点以及社会特征的经济发展模式,以大变革的勇气和创新的精神加快经济体制改革,在不断地探索和实践中推动地区产业向多元化方向发展。尤其是传统文化资源的开发与保护,必须借助国家的大规模资金投入实现当地文化产业的起飞。首先加大对文化产业的基础设施建设投入,包括自然环境的改善,交通的便捷、文化活动和场所的建设、文化资源的保护和文化产品的开发等。为此,必须加大新疆农村文化管理部门职能转变的力度。通过调研我们认为，文化行政管理部门要逐步转变职能，坚持政事分开、企事分开的原则。把培养健康的文化市场、营造宽松和谐的文化发展环境作为工作重点。对文化市场进行宏观的部署。根据不同县域的文化消费水平、居民结构等方面对文化市场进行合理的规划，使文化市场规模与当地社会发展状况相一致，加大对文化产业建设的投资，大力推进资本运营和资源整合。对于重点文化项目要大力支持、引导和鼓励文化企业扩宽融资渠道。积极吸收民间资本或社会资本，逐步形成财政资金、企业资金、银行贷款等相结合的多渠道融资方式。积极建设乡镇公共文化设施，及时更新乡镇图书室、农家书屋的图书。使文化的建设跟上居民对文化的需求。同时，还应加强政府对于文化产业的领导，明确县、乡、村各级政府的职责。为一些好的文化产业项目提供便捷、宽松的政策环境以利于培养良好的市场基础。加强协调机构建设，成立新疆县域文化产业发展协调指导小组，负责文化产业发展的综合协调。监督落实新疆农村文化产业发展方针政策，加大对文化市场的管理力度，把握文化产业发展的正确方向。

3. 加强农村文化资源开发前的市场论证与规划设计。目前，对于旅游文化资源的开发，相关部门也已意识到了问题的症结所在，无论是七剑影视城还是地标"亚心"，当地政府部门都已经对它们的未来有了新的设想。七剑影视城行政隶属的米东区委、区政府为使旅游业成为米东区第三产业的优势先导产业，制定了旅游区总体规划，铁厂沟镇政府也制定了《峡门子旅游区总体规划》，未来的七剑影视城将作为影视文化与田园休闲度假区，而且已有几个商家前来洽谈投资合作或并购意向。① 但这仅仅是开始或者说是有了一个良好的起头，仍然需要制定切实可行的具体规划或方案以真正付诸实施。同时，不论是相关部门、机构，还是企业，或是个人，都应当从这些旅游景点的开发历程中得到有益启示，在开发其他类似景点前，首先重视并切实做好规划，以免再出现走到半路陷入尴尬的境地。

（三）进一步发挥"访惠聚"工作队对村级文化建设的促进作用

"访惠聚"工作队在开展农村宣传思想文化建设方面取得了一定的经验。

---

① 《七剑影视城由繁华变"荒滩"》，新疆都市报－新疆天山网2012年3月1日。

首先,工作队以"访民情、惠民生、聚民心"的活动为契机,不断加大思想文化的建设力度和国家政策宣传强度。"访惠聚"驻村工作队成员联合村委会和警务室一起组织的大宣讲活动,通过有奖问答活动,与村民互动,回答国家的一些惠民政策,并通过有奖问答这种方式检测国家和自治区所实行的惠民政策在该村的宣传效果;其次,工作队联合村委会和警务室一起设立流动宣传点,主要宣传本村的村容村貌建设模式、特色民俗风情,引导村民朝正确的文化建设方向努力;再次,工作队组织村民一起接受党员远程教育,通过远程多媒体让群众获取更多政策信息,加强党的思想文化建设;第四,工作队借助传统的文化传媒手段,通过送影下乡活动,播放红色文化、宣传当代的好干部以及增加文工团下乡演出等,强化文化氛围。

客观上讲,"访惠聚"工作队在推动所驻村的思想文化建设方面取得了一定成绩,已经形成初步的思路,积累了宝贵的经验,但尚未形成比较成熟的农村文化思想传播规划及模式。目前,整体性、中长期的农村文化思想传播的工作规划,尚处在探索阶段,这是影响新疆农村宣传思想文化工作取得更大效果的重要原因之一。

针对这种现状,提高"访惠聚"工作队宣传思想文化建设工作的实效性,应当从以下几方面入手:

1. 着力访准实情、摸清底数。驻村工作队要坚持会同村干部,以入户走访为主要形式,与村民面对面进行交流,动之以情晓之以理,以谈心交心、赢得好感为基本方法,把"访民情"与"听取意见"有机结合起来,其重点是摸清底数,主要包括:本村流动人员情况、宗教活动情况、民族团结教育工作开展情况、村级思想文化宣传情况、年轻人教育管理情况、惠民政策贯彻落实情况、农村"五好"建设情况、村级党组织和党员干部发挥作用情况等,使访民情过程成为感受百姓冷暖、掌握村情民意、发现解决问题、自我教育提高的过程。特别是对家庭贫困情况较为突出的贫困户进行走访慰问,大力鼓励他们勤劳致富,启发他们不怕困难、勤劳奋进、破除"等、靠、要"的思想,树立脱贫致富观念,要激发"通过自己努力"去改变贫穷生活的积极性,树立通过努力去改变命运的观念。使他们懂得,要摆脱贫困,要过上幸福的生活,要步入小康社会,政府的扶植、社会的帮助固然很重要,但自己要起主要作用。同时要帮助他们寻求致富门路,督促帮扶项目不断落地,为贫困户脱贫致富提供帮助。

2. 着力梳理情况、调查研究、找准症结。驻村工作队和乡、村干部要在访清底数的基础上,对群众反映的问题进行认真梳理、反复研究,找准问题、查明原因,努力做到"十个弄清",即,弄清所在村的稳定情况以及影响稳定的成因,中央和自治区的惠民政策落实情况,村干部班子建设和各级干部作风方面存在的突出问题,群众的需求和愿望,非法宗教活动等不良文化屡禁不止的成因,宗教极端思想渗透的渠道,群众的所思、所想、所盼和现实困难,以及其它颈问题或制约因素。通过解剖麻雀的方式,由表及里、由此及彼,把影响新疆农村社会稳定发展的成因分析透,在调研的基础上,和村干部一道,加强理论学习,提高班子思想政治素质;加强思想政治建设,树立公仆形象;明确职责,着重解决现实突出问题,不断提高农村治理水平。

3. 着力分析研判、理清思路、解决问题。工作队要将走访中收集到的意见、建议、矛盾问题,按照难易程度、轻重缓急、主次关系、近期长远进行梳理汇总,分门别类建立台账。找准解决存在问题的着力点和切入点,对问题进行认真分析,综合研判,按照解决问题的程序和职能职责,协调相关单位部门予以解决。对于影响群众生产生活的个性问题,属于村党支部、驻村工作队力所能及的,要在把握政策的前提下,尽快研究解决;对于共性问题或需要县市、乡镇协调解决的问题,要积极协调、争取支持、及时解决;对于群众反映的信访问题,要及时转交,跟踪督办;对于涉及政策层面,暂时不能解决的,要做好群众解释和思想引导工作,研究提出符合实际、切实管用的工作建议,及时逐级反映。

4. 着力健全制度、创新载体、完善措施。认真履行"指导、引领、监督、协调"的职责,坚持工作队与村委会联席会议制度,工作队负责人不定期与村党支部书记面谈,交流情况,协调工作,发挥传帮带作用,进一步完善基层组织建设规章制度,强化"三会一课"制度,增强领导班子的凝聚力、战斗力,打造永不走的工作队,重点是健全完善转变干部作风、加强宣传教育群众工作、依法治理宗教极端和违法犯罪行为、强化群防群治群控、落实常态化维稳措施、村

(事)务公开和民主管理、基层干部考核激励关爱、党建带群团组织建设等八个方面的制度,做到用制度管人、管事、管权,强化制度建设在基层工作中的刚性作用。凡是惠及群众的好事,都交给村支部去做,做到谋划不决策、有为不争位,避免大包大揽、包办代替,树立村党支部和村干部的威信,增强他们的凝聚力、战斗力、号召力。要在帮助理清发展思路、增加群众收入的同时,注重在教育引导群众增强主观能动性上下功夫。

5. 坚持高起点定位、高标准规划。全面整合项目、资金、力量等资源,扎实推进村级组织活动场所建设及村级组织围墙、驻村干部周转房、村食堂、村民文化科技服务中心等四项基础设施建设和续建工程,加强村容村貌建设,制定美丽乡村建设规划,多方筹措,抓好乡村环境和基础设施项目建设。进一步提高村级组织综合保障能力。同时,抓好爱国主义教育基地项目和"党在心中"阵地文化中心建设项目等,保障村里舞台、篮球场、图书室、村委开会的会议室等公共文体设施的修葺和完好。促进驻村文化"融合式"建设,包括文化活动室传播与日常行为养成、巴扎集会交流与农业信息传播、标语墙画导引与核心价值观引领、文体表演竞技与民族团结聚合、农舍庭院美化与农村经济运作、农村劳务统筹与农牧民整体素质提高等。

6. 坚持典型示范,注重在实践中提升工作水平。各县市、各级工作队应当充分利用广播电视、互联网、手机报、QQ群、微信等形式,大力宣传各级干部在活动中涌现出来的先进典型,总结推广典型经验,形成良好的舆论氛围。各县市、工作组要收集和选树"访民情、惠民生、聚民心"活动中涌现出的感人事迹和先进人物,以模范引领、教育、带动和鼓舞各级驻村工作组继续以昂扬向上、积极有为的工作热情,不断促进所驻村庄的文化建设工作。

（四）不断夯实有利于农村文化发展的物质前提基础

经济是文化的一个重要基础,因而,只有新疆农村经济社会发展更上一个新台阶、农民物质生活水平达到更高水平,才有可能进一步完善公共文化服务。如前所说,课题组在调研时看到,当下新疆农村的经济发展还比较落后,农民的物质生活水平比较低下,不同区域之间的差距还相当大,特别是南疆三地州与北疆地区农民之间的经济收入及其物质生活水平差距更大。因而,管理者要善于顶层设计,高瞻远瞩、高屋建瓴,首先致力于增加新疆农民经济收入、改善其物质生活水平,以便为新疆农民提高自身素质及其文化消费水平奠定坚实基础,使其由物质富裕而进入精神充实层面。以此作为进一步完善新疆农村公共文化服务体系的出发点,不断加大对农村公共文化建设的资金投入,并随着财政收入的增加,适当提高农村文化投入的比率,使新疆农村公共文化建设能够建立在较为稳定、持续供应的财政支持基础之上。从这个意义上讲,目前从党中央到自治区党委集中精力所做的精准脱贫就是夯实农村文化与物质基础的最具体、切实的一项工作。

2005年以后,特别是自2010年以来,随着经济发展的持续向好,总体上看,新疆农村生产力不断发展,农民物质生活水平逐渐提高,为文化产业奠定了发展的经济基础。据《2011年新疆统计年鉴》,2010年新疆农村居民人均纯收入4643元,居民恩格尔系数40.3%,2011年5442,居民恩格尔系数36.1%。[①] 这意味着,新疆农村居民精神文化需求将普遍高涨。本课题组调研显示,新疆许多农村第三产业在收入结构中所占比重有较大幅度提高,农村群众的经济收入亦呈连年递增趋势,天山北坡经济带的农牧民收入则更高。昌吉州2009年人均GDP已经达到4170美元,广大群众对第一、二产业的需求在总体支出中所占比重相对下降,对文化产品的需求大大增加。这为文化产业的快速发展提供了经济条件。2012年,阜康某乡全年实现农村经济总收入12414万元,增长13.2%,其中,种植业完成1606万元,增长48.7%;畜牧业完成4525万元,增长21%;林果业完成292万元,增长13.2%;二、三产业完成5991万元,增长2%;劳动力转移净收入661.6万元,增长18%;农牧民人均纯收入达到10699元,增长15.4%。2013年,该乡预期目标是全乡农村经济总收入达到1.43亿元,增长15%;农牧民人均纯收入达到12199元,较上年增加1500元。伊犁某县,2010年,全县农村居民人均纯收入达到6160元,比上一年增加1253元,比2005年增加3337元,财政收入达到6354万元,2011年,全县

---

① 新疆维吾尔自治区统计局编. 新疆统计年鉴2011[M]. 北京:中国统计出版社2011年8月,第7页;中国新疆事实与数字2012[M]. 北京:五湖传播出版社2012年版,第135页。

农牧民人均纯收入达到 7166 元,比上一年增加 1006 元。在伊犁某县的调研显示,农牧民一年收入在 1 万至 5 万元之间,其中大部分在 2 万元以上,塔城某镇"十一五"时期农民人均纯收入连年增加,2007 年农牧民人均纯收入突破 3000 元大关,达到 3031 元;2008 年 3398 元,较上年增加 367 元;2009 年 3725 元;2010 年 4450 元,增长 725 元。2010 年该镇农牧民人均收入 4450 元,比 2009 年的 3725 元增长 725 元,增长率为 19.5%。2012 年 1 - 12 月预计实现 GDP13.5 亿元,较上年同比增加 20% 以上,农牧民人均收入由 2011 年的 5205 元增至 5700 元以上。①

伴随着新疆农村群众经济收入水平的普遍提高,其文化消费热情和能力也在不断高涨。本课题组调研显示,2012 年,塔城某镇随着经济收入大幅增长,文化消费水平总体有所提高,超过一半的受访镇民年文化消费在 300 元以上(占其总收入的 10.7%)。其中 10.7% 的镇民年文化消费不超过 200 元(占其总收入的 7.1%)。在 200~300 元之间的有 39.1%(占其总收入的 7.1%~10.7%)。通过对高收入村与低收入村以及不同收入段农牧民文化生活需求的比较分析,我们发现,高收入村的文化生活更为丰富、层次更高。同时,农村群众获取信息的渠道呈多样化态势,随着手机使用率和电脑普及率的提高,手机短信、互联网等新兴媒体也开始成为农牧民获取信息的渠道。调研显示,有 16.1% 的农牧民和 14.1% 的农牧民分别将手机短信和上网作为日常传播和获取信息的途径。在伊犁某县的调研显示,农牧民文化消费每年最低 200 元,最高可达 5000 元,大都在 500 - 1000 元之间。一般是报纸、电视、网络方面的消费,消费低者只有报纸,高者有网络等。当地农村群众学习传统歌舞的积极性很高,不论是老年、中年还是青年,会跳的很多。即便文化站不组织,每个周六晚上都有舞会,大家各民族自发组织的舞会,参加人数很多,大家不仅跳传统舞,还跳其他各民族的舞蹈,互相学习和交流。该县某乡主管文化工作的负责人谈到,该乡的文化氛围比较浓,群众自发的文化活动比较多,每周六晚上都有舞会,群众农闲的时候,爱好者们都会来参加。在南疆某县的调研也显示,

---

① 本报告所用数据,除了标明出处外,其余均为课题组 2010 年~2016 年间在南北疆农村调研所得。

近年来,随着当地群众物质生活的改善,他们对精神生活的需求日益高涨。本课题组 2016 年 7、8 月间赴南北疆多地乡村进行实地考察和调研,发现各族群众的文化消费需求十分强烈,参加问卷调研的乡村居民对于"是否愿意花钱观看文艺演出"的回答中,选择"很愿意的"占 72.31%,选择"比较愿意的"占 22.51%,两项合计占比达到 94.46%,而选择"不太愿意"和"很不愿意"的人占比分别为 4.31% 和 1.23%,合计仅为 5.54%。

但同时,由于新疆农村的经济基础仍然比较薄弱,特别是不同地区经济发展差距较大。根据国际经验,人均 GDP 在 3000 - 5000 美元之间,是文化消费高速持续增长的时期。近些年,新疆农村经济发展较快、群众物质生活水平有了较大提高,但总的来讲,生产力水平仍然比较落后,经济基础仍然比较薄弱,群众的物质生活水平仍然较低,恩格尔系数仍比较高,尤其是南疆三地州一些农牧民恩格尔系数仍然较高,有的甚至达 50% 以上。本课题组 2016 年 7、8 月间在南北疆乡村进行的问卷调研显示,参加答卷的农牧民对于其年收入的情况,超过半数的人选择了"5000 元以下"。不仅如此,而且不同地区的农牧民经济收入及其物质生活水平的区域差距也很大。本课题组在南疆三地州某乡接触到的访谈对象,较高的为事业和机关公务人员,年收入为 2 - 3 万元,普通村民年收入是 5 - 6 千元左右,最低的年收入只有 2 千元左右。他们很少有存款,存款上万元的都较少,少数人甚至没有存款。在北疆农村接触到的访谈对象,年收入则比南疆高出许多。例如,在伊犁地区某县的访谈对象,年收入大都在 1 万元到 5 万元之间。再如,塔城某镇,2010 年农牧民年均收入 4450 元,2011 年农牧民年均收入 5180 元。该镇与南疆三地州某乡农民年均收入相比,2010 年高出 1437.77 元,2011 年高出 1588 元。如果南疆三地州与发达地区相比,则差距更大。例如,昌吉阜康市某乡农民人均收入 2011 年接近万元,2012 年则超过万元,比 2011 年增长 15.4%。以 2011 年为例,该乡比塔城某镇高出近四千元,比南疆三地州某乡高出五千多元。据《2011 年新疆统计年鉴》,2010 年新疆农村居民人均纯收入 4643 元,居民恩格尔系数 40.3%,2011 年 5442,居民恩格尔系数 36.1%。① 照此推算,2010、2011 年,塔城某镇农牧民人均纯收入分别低于平均水平 213 元和 262 元,南疆三地州某乡农牧民人均纯收入分别低于平均水平 1640.77 元和 1850 元。本课题组 2016 年的调研显示,南疆三地州的脱贫标准为 2880 元(现金收入),北疆的脱贫标准虽各地不同,但多在 5、6 千元,比南疆三地州明显高出许多。新疆农村部分群众收入之所以较低甚而贫困,除了特殊原因(因病或遇到灾祸等)外,大多与其收入来源单一密切关联,即主要依靠种地,只有少量的养殖。而这也是新疆农村特别是南疆农村较为普遍的现象。

　　由于经济发展滞后、物质生活较为贫乏,导致相当一部分农村群众普遍没有条件和能力去享受文化成果,无法将强烈的文化消费意愿变成现实。在伊犁某县的调研访谈中,关于"制约当地文化产业发展的主要因素"的问题,相当一些人认为是"经济问题"或"经济条件不太好"。在另一个县调研时发现,该县居民大部分为生活消费以及教育消费,在文化娱乐方面的消费较低,从而,制约了文化产业的发展。可见,经济收入较低是遏制新疆农牧民文化消费提高的一个基本因素,它直接影响了农村文化产品购买消费市场的形成,从而严重制约了农村文化产业的起步与发展,尤其是偏远乡村受到的制约更加严重。2016 年的调研显示,参加问卷调研的 326 位乡村群众关于"每年在买书、报纸和杂志上的花费"问题,选择"100 元及以下"的占比最多,为 45.71%,有 33.74% 的人选择了"100 - 300 元",有 11.66% 的人选择了"300 - 500 元",仅有 8.9% 的人选择 500 元以上;关于"每年看电视和电影的花费",占比最多的是"100 元以下",为 40.87%,有 28.48% 的人选择了"100 - 300 元",14.24% 的人选择了"300 - 500 元",仅有 16.41% 的人选择了"500 元以上";关于"每年上网的花费",近半数的人(占比 47.28%)选择了"100 元以下",有 22.68% 的人选择了"500 元以上",有 16.93% 的人选择了"100 - 300 元",只有 13.1% 的人选择了"300 - 500 元"。以上调研结果说明,新疆农村群众在读书、看报、订阅杂志、看电影电视以及上网等方面的消费水平较低,文化消费的能力还很有

① 新疆维吾尔自治区统计局编. 新疆统计年鉴 2011[M]. 中国统计出版社 2011 年版,第 7 页;中国新疆事实与数字 2012[M]. 五湖传播出版社 2012 年版,第 135 页。

限。文化产业发展依赖于经济发展和雄厚的物质基础,人们普遍有此需要,产生诉求,有意愿、有能力消费品牌及文化产品,等。因而,面对各族群众日益强烈的文化消费意愿,当前,大力发展新疆农村的生产力,进一步加快其经济建设,同时,切实落实"精准扶贫"的政策,坚持不懈地想方设法使新疆广大乡村群众的经济收入及物质生活水平得到不断提高,就是新疆农村文化建设及文化市场发育的基本而首要的工作。

四、不断优化公共文化建设及管理方面的机制或方式

我国农村公共文化建设,是在尚未完全改变城乡二元结构情况下,为保障农民基本文化权益、丰富农民文化生活、满足其精神文化需要而实施的一项有效措施。鉴于新疆特殊的区情,根据公共文化服务的公益性、基本性、均等性、便利性要求,在"十三五"东风工程规划和农家书屋工程后续建设中,积极向国家和自治区申请,将全区农林牧场、自然村、边境线居住点纳入"两个工程"赠阅出版物覆盖范围,实现公共文化服务的全覆盖,进一步完善基层公共文化服务体系,巩固基层文化阵地,让各族群众得到更多的文化实惠,使之能够共享文化发展成果。为此,应当进一步建立健全相关制度或机制,以便形成管理者与百姓之间的沟通机制、资金投入保障机制、有效使用机制以及对其建设效果予以科学评估机制。

（一）不断优化公共文化产品服务的提供保障机制

1. 不断优化农家书屋配套保障机制。具体包括:实行乡村文化站（室）及书屋管理员有偿服务、书屋日常管理维护经费由财政按标准拨付的经费保障体制,从根本上解决书屋日常管理难、运行维护难、作用发挥不明显的问题;建立出版物更新保障机制。可建立由新闻出版行政部门负责、财政经费负担的出版物保障机制,每年按存量比例进行更新,保证书屋常办常新,满足新疆农村群众的多样化阅读需求。

2. 营造良好的国家通用语言学习环境或氛围。推广和普及国家通用语言,是农村文化建设的一项重要内容,也是一个地区文明程度的发展标志之一。在自治区的一些农村,使用国家通用语言交流的程度非常低,一方面造成

更大范围内进行交流的困难以及学习现代科技、知识的困难,另一方面在传统流传下来的语言中还存在一些不适应于社会主义精神文明的语汇及意识,成为制约新疆农村先进文化建设的不利因素,从某种意义上讲,成为新疆农村先进文化建设的"瓶颈"。因此,在新疆社会主义新农村建设各项工作有序开展的同时,不失时机地在广大农村推广和普及国家通用汉语,营造更加和谐、健康的语言环境,无疑,这属于培育并铸牢中华民族共同体意识的政治问题,也是新疆社会主义新农村文化建设极其重要的路径。

3. 不断优化数字新媒体项目的建设及管理机制。在公共文化服务体系全覆盖中,不仅是指传统介质形式,而且包括新型介质形式文化产品。就此而言,必须大力实施数字新媒体项目,努力实现"数字文化村村有"。同时,实施"卫星数字农家书屋"项目,积极探索在我区通过卫星数字接收设备接收、存储及播放电子图书、电子杂志、电子报纸和音像资料的方式,作为传统农家书屋的补充,实现传统农家书屋的升级换代,解决传统介质形式文化产品(农家书屋读物)更新慢、内容少等问题。

4. 不断优化文化建设效果的评估机制。目前,新疆农村大多都收集、保存了很多有关公共文化服务建设的资料、数据,但缺乏系统性,其梳理方式也不尽科学,常有重复统计、逻辑混乱、彼此不符等现象。对此,应当持续跟踪调研了解新疆农村群众精神文化需求,建设新疆农村公共文化服务的资料数据库,以便进行科学研究并成为科学决策的理论依据。因而,应当加快建立健全跟踪、了解、掌握新疆农村群众精神文化需要的机制并据之形成科学评估公共文化服务建设的评估体系。

（二）不断优化基层公共文化管理的方式方法

调研中有乡村干部和村民反映,乡镇管理者采取简单、粗暴的方式开展科技培训和群众文化活动的现象屡见不鲜,尤其是南疆一些地州更为普遍。据群众反映,因为培训没有用,或没时间,或没兴趣,或没意思,所以不愿意参加培训。而据部分干部反映,是因为农牧民素质低,不理解、不配合,如果不采取强制的方式,就无法执行上级布置的工作任务。这两种截然不同的思想认识导致现实中新疆乡村干部与农民群众之间的紧张或矛盾关系。因此,应当将管理者管理方式方法的改进和农牧民自觉性及素质的提高作为同时并进的两个方面,尤其是要不断优化新疆农村基层公共文化管理的方式方法。

1. 不断优化基层管理者的管理方式方法。首先要从管理者的方式方法着手。领导者的执行政策水平、工作和实践能力直接关系到农民群众的生计。实事求是地讲,有些领导者为百姓服务的观念及水平仍然比较欠缺,因而导致上面的政策很好、但在下面执行有偏差的后果。尤其是在南疆一些农村,更加严重。对此,群众希望村干部"将自己与普通群众放在平等的位置上,把农牧民当朋友一样看待,多倾听农牧民朋友的心声,多为农牧民朋友着想",以便从感情上去化解村里干群之间的紧张关系,增强信任感。同时,在培训的形式、内容、讲授方式、教师素质、讲课水平等方面不断改进,以较好地适应群众的接受状况。还应特别注重实效性,使群众通过身边良好示范、自己亲身体验等途径积极投入到培训、文体活动中去。为了更好地满足群众基本的精神文化需要,需要系统地跟踪调研并掌握新疆农村公共文化服务及其提供文化产品的效力,思考东风工程、农家书屋所赠书刊及其所购买纸质版的图书,在多大程度上适合农村的需要、群众喜爱阅读纸质版书刊的热情和比例是多少、它与电视和数字化信息相比何者的实际效益更大等问题,并适时加以妥善解决。总之,作为管理者,干部要真正去了解群众,接近群众,满足群众需要,必须有平等、服务的意识或观念、水平,不断改进培训方式和文体活动形式并做好跟踪调研。重视倾听各族群众的文化诉求,加强乡村干部与群众之间对话交流机制的建设,不断优化乡村公共文化建设的治理方式。

2. 不断优化对群众的文明教育的方式方法。从群众自觉性的提高入手,注重和加强新疆农村群众的教育和自我教育,加强思想政治教育,增强其自我教育、自我学习的意识和能力,不断提高群众的文化素质。具体而言,第一,在生产的观念态度、方式方法上都要促进群众素质及其能力的提高;第二,大力改变农村群众的子女养育及教育观念。要加强启发教育以改变群众的错误观念,要充分发挥文化改变人的观念的重要作用,改变农村群众头脑中"乡长的儿子当乡长,支部书记的儿子当支部书记"的陈旧观念,激励其通过自己的努力学习和奋斗改变自己的命运,以避免或预防发生一遇到挫折就依靠家族势力或乞求神灵的现象;第三,在坚持改正公共文化服务活动方式的同时,大力扶持群众自办文化的开展,通过多种形式或途径加强思想政治教育或意识形态教育,且巧妙地将社会主义意识形态、现代科学知识融入其中;第四,进一步深化引导和促使宗教与社会主义建设相适应,发挥新疆农村宗教教职人员的正向作用。通过使用国家或自治区新编、审定的统一教材开展合法讲经形式,并向农村群众合法合理地讲解。国家应该确定培训点对宗教教职人员进行统一培训,尤其是讲经或教经时要贯穿社会主义价值观。应特别注意宗教教职人员对于当今社会发展亲身感受或体验并将这种体验传递给更多的人,从而发挥他们对于新疆农村群众的良性引导作用;第五,通过多种途径、采取多种措施,大力加强偏远乡村的公共文化建设,充实群众的精神世界。调研发现,有一些村社地处偏远,距离文化站太远,不方便,因而,最容易延续传统的文化风俗,包括带有宗教色彩和其他糟粕性的风俗。因此,必须充分重视,以习近平新时代中国特色社会主义文化思想为指导推进文化建设,加大公共文化服务的力度,为村民——特别是边境村、自然村的村民提供便捷、有益、有利的公共文化服务。

(三)不断创新公共文化服务体系建设的机制

以实施文化共享工程为主导,突出公共文化服务的"全覆盖",积极主动加强同外省区的交流,引入先进经验,积极创新新疆农村公共文化服务手段,探索基层农村文化工作的新方法。遵循亲民、便民、利民的原则,运用多种方式,着力在服务平台和载体上求突破,不断改进服务手段,提高服务水平,扩大规划范围,最大限度地实现和维护新疆农村扩大群众的基本文化权益。

1. 不断优化公共文化服务机制。第一,建立健全农村公共文化设施服务公示制度,公开服务时间、内容和程序,在窗口接待、场所引导、资料提供以及内容讲解等方面,创造良好的服务环境,增强吸引力;第二,完善农村国有博物馆、美术馆等公共文化设施对未成年人等免费或者优惠开放制度,有条件的爱国主义教育基地的公共文化设施可向农村群众免费开放;第三,推动全自治区流动图书馆、流动博物馆、流动演出网络的建设。将图书、电影等优秀文化资源源源不断地送到农家。

2. 创新农村出版物配送和宣传机制。根据"两个工程"资金额度、实施方式,科学定位赠阅出版物目的、作用,按照赠阅项目公益性、基本性、普惠性原则,以满足各族群众基本文化需要和大多数人阅读需求为主,兼顾多样性、差异性、特殊性需求,对赠阅工作做出相应调整和改进。第一,增强出版物配送的针对性。根据城镇、乡村阅读人群特点,制定不同的配送方案,适应不同的阅读需求;第二,结合实际,着眼发展,分步推进新型阅读方式。可采取先行试点的方式启动赠阅手机报和数字农家书屋项目,给予项目资金支持。要采取多种手段,加强宣传引导,让各族群众知道"两个工程"赠阅出版物有什么。地、县两级要通过电视、广播等媒体组织经常性宣传报道,乡镇和村可通过大喇叭、宣传栏介绍"两个工程"赠阅出版物项目、出版物内容,保证群众的知情权和知晓率。乡镇和村要主动作为,注意发挥管理员的作用,适时组织一些读书活动,让管理员和群众谈一谈读书心得,更好地促进和带动群众阅读。通过宣传引导和主题活动,营造良好的阅读氛围,把农村群众吸引到文化站(室)和书屋读书用书;第三,实行定点服务与流动服务相结合。鼓励具备条件的城市图书馆采用通借通还等现代服务方式,推动公共文化服务向社区和农村延伸。对于一些地方处于交叉管理而又有些"三不管"的地区,采用政府购买、补贴等方式,尝试实行流动服务,向基层、低收入和特殊群体提供免费文化服务,以消除公共文化服务的"盲点"。

3. 拓展基层农村共建共享数字资源新途径。自治区各级文化相关部门采用共建共享的方式加大新疆基层农村——乡村基层服务点建设。以数字资源建设为核心,以新疆农村服务网点建设为重点,以共建共享为基本途径,积极与农村党员干部现代远程教育和农村中小学现代远程教育、有线电视、网吧合作,建设共享工程基层点,普及优秀文化资源。全面实施共享工程,使新疆广大基层群众能够普遍享受到数字文化服务,让"数字文化村村有"由口号变为现实。

4. 探索公益性文化活动社会化运作新方式。根据国内外实践,政府对农村群众的公共文化服务可以通俗地概括为政府养人免费提供农村公共文化服务、政府不养人但全部出资购买农村公共文化服务和政府不养人但对公共文化服务给予适当奖励等三种提供方式:(1)政府养人免费提供农村公共文化服务,即指政府通过自己举办的公共文化事业机构为农民提供全部的免费公共文化服务,乡镇文化馆、广播电视站即是其中的典型;(2)政府不养人但全部出资购买农村公共文化服务,指政府不亲自举办专门的公共文化服务机构,但对于某些关涉到满足农村群众基本文化需求、保障农村群众基本文化权益的公共文化服务,由政府全部出资购买;(3)政府不养人但对公共文化服务给予适当奖励,指政府不亲自举办公共文化服务机构,但对于为农村群众提供了公共文化服务的其他社会主体(包括村委会、农村业余文化队伍、村级文化中心户等),则由政府通过奖励方式给予适当的补偿和补助,以激励他们为农村公共文化建设做出贡献。针对第二、三种,特别是针对第三种,政府还可通过设立农村文化事业专项资金的方式,以提供持续的购买补贴,向基层、低收入和特殊群体提供基本文化服务。诸如不断推进农村电影改革发展试点工作,以数字化放映为龙头,以确保"一村一月一场电影"的基本公益服务真正实现,等。

5. 加快机制转换,促进城、镇、村文化协调发展。城市的文化基础雄厚,文化设施先进,社会主义先进文化气氛浓厚,城市文化反哺农村可以实现城市与农村的双赢,加快实现城乡文化一体化进程。在新农村文化建设中,要把城市与农村作为一个有机整体统筹兼顾,协调发展,在促进城市文化发展的同时加快农村文化建设的步伐,将城市文化资源逐步引向乡村。坚持"以城带乡,以城促乡"的发展模式。尝试建立起农村经济发展和精神文明建设同步进行的互动机制,充分利用村文化室、农村远程教育系统等现有设施,引导和组织人们开展贴近农村实际并为群众喜闻乐见的文艺节目表演、知识竞赛、农业技能"学、比、评"等文化活动,为建设社会主义新农村提供精神动力和思想保证。鼓励城市文化企业向农村扩展,实行文化捐赠、文化慈善等行为,增加新的文化投入渠道。同时,在城市反哺农村的基础上,鼓励农村学习城市,创办富有农村特色的文化产业和文化企业,形成较大的规模效应。在政策实施上,应将在农村文化产业产生的财政收入全部或大部用于农村文化建设的自身反哺,用于公共文化建设。借此,进一步扩大资金来源,逐步改变城乡文化发展不平衡状况,真正形成覆盖城乡、比较完备的公共文化服务体系。

6. 加强政府扶持力度,形成文化保护性开发的机制。由于民族传统文化旅游对传统文化资源的开发保护需要政府的大力扶持,包括政策扶持与财政投入。乘着国家西部开发和对口支援的春风,对新疆农村——特别是南疆四地州开发传统文化的项目应给予更多的政策倾斜,加大对它的扶持力度,把发展传统文化纳入本地经济和社会发展计划,实行积极的产业扶持政策,保证必要的财政投入。

7. 创新农村文化阵地建设的资金投入机制。第一,坚持"政府主导,多方支持"。要坚持以政府为主导,以乡镇为依托,以村为重点,以农户为对象,兴建或更新乡镇、村文化设施和文化活动场所,构建农村公共文化服务网络。应把农村文化建设纳入法制轨道,把农村文化阵地建设成果作为领导干部重要的政绩来考核,真正把保证农村文化建设和农村群众文化活动列入各级党委、政府的议事日程,确保乡镇文化服务中心的人员姓文、想文、谋文、干文;第二,是要坚持"典型引路、以点带面"。要使文化阵地建设同时遍地开花难以做到,必须在有财力条件、有工作基础、有工作积极性的乡、村、农户率先建立一批质量较高、坚持开展活动的宣传文化中心、文化活动室、文化中心户。以点带面,通过建成一批巩固一批,示范一批带动一批,逐步在新疆农村建立较为健全的网络阵地。

五、重视并加强文化发展中的法治建设

文化是个系统工程,提升文化软实力、讲好中国故事、发出中国声音,是社会主义核心价值观的体现,立法则是保障这一系统工程中的重要一环。立法即法的创制、法的创立、法的制定,是指一国的国家机关依照法定职权和程序,制定、修改、废止法律和其他规范性法律文件的活动。[①] 文化立法可以将党和政府关于文化工作的路线、方针、政策以法律的形式明确、完整地固定下来,使坚持先进文化前进方向成为全社会普遍的行为规范,并落实到文化建设的各个领域。要解决前述问题,就必须加快文化立法,依据法律管理和规范文化产品的创作生产、文化市场的公平交易、文化活动的健康进行和文化信息的有序

---

① 　葛洪义. 法理学[M]. 中国法制出版社. 2007 年版,第 149 页。

传播,进一步转变文化管理机制,着力推进文化管理向管理法制化的新型管理方式转变,为中华民族的伟大复兴创造和提供正能量。"十三五"是我国文化大发展大繁荣的关键时期,迫切要求加快文化立法步伐,迫切需要运用法律手段发展文化、管理文化,补齐"文化立法"这块短板。因此,从国家层面拟定一套统筹文化发展的基础性法律,构建完整的文化领域法律体系已刻不容缓、势在必行。而在国家文化法治框架下进行顶层设计和战略思考,加快新疆农村文化立法,细化文化法律规范的实施细则,加大依法进行文化管理的力度,不断完善文化法制法规,使新疆农村文化建设纳入法制的轨道,运用法治的力量禁止农村非法宗教活动,清除宗教极端主义对农民的不良影响,是新疆农村文化建设现实性推进的重要环节。

（一）明确农村文化立法的主要原则

十八大之后,党中央推行全面依法治国,文化的立法就被提到了重要的日程上来,坚持把弘扬社会主义核心价值观作为文化立法的主要原则,建立起传承、弘扬中华民族优秀传统文化的法律制度规范,这既是我们大力推进社会主义核心价值观建设、也是促进文化事业和文化产业发展的必然要求。文化要发展,一个不可或缺的重要保障就是重视并加强文化立法工作,提高文化建设法治化水平。文化立法的本质是建立良好的文化法律制度,在此基础上建立符合我国社会主义文化规律、特点和要求并行之有效的最高规范和准则,确保社会主义核心价值观在思想文化建设中的牢固地位,保障人民群众基本文化权益、促进文化产业繁荣发展,为保护、传承和弘扬中华民族优秀传统文化提供充分的法律支撑。在以信息技术、互联网技术为核心的科技、经济发展浪潮下,国家、民族的界限不断被打破。文化作为一个国家、民族的身份象征和价值体现,其本质属性日益凸显,冲突也日趋激烈。因此,文化立法的一项重要任务,就是在立法中坚持把弘扬社会主义核心价值观作为主要的立法原则,建立起传承、弘扬中华民族优秀传统文化的制度规范,采取多种立法途径、方式维护和保障国家文化安全,并为经济文化发展提供精神动力和智力支持。

作为新疆农村文化建设的重要组成部分,新疆农村公共文化服务承担着面向新疆广大农村群众传播社会主义核心价值观、提高其道德和文化素质的使命和功能。新疆农村同全国一样,实现"两个一百年"奋斗目标和中华民族伟大复兴的中国梦,就离不开社会主义核心价值观的深入人心,离不开各族群众文化素质的普遍提高,离不开文化的继承与开创能力的整体提升。公共文化服务设施是弘扬社会主义核心价值观、传承中华民族优秀文化、传播社会正能量的重要阵地和基础载体,绝对不能放弃和丢掉。特别是在新疆偏远乡村,公共文化设施不仅为广大群众提供文化服务,还承担着十分重要的反分裂、反宗教极端势力、反恐怖主义和团结人民的功能。因此,公共文化设施既要建好,也要管好用好,确保其发挥最大作用。而要加强新疆农村文化阵地建设,完成上述重任,确保社会主义先进文化在新疆农村的引导性和主导性,就必须进行文化立法。立法作为构建公共文化服务体系的制度工具,必然要承载公共文化服务体系的价值内涵。公共文化服务立法的主要原则作为基本准则贯穿于公共文化服务法律体系,对公共文化服务法律规范的制定和实施具有普遍的指导意义,其本身就是公共文化服务体系的纲领体现。因而,首先要强调通过法律规范引导公共文化服务活动,坚持以社会主义核心价值观为引领,始终代表社会主义先进文化的前进方向,不断积淀和塑造新疆农村社会的文化价值共识。

(二)突出农村文化立法的根本目的

保障公民基本文化权利是构建公共文化服务体系的出发点和价值基础。公共文化服务立法是以调整公共文化服务领域社会关系为目的创设相关法律规范的活动,是文化立法的重要内容,也是推进公共文化服务体系建设的重要保障。用立法保障新疆农村广大群众的文化权益,坚持公益性、基本性、均等性、便利性原则,公平、普惠地向群众提供公共文化服务,强调规定扶助边远贫困地区的公共文化服务,促进公共文化服务均衡协调发展,从而,把宪法规定的新疆农村群众文化权益具体化,落实到基层,让广大农村群众都能平等地享受基本公共文化服务,促使其增强抵御宗教极端主义蛊惑和煽动的自觉性,是文化立法的根本目的。

均衡发展是公共文化服务体系的基本特点,它强调通过法律规范和制度设计,保障地区间、城乡间、不同群体间的公民都能公平、平等地享有公共文化服务,实现其基本文化权益。这需要从公共文化服务的实施与保障、公民文化权利的保障和实现、政府公共文化职能的界定与约束等三大方面进行制度创设。要在国家制定的文化法律大框架下,规定自治区人民政府重点扶助边远地区开展基本公共文化服务,通过转移支付等方式,不断增加投入,根据当地实际情况,在人员流动量较大的公共场所和外来务工人员较为集中的区域,配备必要的设施,为公众提供公共文化服务,以保障未成年人、老年人、残疾人和流动人口等群体在内的广大群众的文化权利。同时,建立反映新疆农村群众文化需求的征询反馈制度和群众参与的公共文化服务考核评价制度,并将考核评价结果作为确定补贴或者奖励的依据,以构建现代化的公共文化服务治理体系,健全多元主体参与公共文化服务的长效机制,营造活力有序的公共文化环境。首先,规定公共文化设施管理单位应当根据评价结果改进工作,提高服务质量;其次,规定自治区推动农村公共文化设施根据其功能定位建立健全法人治理结构,吸收有关方面代表、专业人士和公众参与管理;再次,规定农村综合性文化服务中心应当加强资源整合,充分发挥统筹服务功能,切实改变公共文化条块分割的现状,加强综合统筹功能。这样,一方面,可以整合资源,发挥财政投入的最大效益,另一方面,也是非常关键的,就是通过多功能的公共文化服务供给,能够起到聚集效应,吸引更多群众参与和使用,了解国家最新政策,看书学习,听广播和看电影电视,聊天和组织活动,等等;最后,鼓励和支持公共文化服务和国民教育融合,充分发挥公共文化服务的社会教育功能,提高青少年思想道德和科学文化素质。习近平总书记一直强调要使博物馆的文物"活"起来,要充分发挥博物馆等公共文化设施在传承优秀中华文化中的功能作用。因此,法律要明确规定:各级政府应当加强面向在校学生的公共文化服务,支持学校开展适合在校学生特点的校园文化活动,促进德、智、体、美教育。通过法律制度建立起学校与公共文化服务之间的良性机制,鼓励支持学生们定期到博物馆等文化场所学习,使这些公共文化场所成为学生们的"第二课堂"和人文教育基地。

(三)着眼于农村文化立法整体框架的搭建

为了更好地建立文化法制体系,完善文化立法,须从整体角度考量。在立法次序上,坚持"先易后难",就现在能取得一定共识的内容,有重点地展开;在立法层次上,着眼"前疏后密",立足于未来法律制度完善,服务于具体部门法的制定,界定厘清基本理念、制度设计、框架思路等,为自治区农村公共文化事业发展奠定一个整体性法律框架设计,不追求面面俱到,而首先做好公共文化服务领域的框架搭建;在立法效用上,讲求"缓急并济",这些年文化管理领域的变革不断深化,特别是互联网颠覆了传统文化管理方式,我们急需要去探讨过去不可能涉及的新领域、新问题,特别是对于新兴文化领域的立法,并与当下农村文化管理需求结合在一起。可以借鉴国外和其他省区的成功先例,通过专门立法来加强对互联网的监管,强化虚拟社会信息内容传播管理、保护传播使用和所有者的权利。为此,需要整合现有新疆农村文化法律资源,梳理、总结、提炼多年来我区公共文化服务理论研究、实践探索和制度建设成果,使之上升为稳定性高、规制性强、程序严密的更高位阶的法律,这对理顺公共文化服务相关方面、相关要素的关系,使文化政策由分散走向系统并不断完善,建立公共文化服务的基本遵循,促进新疆农村公共文化服务有序化、规范化发展,具有重要意义。

（四）创制农村文化产业的促进性法律法规

在《中共中央关于制定国民经济和社会发展第十三个五年规划的建议》中,党和国家相关机构或部门重申,到2020年,要使文化产业成为国民经济支柱性产业。就目前而言,基于促进文化产业整体发展及其生态体系建设的系列突破性政策文件正在不断酝酿、出台,这也为自治区农村文化产业不断突破体制机制障碍、焕发新的生机活力提供了新的历史机遇。

健全的文化政策法规体系建设是促进文化繁荣发展的必要条件,也是维系文化传承和文化交流的重要保障。应当紧紧围绕中央关于深化文化体制改革决定的部署要求,结合新疆农村各地文化事业、文化产业和文化体制改革的发展实际,切实加强文化政策法规体系建设,为文化繁荣发展提供坚实的法律保障。随着社会快速发展,文化中多个领域产业化趋势明显,这就更需要有法律为其保驾护航,促进行业健康发展,特别是文化产品作为智力成果尤其需要注重版权保护。艺术创作作为内容生产方面,立法问题更为重要和迫切,应积极研究论证出台艺术创作的保障法或促进法,为艺术创作提供法制保障。新疆农村文化产业促进性的立法应建立在符合实际的调查研究之上,经与有关方面协商,积极而又审慎地推进。同时,加大对法律法规的贯彻落实,一方面出台相关法律的实施细则,另一方面,将对非遗、文物保护的力度纳入地方官员的考核体系,进一步将保护工作落到实处。

加强文化立法是深化文化体制改革的必然要求。在深入推进文化体制改革的进程中,有许多问题需要通过法律手段才能有效解决。要实现新疆农村文化体制改革的目标和要求,就必须充分发挥法律制度的保障、促进、规范作用,澄清模糊认识、规范文化行为,解放和发展文化生产力。在推进依法行政的进程中,文化法治领域同样需要积极调整,不符合法治要求的规范性文件应废止,规范文化领域的行政立法。政府是文化活动规则的执行者,清晰的规则是文化活动正常开展的基础。要进一步理顺管理体制,解决政出多门、职责不清的问题,形成统一、良性的文化管理秩序。① 首先应重点关注自治区农村文化产业发展中市场化经营机制的构建,注重构建符合市场规律的文化产业经营机制,并给予重点企业以政策倾斜,加大对优秀中小市场化文化企业的产业扶持与政策引导;其次应鼓励自治区农村的新型业态,促进文化产业新型业态发展及具有竞争力的市场主体培育,打造以创意产权化、文化产业化、产业集群化为核心的文化产业市场主体;再次应采取措施切实减轻自治区农村文化企业的税收负担,为中小文化企业的发展"提供一个宽松的政策土壤"②。

与促进文化产业发展的法律法规紧密相关的是文化市场监管问题。对此,现已有《新疆维吾尔自治区文化市场监管法》,还应当不断完善和加强落实。要进一步明晰正确的文化市场监管立法理念,即,服务型监管和有限监管的立法理念。应针对新情况、新问题不断修改、补充和完善立法内容,特别是建立健全对文化产品网上交易、网络文化传播、网络视听点播等方面的监管立法,并尽快制定一部实施细则,其中尤其要细化关于新疆农村文化市场的监管

---

① 朱兵. 以立法促进文化繁荣[A]. 人民网,2015 年 8 月 5 日。
② 李佩森. 2016 文化立法政策解读:文化立法势在必行[A]. 中国文化报,2014 年 3 月 14 日。

规定,以便将实践中行之有效的措施用立法的形式确立下来,形成由相关法律法规、部门规章和规范性文件构成的科学合理、层次分明、配套完善的文化市场监管立法体系。这一方面对新疆农村群众的文化权利保护加以明确和规范,另一方面对于宣扬宗教极端主义、民族分裂主义和暴力恐怖主义的文化产品进行严查,禁止其以任何形式及任何渠道进行传播,从而,促进新疆农村文化市场监管工作的规范化和法治化。

（五）加强农村传统文化资源保护性开发法规的落实

新疆的少数民族人口大部分住在农村。以维吾尔族为例,总人口10069346 人,其中,乡村人口 7816127 人,乡村人口占比约为 78%。再如,哈萨克族总人口为1462588 人,其中,乡村人口 1124883 人,占比约为 77%,柯尔克孜族总人口为186708 人,其中,乡村人口 151181 人,占比约为 81%。①（乡村人口指县的全部人口,不含镇②）新疆农村少数民族人口众多,因而可以说,新疆农村传统文化资源的保护性开发的立法,在很大程度上就是新疆少数民族传统文化资源保护性开发的立法。我们应当深刻认识"尊重多元、保护平等、包容差异、促进一体"的少数民族文化保护和发展思路,以此作为少数民族文化立法的宗旨,以国家强制力保障的手段,以法律权利、法律义务的方法,增强自治区共同保护、发掘新疆少数民族文化资源的法治意识和法律观念。

在农村传统文化资源保护的立法方面,新疆已有《新疆维吾尔自治区非物质文化遗产保护条例》、《新疆维吾尔自治区维吾尔木卡姆艺术保护条例》、《自治区历史文化名城街区和历史建筑保护条例(修正案草案修改稿)》等法规。然而,面对城镇化的快速推进,应当进一步加大法律法规的完善和执行落实。首先,完善少数民族传统文化保护立法,树立物质文化和非物质文化相统一的文化生态整体性立法保护的观念,制定并完善传统文化保护专门法律法规,尽快制定《非物质文化遗产法实施条例》、《文化生态保护区管理条例》等法规,并不断完善已有相关法律法规的内容,加强民族自治地方的单行条例的制定,注重各少数民族传统文化的特殊性,自治区相关部门应做好民族自治地方立法

①　中国民族统计年鉴 2014[M]. 中国统计出版社 2015 年版,第 799 页。
②　中国民族统计年鉴 2014[M]. 中国统计出版社 2015 年版,第 261 页。

规划和安排,使各民族、各地方均有相应的单行条例保护民族传统文化,既保护文化载体,又保护文化传承人;其次,应进一步完善自治区地方立法,立足文化资源有序、科学、高水准开发,促进新疆农村经济发展,一方面大力借鉴中东部地区的文化产业发展,通过"引进、模仿、学习"获取后发利益,另一方面秉承"有序"、"科学"的原则,处理好文化的原生态保护与文化创新的关系、保护文化资源开发与当地经济发展特别是大规模集中扶贫开发的关系,在中央层面立法的专项立法与配套立法的基础上,加强自治区相关文化保护立法,提升立法的技术品级与法条款项的"微操作能力"①。

六、完善提升文化后续建设和服务质量

文化产品服务的后续跟进及服务质量的提升,是新疆农村文化建设工作落到实处的具体体现。它直接关系到新疆农村文化建设推进的程度和效果。具体包括文化基础设施的后续建设、文化产品服务提供质量的提升、文化体制机制的完善、农村传统文化资源的保护开发等。

（一）加强农村文化基础设施后续的建设

在实地调研访谈时,有人谈到,党和国家出台政策的目的就是要让人民群众知道,以便于我们的管理和经济建设,然而,这些政策大多只在单一渠道传递,国务院的文件到省政府,省政府的文件到市政府,市政府的文件到县政府,县政府的文件到乡政府,老百姓很难全面详细地了解政府的决策内容。除了法律、国家行政规章和地方性法规、政府规章在个别报刊上全文公布外,其他的决策和政令虽然也被新闻媒体报道,往往只是笼统概括,并且报纸也不便于保存。虽然互联网上也有一些政府网站,但大多网上的内容也不太全面,况且在广大的农村,计算机的应用并不十分普及,订阅报刊的人也较少。我们党和国家提倡什么,禁止什么,只要不是涉及保密内容都应该让群众知道,只有群众全面了解党和国家的决策,我们的各项政策才能得到全面的贯彻和实施。这就要求农村基层干部应加强政策宣传,利用多种形式,多种渠道,面向基层,

---

① 王波. 文化强国战略与加强少数民族文化立法问题研究[J]. 中共四川省委省级机关党校学报,2012.6.

面向老百姓,长期不懈地做好政策宣传工作。在此基础上,成立"政策咨询中心"或类似机构,建立"政策数据库",对老百姓公开开放,免费为他们提供咨询,使之无论在任何一个地方都能及时了解党和国家的决策和政令,包括文化基础设施建设的政策法规。

继续增加乡村文化基础设施的数量,针对乡村群众建立文化广场的呼吁,尽快出台相关政策,使每一个村都拥有一个文化广场。在数量增加的同时,更要重视已有文化基础设施的后续建设,拓宽财力、物力、人力来源渠道,使乡村尤其是偏远村级文化场馆的管理进一步规范化,更充分地发挥其功能。

(二)提高农村文化产品服务供给的质量

"十三五"时期,我国对农村图书室出版物的提供力度进一步加大。2015年国家有关加快构建公共文化服务体系的意见中指出,要推进"三农"出版物出版发行和完善农家书屋出版物补充更新工作,并强调,继续实施少数民族新闻出版"东风工程",加强少数民族文字及双语出版物的出版发行和民语文艺作品的创作。上述工作的有效性前提和根本性标志,是满足农村群众的精神文化需要。农村文化室读物的提供主体应加强学习、提高认识,认真落实中央和各地方政府的有关政策,切实完善和改进农村读物的提供方式。

强化满足农村群众精神文化需要的理念。农村文化室读物的提供,要立足于群众的需要,以建立村级文化阵地为重点,倡导、启发、感染基层农村群众在享受健康娱乐的文化服务中,形成与我国社会核心价值观相一致的思想观念,为满足群众需要,通过多种途径,采取各项措施,创新服务方式。实行定点服务与流动服务相结合,鼓励具备条件的城市图书馆采用通借通还等服务方式,促使读物向社区和农村延伸。采用政府购买、补贴等方式,向基层、低收入等群众提供免费文化服务。

完善农村文化室读物提供的机制。做好系统性建设规划,按照中央和各地政府的相关文件精神和要求,吸收借鉴先进经验,努力将乡镇文化站和村文化室建成文体服务中心,以满足基层群众对环境好、设施好、多功能的文化活动场所的需要,解决群众反映文化室阅读条件差的问题。实现农村读物提供服务的全覆盖。鉴于边疆民族地区的特殊情况,在"十三五"东风工程规划和农家书屋工程后续建设中,积极向国家和自治区申请,将全区农林牧场、自然村、边境线居住点纳入"两个工程"赠阅出版物覆盖范围,进一步加强农村文化室的建设,巩固基层文化阵地,让各族群众得到更多的文化实惠、共享文化发展成果。完善农家书屋配套保障机制。进一步建立乡村文化站(室)及书屋管理员有偿服务制度、书屋日常管理维护经费由财政按标准拨付的经费保障体制等,从根本上解决书屋日常管理难、运行维护难、作用发挥不明显的问题;建立读物更新保障机制。可建立由新闻出版行政部门负责、财政经费负担的读物保障机制,每年按存量比例进行更新,保证书屋常办常新,满足农村群众的多样化阅读需求。同时,进一步加强农家书屋管理工作,特别是要注重细节,如图书、音像制品的分类编目造册、公示书屋开放时间,消防设备的配备等问题。

创新农村文化机构读物提供的方式。以实施文化共享工程为主导,积极探索和创新农村文化机构读物提供的方式,遵循亲民、便民、利民的原则,运用多种方式,着力在服务平台和载体上求突破,不断改进服务手段,提高服务水平。创新农村读物配送和宣传方式。根据"两个工程"资金额度、实施方式,科学定位赠阅读物目的、作用,按照赠阅项目公益性、基本性、普惠性原则,以满足各族群众基本文化需要和大多数人阅读需求为主,兼顾多样性、差异性、特殊性需求,对赠阅配送方式做出相应调整和改进,根据城镇、乡村阅读人群特点,制定不同的配送方案,适应不同的阅读需求。同时,结合实际,着眼发展,分步推进新型阅读方式。要采取多种手段,加强宣传引导,让各族群众知道"两个工程"赠阅读物有什么。地、县两级要通过电视、广播等媒体组织经常性宣传报道,乡镇和村可通过大喇叭、宣传栏介绍"两个工程"赠阅读物项目、内容,保证群众的知情权和知晓率。乡镇和村要主动作为,注意发挥管理员的作用,适时组织一些读书活动,让管理员和群众谈一谈读书心得,更好地促进和带动群众阅读。通过宣传引导和主题活动,营造良好的阅读氛围,把农村群众吸引到文化站(室)和书屋读书。改进基层农村文化机构管理者的管理方式。管理者应当重视倾听各族群众精神诉求,将自己与普通群众放在平等的位置上,把群众当朋友一样看待,多倾听群众的心声,多为群众着想,积极探究思考东风工程、农家书屋所赠书刊及其所购买纸质版的图书在多大程度上适合农村的需要问题,加强管理者与普通百姓对话交流机制建设,在形式和内容上,注重实效性,不断优化乡村公共文化服务建设的治理方式,以便有效地提高广大农村群众的科学知识和道德素质。

(三)深化农村文化建设和发展的体制改革

为了大力生产、创造并为新疆农村各族群众提供积极、健康的精神文化产品,满足群众日益高涨的精神文化需要,填充其精神文化世界,占领新疆农村思想文化阵地,一方面,要重视对农村各族群众在公共文化建设中的参与度、满意度调研,了解当前基层农村公共文化服务供给工作的优势与不足,以便不断改进;另一方面,要重视农村基层各族群众的基本公共文化需求,改革现行的公共文化供给机制与体制,建立健全农村群众基本文化诉求的表达机制,使之更多地参与到公共文化服务供给的决策、考核和监督中来,以便提供更加有效的公共文化服务。

在当代社会中,企业是推动区域经济社会发展的主体力量,也是推动文化产业开发与保护的重要力量。区域之间的文化企业联合协作构成了区域合作的主要内容。因此,企业参与区域合作的能动性是决定区域文化合作成败的关键因子。具体而言,要形成文化企业的跨区域协作联合的动力机制,包括:分工协作,提高企业竞争力;拓宽市场,增强企业实力;强化经营,提高企业综合素质,等。目前自治区与内地省区相比,文化产业总量规模偏小,差距很大。文化产业发展、缺少龙头骨干文化企业,投融资支持体系滞后,文化产业配套政策不完善。以上问题在农村更甚。对此,首先可建立由自治区党委宣传部牵头,由文化、广播电影电视、新闻出版、版权等相关部门参与的"文化产业发展联席会议制度",共同制定包括农村在内的新疆文化产业发展规划,组织、协调和解决文化产业发展中的重大问题;其次,加强与周边地区和国家的文化交流与合作,发挥新疆文化的区位优势,并在加强政策扶持、政府引导的基础上,加快建立新疆农村多元化的文化产业投融资机制。把农村文化产业重点建设项目纳入新疆重点项目优先扶持,引导金融机构加大对发展前景好的文化企业和单位的支持力度,有效解决文化机构国有资产抵押问题,积极开展文化产业的各种相关保险服务。①

（四）加大农村传统特色文化资源的保护性开发力度

新疆农村是新疆传统文化富集之地，传统文化是新疆农村文化产业发展的独特优势条件，加大传统特色文化资源的开发能够形成发展新疆农村文化产业的潜在增长点。本课题组调研发现，在新疆的许多农村，人们对于传统的、富有民族地域特色的文化活动有着浓厚的兴趣，强烈要求政府多举办这样的文化活动，认为，年纪大的老人应该把这些传统技艺传给有天赋的年轻人，政府也应该多举办这些传统文化活动，千万别丢了。所有调研访谈对象，不论男女老少，也不论什么职业，绝大多数都希望将传统文化传承发扬下去。因而，新疆农村公共文化服务体系的进一步完备，应当将开发利用这些传统文化资源并融入当下农村文化活动之中作为最重要的内容或项目之一，这既能实现传统文化资源的公共服务式保护，也可使之转化为农村公共性文化活动领域中的一部分。例如，南疆四地州发展文化产业具有不可比拟的地缘优势。丝绸之路以及沙漠绿洲、高原文化把南疆四地州的传统文化资源连成一片，有望打造出文化发展的产业链。为此，要坚持以保护为重的传统文化开发。南疆四地州的各个民族在长期的发展过程中，形成了各具特色的民族传统文化。同时，应该认识到，人类文化总是处在发展、创新的态势，完全封闭、静止的文化是不存在的，开发和保护传统文化资源应该不是绝对对立的。要想保护优秀传统文化，就必须合理地开发传统文化资源，实现其社会效益和经济效益。

形成多元盈利模式。盈利模式是商业机构产出利润的过程与方法，根据利润来源、生成过程和产出方式的多种方式和手段，形成多元盈利模式。例如影视旅游，业内人士指出，影视旅游是旅游发展到一定阶段与影视产业相结合的产物，要走出影视城目前无法盈利的困境，必须要有完整的产业链，形成多元盈利模式。影视基地建设前景非常广阔，潜力十分巨大。但从当前新疆影视基地面临的问题来看，不排除受经济欠发达、地域偏远等客观条件所限而导致的困境。同时，企业的经营理念也很重要，发展文化产业要本着"因地制宜，

---

① 《民盟新疆区委会建议建"文化产业发展联席会议制度"》，手机看新闻，2012 年 1 月 12 日。

量力而行"的原则,不能盲目发展。当前新疆影视基地建设需要科学论证,切忌一哄而上。在此基础上,应形成多元赢利模式。2012 年 2 月,针对七剑影视城今后的发展,相关部门、机构已将之纳入到乌鲁木齐米东区的旅游区总体规划当中,铁厂沟镇政府也制定了《峡门子旅游区总体规划》,未来的七剑影视城将作为影视文化与田园休闲度假区。按照 2011 年出台的《峡门子旅游区总体规划》,七剑影视城已有了明确的发展目标,今后这将是峡门子旅游区的重要功能之一。这就是说,虽然七剑影视城遭遇了管理与资金的难题,但自治区及当地管理者大力发展文化产业的思路不会变,而且未来的七剑影视城将要走的是多元盈利的发展模式,即,未来的功能定位是以影视文化为主,集休闲观光、避暑住宿、餐饮、娱乐、健身为一体,规模大、服务设施全、活动项目多,有望打造为新疆有影响力的影视拍摄基地和影视文化体验休闲度假基地;影视城内很多已破败的景点设施,将来都会进行相应的重建、修复和定期维护等;同时,还会搜集、整理和展示与《七剑》影视相关的图片和资料,培养当地村民、游客参与演绎《七剑》的经典片段,必要时将邀请相关影片中的演员重回拍摄地与游客互动。通过一系列项目的开发,保护相关的影视文化、原生植被及旅游环境。当然,为了七剑影视城的发展壮大,还必须完善周边吃、住、行等相应的基础设施,方便游客的到来与出行。为此,政府将对景区的道路进行硬化和亮化,逐步完善相关的基础设施。而且今后从市中心城区到影视城,开车只需 15分钟。这样才能真正留住游客、吸引游客。当年已有商家前来洽谈投资合作或并购意向。① 当然,这仅仅是开始,要真正形成多元盈利模式,需要具备资金、人才、设施等各方面条件,更需要文化体制机制的深化改革,同时保证安全、有序的社会环境。南疆四地州可以打造丝路绿洲文化,对于丝绸之路的开发,形式有很多种。首先,可以利用古遗址的选址、造型、建筑风格及审美实用等特点,充分满足游客寻奇猎古的心理需求,还可以使游客获得古城址建筑方面的知识。同时充分挖掘资源,辅之以艺术的夸张手法和生动细腻的故事情节,给古遗址增添异样的色彩和神秘的氛围;其次,可以搭建一个丝绸之路展览馆,全景展现丝绸之路中、南道的全貌。每一个展厅就是一个丝路绿洲古

---

① 《七剑影视城由繁华变"荒滩"》,新疆都市报 – 新疆天山网 2012 年 3 月 1 日。

城,展现当年生活在这里的人们,包括其人种、民族、服饰、生活、劳动、贸易等场景,让游客时空穿梭,感受千年沧桑和中西交流的成果,比如,丝绸、茶叶、瓷器、布匹、农产品以及文书和佛经等;再次,以讲故事的形式活化丝绸之路上的重大历史事件和重要历史人物,以艺术秀增强感染力。丝绸之路源远流长,有关的历史人物、民间传说、民俗风情丰富多彩。要开发利用历史文化资源,就要讲好这些故事,活化这些资源。比如马可·波罗、法显、玄奘、鸠摩罗什、班超、香妃等等。并且可以依托这些资源策划文艺演出,不仅在当地演,还可以到外地巡演,既扩大市场,也可以通过巡演增强吸引力;最后,运用创意的理念开发当地特色的丝绸之路旅游产品。旅游产品不在多,而在巧,既要凸显主题,又有当地民族风情,还具有实用性。无论是对游客还是当地群众,都是互惠的事情,即,游客增长了知识、感受了当地的文化、满足了自身的文化需求,而当地群众通过直接或间接参与,也会受到文化熏陶、提高自身素质并增加收入。还可以打造沙漠、高原文化,对于沙漠、高原文化的打造,形式也有很多种。由于气候等的原因,沙漠的面积不断扩大,历史上曾经辉煌一时的古城址都掩埋在沙漠腹地了,包括汉代神秘的楼兰古城、尼雅遗址,唐代的古戍堡等。我们可以利用这些遗址,策划沙漠探险活动。"死亡之海"并非一片荒凉,塔克拉玛干沙漠边缘顽强地生长着胡杨、怪柳、灌丛、骆驼刺和芦苇,在河谷灌木丛中栖居着许多飞禽走兽,有马鹿、野猪、野马、羚羊,野兔,还有许多鸟类。利用这些资源可以策划沙漠游览、娱乐和美食项目,让游客在游览美景的同时可以参与体验当地的传统娱乐项目,包括沙滩赛车、沙滩球类、沙浴场等活动,之后,还可以品尝当地的农家乐(牧家乐)。同样,对于高原项目也可以进行类似打造,诸如高原狩猎场、高原温泉等。此外,还可以利用文化元素,打造文化产业区,包括民俗文化旅游业、民俗艺术文化业、民俗工艺品制造业、民族服饰产业、民俗餐饮业,等;还可以利用农村乡土文化,打造特色文化产业点,包括农家乐(牧家乐)形式、观光农业产业、展览农业,等等。

（五）不断提升文化资源开发与保护的科学化水平

必须进行科学合理规划。对新疆农村文化资源的开发与保护,首先,必须从保护生态环境着眼。新疆农村的生态环境总体来说比较脆弱,土地沙化比较严重,在开发文化资源的同时必须要确保生态环境的保护和改善,建立脆弱荒漠生态的保护地,生物多样性保护及流域水土、水盐平衡生态建设区,在保护中开发,在开发中保护;其次,必须进行合理布局,以有效防止优秀传统文化资源开发中低档次重复建设的盲目行为、粗制滥造的短期行为;再次,必须制定相关政策。对于传统文化的保护,虽然出台了一些规章条款,但在保护、传承及开发等实际工作中仍然缺乏充分法律依据,法律规范、法律责任、法律义务等都不十分清楚。必须针对新疆农村实际情况制定相关政策细则,确保在文化资源开发中做到有法可依。

要积极推动现代高科技手段的发展及其运用。创新公共文化服务的方式,切实提高公共文化服务能力,把新的科技手段引入到传统文化领域是很重要的方面。现代高科技在很大程度上还没有被引进新疆农村的文化创意产业中来,这也在很大程度上阻碍着新疆农村文化产业的发展。因此,对新疆农村文化产业发展而言,也必须积极运用新的科技手段去为新疆传统文化资源的开发服务,为新疆农村文化创意产业的起步做好充分准备。

七、着力提高文化人才队伍的能力及水平

充分认识宣传文化人才队伍建设的重要意义,牢固树立和坚持"人才资源是第一资源、人才储备是第一储备、人才工作是第一工作"的理念,始终明确,培养人才并打造一支高素质的文化服务队伍,同创建场馆、投建项目等一样,都是为新疆广大农村群众服务的,是为了新疆广袤的农村形成文明乡风,是为了努力满足新疆广大农村群众多层次多方面精神文化需求。

(一)加强乡(镇)村专业性文化队伍建设

要建立相对稳定的管理员队伍。第一,根据国家和自治区相关会议精神和条例,实行村级文化室和书屋管理员有偿服务,落实行政村(社区)文化室管理员和建在农户家的书屋管理员报酬,吸引群众积极投身管理工作,在实行管理员有偿服务的基础上,采取村选拔、乡考察、县审批的办法,建立管理人员申请审批制度,解决好管理员更换频繁、工作连续性差的问题。乡镇、村要注意在退休干部、教师以及有文化的热心人士中选用管理员;第二,要实施奖惩激

励机制。结合年度考核工作,每年评选表彰一批示范文化室(书屋)和优秀管理员,把管理员报酬与考评工作结合起来,奖优罚劣,对工作出色、群众满意的管理员要给予适当物质奖励,对工作不尽心、群众不满意的管理员要及时更换,不断强化管理人员的责任心和荣誉感,以激励和约束管理人员管好用好文化(图书)室读物,确保文化室和书屋能够真正发挥作用;地、县两级要规范乡镇、村级文化室和书屋的建设管理工作,建立和完善基本的管理制度、信息资料,保证文化室和书屋账物清楚、管有依据。各级行政主管部门要加大检查指导力度,每年组织一次考核验收,通过专业、系统的督查考核,促进管理水平和服务能力不断提升。

(二)积极吸纳高学历、高素质及高层次人才

要积极探索人才培养、引进机制,改变等、靠、要和干多干少都一样的思想,充分调动创作人员的积极性,创造出好作品、精品,试行艺术团体人事制度的改革,逐步推开全员招聘,并退下一批年龄较大且不能胜任文化宣传工作的人员,以便让新鲜的血液补充进来,让有能力的人才在竞争中突显出来。要实现新疆农村文化大建设、大发展,就必须积极吸纳高素质、高层次人才,尤其是注重发挥返乡毕业大学生特别是文科大学生的作用,尽量将他们吸纳到基础文化建设队伍中来。可考虑先解决其生活经费、再采用新的机制以聘用及合同等方式使其生活得到保障同时又能学有所用。

(三)充分发挥群众及社会各方面力量的作用

除了发挥政府机构专职人员的作用外,还要重视和发挥群众及社会各方力量的作用:第一,发挥农村群众积极性、主动性,提高群众素质,建议组织"农民考察团"赴东部发达地区特别是其农村学习考察,学习和感受我国东部发达地区农村经济发展及其文化建设成绩,便于其吸收或引进成功经验。农村群众是农村文化发展的主体,考察团应该以农村文化积极活跃分子为主,包括农村文化中心户和基层文化工作者。考察团人数应该注重规模效应。同时,鼓励发展农家文化大院、文化中心户、民间业余剧团等各种形式的农村群众自办文化,培养和树立一批示范典型。不断丰富活动内容,抓好农村文艺题材作品的创作,举办农村文艺调演,充实活动内涵;第二,要发动社会其他各界力量,

支持民办公益性文化机构的发展,鼓励民间开办博物馆、图书馆等,积极引导社会力量提供公共文化服务。加强政府相关部门与社会各界力量的联合,不仅由政府行政管理人员参与,而且企业、各种社团、当地居民以及科研院所的专家学者等都应当参与,作为一项社会的公共事业来做。政府有关部门提出整体措施、出台具体办法,利于各方参与,使之形成合力。开展对群众自办文化的调研,逐步形成支持社会力量办文化的机制和政策;第三,要发挥哲学社会科学工作者的作用。以当代开阔的社会文化视野,吸收文化人类学等学科的最新成果。同时,必须重视哲学社会科学工作者的作用,促使社会产生一批富有公共精神、具有强烈社会责任感、以热切关注新疆农村为情怀的哲学社会科学工作者,一批拥有"以天下为己任"的胸襟、深怀关于话语体系之构建的浓厚情结并有着深沉思考的哲学社会科学工作者,一批既坚持当代文化建设与发展的科学研究、又善于洞察新疆农村社会之现实、并能够为之提供新疆农村文化建设发展理论指导的哲学社会科学工作者。总之,应当正确引导和充分发挥哲学社会科学工作者对于新疆农村群众的正面引导及影响作用,善于激发他们自觉投身于当下新疆农村文化建设的探究热情,使之为新疆农村社会公共性文化的构建、为新疆农村公共文化服务的内涵式发展提出富有建设性的对策或建议。

(四)加大农村基层各级各类文化人才的培养力度

《国务院关于进一步繁荣发展少数民族文化事业的若干意见》关于完善少数民族文化事业发展的体制机制中提出:"努力造就一支数量充足、素质较高的少数民族文化工作者队伍,营造有利于优秀人才脱颖而出的体制机制和社会环境,着力培养一大批艺术拔尖人才、经营管理人才、专业技术人才。积极保护和扶持少数民族优秀民间艺人和濒危文化项目传承人,对于为传承非物质文化遗产做出突出贡献的传承人,按照国家有关规定给予表彰。支持高等院校和科研机构参与抢救濒危文化,推动相关学科建设,培养濒危文化传承人。"做好基层农村公共文化服务工作,队伍是基础,人才是关键。应该说,新疆农村基层的公共文化服务承担着重要的反分裂、反渗透任务。调研发现,基层的公共文化服务场馆大都有专职工作人员,只有极少数没有专职人员,然而,许多专职工作人员缺乏应有的文化服务意识与能力,加之基层公共文化服务人员的待遇偏低,极大地制约了他们服务群众的意识与热情,而且也直接导致了少数民族文化艺术专业的人才缺乏,体现本土特色及民族文化特征的少数民族文化艺术作品匮乏,高质量的作品极少。文化机构还缺乏活力,创新能力、服务意识以及竞争力不强,不能产生充分的积极效应。因此,保证基层农村公共文化服务机构人员编制及待遇,吸引并培养一批优秀的文化人才是完善健全新疆农村公共文化服务体系的重要内容。

为此,要特别注意加大对基层农村少数民族文化带头人的培养力度。《国务院关于进一步繁荣发展少数民族文化事业的若干意见》关于繁荣发展少数民族文化事业的政策措施中提出,要"尊重群众首创精神,发挥各族群众在文化建设中的主体作用,努力探索保护和传承少数民族优秀传统文化的有效途径。"基于农村公共文化服务供给的现状,新疆维吾尔自治区党委和政府已经认识到这个问题的重要性,所以从2012年开始,新疆维吾尔自治区党委宣传部、文化厅决定在新疆开展"文化家园万村千乡文化带头人"选拔培育工作。采取乡镇、县、地州和自治区文化馆逐级选拔的方式,从每村各类文化能人、民间艺人或文化积极骨干分子中,选拔一批懂政策、懂文化、有特长、会组织的文化带头人,成为基层传播党的方针政策的排头兵。南疆各地州市、乡村,广大社区居民、农民,形式和题材不限,自创自编民族歌舞、阿肯弹唱、情景剧、农民画和书法绘画作品等各类作品,踊跃参与各种文化艺术竞赛,掀起一个"学习贯彻十九大精神"的文化建设新高潮。因此,重视基层文化带头人的培养与孵化,当是新疆基层公共文化服务发展繁荣的重要举措。

(五)激发人们做大做强新疆农村文化品牌的积极性

文化创意人才是文化产业发展的首要条件,只有尽可能激发、调动人们投身于新疆农村文化产业的积极性,并致力于做大做强新疆农村文化品牌,才能促进其大发展。新疆农村潜藏着异常丰富的传统文化资源,但需要大力挖掘、开发和利用。这首先又需要文化创意产业人才,因而,要发挥公共文化服务的功能,政府要有所作为,就必须要创造良好社会环境以激发大批人才积极投身于新疆农村的创意开发事业中来。

1. 加强人才队伍的建设或培养,为文化繁荣发展提供人才支撑。推动新疆农村文化发展,人才是关键。加快人才培养和引进,优化人才队伍结构,改进人才管理制度,逐步形成产业分布均衡、整体素质优良的文化产业人才群体。在这个建设过程中,要关注基层文化人才的培养,鼓励优秀文化人才到基层去,并给予激励保障制度,在今后的职称评定中给予适当的优惠政策。

2. 加大对引进文化产业的人才投入。引进相关人才,为传统文化资源的开发和保护注入新鲜血液,培训当地从事文化活动的员工,通过当前最先进的文化理念和文化发展模式,提高他们的专业水平。当然无论是哪一方面的投入,其中,资金投入是前提,政策倾斜是保障。随着国家西部大开发的深入,随着"一带一路"倡议的实施,国家对新疆的投入连年增加,尤其是南疆四地州。在新一轮的援疆工作中,对口支援南疆四地州的均是当前中国经济发展最快的东部沿海省份和地区,包括北京、上海、广东、深圳、山东等省、直辖市,它们不仅带来了资金和技术,还带来了新的发展理念和模式,这将对南疆四地州经济社会的长远发展带来持续性的深刻影响。

3. 培养相关的专门人才,确保文化开发与保护的持续发展。就目前新疆农村文化开发与保护而言,各层次管理和营销人才普遍缺乏,民族传统文化旅游商品开发人员少,旅游从业人员普遍素质参差不齐,部分导游人员知识素质不全面,难以满足游客对旅游景点知识了解的需要。这些都不利于新疆农村传统文化的持续、快速、健康发展。对此,应着重培养文化保护、文化旅游、文化产业,尤其是文化创意产业方面的人才。首先引进国内外优秀人才,开拓市场,开发旅游产品;其次,加强现有人员的培训,通过脱产、在职等方式委派人员到国内相关院校,接受旅游学、民族学、民俗学等相关课程的学习,提高其理论水平,为当地旅游文化价值的开发创造条件。同时还可以邀请国内外专家对相关人员进行专业技能培训,对人员的管理技能、专业技巧、文化素养进行培训和指导,帮助他们理解民族传统文化旅游的文化内涵;再次,选拔一些旅游专业院校的优秀学生,通过短期的旅游服务技能培训之后直接上岗,使他们充分发挥所学专业的专长,对文化保护和开发方面做出更大的贡献。

4. 应依据各县、乡(镇)、村实际,激励人们打造各有特色的文化品牌。如昌吉州各县乡分别打造回族花儿、新疆曲子、民族歌舞、天池文化、北庭文化、碧玉文化等。同时，提倡和鼓励创意生产，实现传统与现代的对接，为产业长远发展所需的深厚文化内涵积淀提供必要的接入点，通过发展文化产业，营造社会主义文明、和谐的文化环境，并为培养新型农牧民奠定客观基础。

5. 应注意引导农村群众积极发挥文化开发过程中的主体参与作用。农村传统文化的变迁虽然受社会经济等众多因素的影响，但其中最关键的因素是当地群众，因为群众是当地传统文化最重要的传承者。在传统文化的开发与保护中，营造社会主义先进文化的氛围，创造性地开发传统文化的项目，积极倡导群众为文化活动建言献策，引导群众转变观念，主动适应、参与农村文化的建设发展实践。只有提高群众的参与性才可以使我们的传统文化活起来，同时传统文化的开发也为培养新型农牧民提供了有利的环境和场所。

6. 充分发挥高素质人才的积极性。应当把毕业返乡、回村的大学生作为新疆农村公共文化建设、文化产业发展的宝贵人才资源。鉴于当下返乡、回村大学毕业生的就业困难，政府一方面要帮助他们转变观念，引导他们树立正确的就业观，即应当立足于改变观念、自主创业，立志创造新疆农村品牌，另一方面，不断扩大和强化公共文化服务的功能范围，将农村文化资源的开发、特色品牌的创立等纳入到公共文化建设的范畴之中，建立健全农村文化创意产业发展的制度或机制，为农村文化特色品牌的创造提供有利的政策和制度环境，培育一个成熟的文化市场，进而形成文化软实力，以激发返乡、回村大学毕业生以及其他高知识、高素质人才投身于新疆农村文化品牌的创造，推动文化产业逐渐成为新疆农村经济新的增长点，并使之真正成为新疆社会主义新农村建设的一个支柱性产业。

参考文献

一、著作类

1. 马克思恩格斯文集(第9卷)[M].北京:人民出版社,2009年版

2. 肖前主编,黄楠森 陈晏清副主编.马克思主义哲学原理[M].北京:中国人民大学出版社,1998年10月第2版

3. 庞元正主编.当代中国科学发展观[M].北京:中共中央党校出版社,2004年2月第1版

4. 鲍宗豪、张华金等著.科学发展观论纲[M].上海:华东师范大学出版社,2004年9月第1版

5. 章建刚著.制度创新推动文化发展繁荣[C].昆明:云南大学出版社,2013年9月第1版

6. 李儒忠著.双语教育十论[M].乌鲁木齐:新疆人民出版社,2012年9月第1版

7. 吴理财,李世敏,张良,胡海鹏.我国农村公共文化服务的内涵与特征研究[J].吴理财等.当代中国农民文化生活调查[M].北京:知识产权出版社,2011年1月第1版

8. 曹爱军 杨平.公共文化服务的理论与实践[M].北京:科学出版社,2011年4月第1版

9. 慕群高等.基于文化视角的南疆三地州新型农民培养[M].北京:中国

农业出版社,2012年2月第1版

10. 中国新疆事实与数字2012[M].北京:五湖传播出版社,2012年6月第1版

11. 李军鹏.公共服务型政府建设指南[M].北京:中央党史出版社,2006年第1版

12. 龙兴海 曾伏秋.农村公共文化服务研究[M].湖南:湖南人民出版社,2009年版

13. 张可让.马克思主义与新疆实践[M].新疆人民出版社,2014年版

14. 张秀明.新疆反分裂斗争和稳定工作的实践与思考[M].乌鲁木齐:新疆人民出版社,2009年版

15. 周晓阳 张多来.现代文化哲学[M].湖南:湖南大学出版社,2004年版

16. 萧俊明.文化转向的由来[M].北京:社会科学文献出版社,2004年版

17. 王逢振等.消费文化读本[C].中国社会科学出版社,2003年版

18. 葛洪义.法理学[M].北京:中国法制出版社,2007年版

19. [美]阿图罗·埃斯科瓦尔.遭遇发展——第三世界的形成与瓦解[M].汪淳玉 吴惠芳 潘璐译.叶敬忠译校.北京:社会科学文献出版社,2011年7月第1版

20. [加]保罗·谢弗著.经济革命还是文化复兴[M].高广卿 陈炜译,北京:社会科学文献出版社,2006年9月第1版

21. [美]罗伯特·L·海尔布罗纳 威廉·米尔博格著.经济社会的起源[M].李陈华 许敏兰译.上海:格致出版社 上海三联书店 上海人民出版社,2012年6月第1版

22. [匈]卡尔·波兰尼著.巨变——当代政治与经济的起源[M].黄树民译,北京:社会科学文献出版社,2013年1月第1版

23. [德]彼得·科斯洛夫斯基著.后现代文化——技术发展的社会文化后果[M].毛怡红译,姚燕校,柴方国审校,北京:中央编译出版社,2011年版

24. [德]尤尔根·哈贝马斯. 哈贝马斯精粹[M]. 曹卫东选译. 江苏:南京大学出版社,2009年版

25. [美]莱斯利·A·怀特著. 文化科学——人和文明的研究[M]. 曹锦清等译,浙江:浙江人民出版社,1988年版

26. [加]埃里克·麦克卢汉 弗兰克·秦格龙. 麦克卢汉精粹[M]. 江苏:南京大学出版社,2000年版

27. [美]戴安娜·克兰. 文化生产:媒体与都市艺术[M]. 赵国新译. 江苏:译林出版社,2001年版

28. [法]罗兰.巴尔特. 符号学原理[M]. 李幼蒸译. 北京:中国人民大学出版社,2008年版

29. [英]马克·J·史密斯. 文化——再造社会科学[M]. 张美川译. 吉林:吉林人民出版社,2005年版

30. [法]米歇尔·德塞图. 日常社会实践[J]. 吴士余主编. 视点. 大众文化研究[C]. 陆扬、王毅选编. 上海:上海三联书店2001年版

31. [美]肯特·沃泰姆. 形象经济[M]. 刘舜尧译. 北京:中国纺织出版社,2004年版

32. [英]斯图亚特·霍尔. 表征——文化表象与意指实践[M]. 徐亮 陆兴华译. 北京:商务印书馆,2003年版

33. [英]尼克·史蒂文森. 认识媒介文化[M]. 王文斌译. 北京:商务印书馆,2001年版

二、论文类

34. 徐平. 社会主义新农村文化建设[J]. 科学社会主义,2006(1)

35. 王会 沈书生. 信息化视野下的"传媒协同"促进农村文化建设研究[J]. 安徽农业科学,2010(1)

36. 冯峰. 建设经济文化强省视阈下的山东新农村文化建设的路径探讨[J]. 东岳论丛,2009(12)

37. 谭志国. 新农村文化建设视角下的非物质文化遗产保护与开发[J].

安徽农业科学,2011(4)

38. 蒋占峰 李红林. 农村文化建设视野中农民幸福感重建探究[J].长白学刊,2011(1)

39. 蔡霞. 新疆农村文化建设[J].乌鲁木齐职业大学学报(人文社会科学版),2007(4)

40. 李书群. 加强农村文化建设 推进新疆新农村建设 [J].实事求是,2007(2)

41. 王向阳 李江南. 新农村建设下思想文化建设发展对策分析——以乌鲁木齐市新市区农村为例[J].内蒙古农业科技,2011(4)

42. 魏琪 王洪琦. 新疆文化建设存在的问题及对策[J].实事求是,2004(6)

43. 沙鸥. 新疆农村基层文化建设存在的问题与对策研究——以乌尔禾区和裕民县为例[J].商业文化(学术版),2010(11)

44. 张晶晶 綦群高 张涛 裴红娟. 南疆三地州农村文化建设现状实证研究[J].新疆财经大学学报,2011(2)

45. 张晶晶 张涛 裴红娟 薛效贵. 当前南疆三地州农村文化建设存在问题的三维解析[J].新疆职业大学学报,2011(3)

46. 张运德. 以先进文化为导向推进新疆文化产业发展[J].新疆社科论坛,2004(3)

47. 吴理财. 公共文化服务的运作逻辑及后果[J].江淮论坛,2011.(4)

48. 李丽. 文化公共性与社会和谐[J].马克思主义与现实(双月刊),2009(6)

49. 胡群英 郭湛. 哲学视野下公共性的历史生成与转换[J].理论导刊,2010(8)

50. 袁祖社."文化公共性"价值信念的自觉与马克思主义哲学的自性澄明——学理视界多重变移的迷茫与新典范创造的理论诉求[J].学术月刊(沪),2009(12)

51. 李少惠 佘君萍. 公共治理视野下我国农村公共文化服务绩效评估研

究[J].图书与情报,2009(6)

52.吕方.构建公共文化服务体系:当代中国发展的基石[J].学海,2007(6)

53.陈坚良.和谐视野下的公共文化服务体系的构建[J].学术论坛,2007(11)

54.王列生.论构建公共文化服务体系的意识形态前置[J].文艺理论与批评,2007(2)

55.苏红.论农村公共文化服务体系及其构建[J].兰州大学学报(社会科学版),2009.7.

56.杨炳璋.加大政府投入力度 构建公共文化服务体系[J].财会研究,2009(20)

57.王璠.对构建完备的农村公共文化服务体系的思考——以甘肃省为例[J].西北农林科技大学学报(社会科学版),2011(6)

58.李少惠 王苗.农村公共文化服务供给社会化的模式构建[J].国家行政学院学报,2010(2)

59.曹爱军 方晓彤.新农村公共文化服务系统构建研究[J].农村经济,2010(2)

60.付春.新农村公共文化服务体系建设及其基本思路[J].农村经济,2010(4)

61.周晓丽.农村公共文化服务:问题与对策分析[J].理论月刊,2010(5)

62.李保东.论镇街图书馆公共文化服务体系的构建[J].图书馆,2011(1)

63.汪盛玉.马克思人学语境下的公共文化服务体系建构[J].毛泽东、邓小平理论研究,2011(3)

64.郑恒峰.农村公共文化服务体系构建中农民参与的价值分析[J].中共福建省委党校学报,2012(11)

65.孙健.西北民族地区农村公共文化服务体系的完善———以青海为

例[J]. 青海社会科学,2011(2)

66. 王建国 朱天义 李传兵. 农民主体意识与农村公共文化服务体系的构建[J]. 重庆社会科学,2012(9)

67. 程雁雷 宋宏. 文化体制改革情境下的文化产业立法构想[J]. 学术界,2012(2).

68. 柳斌杰. 依法保护人民群众的文化权益——关于公共文化服务保障法和文化立法的思考[J]. 中国人大,2016.5.16.

69. 公共文化立法课题组. 创新驱动公共文化服务体系现代化探析[J]. 现代传播,2015(5).

70. 刘继萍. 文化市场监管立法的突出问题与对策[J]. 哈尔滨工业大学学报(社会科学版),2014(3).

三、报纸网络文献类

71. 新疆加快推进农村广播影视公共服务体系建设,中国广播网,2013 年1 月 18 日

72. 新疆文化信息资源共享工程2013 年起向乡镇社区推进,天山网,2012 年12 月 20 日

73. 第二轮对口援疆文化项目对接落实情况统计 http://www.xjwh.gov.cn/92ea9495-7ea6-4c65-99a8-6340b50209cd_1.html

74. 新疆伊吾县农家书屋冬闲喜送“精神粮”,天山网,2014 年 12 月 04 日

75. 公共文化服务保障法草案已形成 文化立法正在加快推进,中国人大网,2015 年 12 月 11 日

76. 2013 年新疆将完善健全农家书屋出版物正常补充机制,天山网,2013 年 1 月 16 日

77. 辉煌60 年·新疆文艺繁荣发展:新疆东风工程和农家书屋工程覆盖行政村,亚心网,2015 年 4 月 1 日

78. 阔斯特克乡农家书屋孕育文化大阵地,布尔津县人民政府网,2016 年 8 月 8 日

79. 新疆文化产业发展动力强劲,中央政府门户网站 www. gov. cn?,2015年4月24日

80. 麦盖提县举办刀郎小苹果舞蹈培训班,天山网,2014年12月05日

81. 新疆第三届乡村艺术节暨曲子文化节开幕,www. ts. cn 天山网,2014年07月21日

82. 贯彻党的十八届三中全会精神整合资源 打通公共文化服务最后一公里——全国基层公共文化服务工作会议交流材料,2014年5月27日

四、数据统计著作类

83. 新疆维吾尔自治区统计局编《新疆统计年鉴2011》,北京:中国统计出版社,2011年8月

84. 赵显人总编、主编. 中国民族工作年鉴(2001),北京:民族出版社,2001年10月

85. 葛忠兴、郑京平主编、总编. 中国民族统计年鉴(2004),北京:民族出版社,2004年12月

86. 胡毅力主编、总编. 中国民族信息年鉴(2006),北京:民族出版社,2006年12月

87. 葛忠兴、李晓超主编、总编. 中国民族统计年鉴(2008),北京:民族出版社,2009年11月

88. 乐长虹、盛来运总编、主编. 中国民族统计年鉴(2010),北京:中国统计出版社,2011年9月

89. 乐长虹、盛来运总编、主编. 中国民族统计年鉴(2011),北京:中国统计出版社,2012年9月

90. 乐长虹、盛来运总编、主编. 中国民族统计年鉴(2012),北京:中国统计出版社,2013年8月

91. 乐长虹、盛来运总编、主编. 中国民族统计年鉴(2014),北京:中国统计出版社,2015年11月

附录一　新疆农村文化建设问卷

您好,本项调查所获得的数据全部用于该课题研究,并且保证依法尊重被调查者的隐私权。本调查要占用您的一点宝贵时间,您的意见对我们非常重要,感谢您的支持帮助!

1. 基本信息:

您的年龄____　性别____　民族____　文化程度____　职业____

2. 您经常听的歌曲是?(　　)

A. 全是本民族的

B. 本民族为主,还有其他民族和国家的

C. 无所谓,哪个好听就听哪个

D. 其他_____(最好写出具体名称)

3. 本民族的传统音乐融进了一些现代音乐的元素,您怎么看?(　　)

A. 比以前丰富好听了

B. 比以前差了,怀念以前的民族音乐

C. 时代发展了,应该适当吸取别的国家民族的先进元素以发展自己的艺术

D. 本民族的音乐快被流行音乐取代了,本民族音乐很危险

E. 其他_____(最好写出具体名称)

4. 您知道的本民族的文化作品有哪些?(写出三个,并排序)(　　)

A. _____　　B. _____　　C. _____

5. 您最喜欢的明星是?（写出三个,并排序）（　　）

A. _____　　B. _____　　C. _____

6. 您最感兴趣的三种文化?（多选,请按自己的兴趣由高到低写下选项序号）（　　）

A. 现代文化　　　B. 中国民间传统文化　　　C. 传统经典文化

D. 古代文化　　　E. 通俗流行文化　　　　　F. 异国文化

G. 全球共同文化　H. 宗教文化　　　　　　　I. 前卫文化

J. 后现代文化　　K. 其他_____（最好写出具体名称）

7. 您平时的穿衣风格是?（　　）

A. 主要穿本民族的服装

B. 主要穿流行服装

C. 本民族的和流行的服装都穿

D. 根据不同的场合穿不同的服装

8. 您所居住的地区有哪些政府建立的文化设施和机构?（可多选）（　　）

A. 文化站　　　B. 图书室/农家书屋　　　C. 博物馆

D. 文化中心　　E. 文化广场　　　　　　　F. 民族文化传习班(所)

G. 其他

9. 在上述文化设施和机构中,您经常去哪些地方?（可多选）（　　）

A. 文化站　　　B. 图书室/农家书屋　　　C. 博物馆

D. 文化中心　　E. 文化广场　　　　　　　F. 民族文化传习班(所)

G. 其他

10. 您所居住的地区有哪些文化生活或活动?（可多选）（　　）

A. 民族歌舞表演　　B. 广场文化活动　　C. 看电影、电视

D. 看书报　　　　　E. 上网　　　　　　F. 参观博物馆

G. 游览文化景点　　H. 到卡拉 OK 厅　　I. 到图书室/农家书屋

11. 在上述文化生活或活动中,您经常参加哪些活动?（　　）

12. 您居住的地方是否经常有"文化下乡"活动?（　　）

A. 经常有　　　　B. 很少有　　　　C. 没有　　　　D. 不清楚

13. 您希望政府增加哪些文化设施和文化服务?

_____（请写上具体名称）

14. 您主要通过_____观看影视剧?

A. 电视　　　　B. 电脑　　　　C. 手机　　　　D. 其他

15. 您喜欢看_____影视剧?

A. 国外影视作品　　　　　　　　B. 少数民族语言影视作品

C. 汉语言影视作品　　　　　　　D. 其他

喜欢的原因是_____

16. 您认为本民族文化是否属于中华文化?（　　）

A. 属于　　　　　　　　B. 不属于　　　　　　　　C. 不清楚

17. 您认为我们国家的发展会怎么样?（　　）

A. 越来越好　　　　　　　B. 越来越差　　　　　　　C. 说不清楚

18. 您认为自己的生活会怎么样?（　　）

A. 越来越好　　　　　　　B. 越来越差　　　　　　　C. 说不清楚

19. 您认为村干部和"访惠聚"工作队?（　　）

A. 对自己很关心、帮助很大

B. 对自己比较关心、帮助比较大

C. 对自己不关心、没有帮助

D. 说不清楚

20. 您认为宗教是否应当在法律的范围内开展活动?（　　）

A. 应当　　　　　　　　　　B. 不应当

C. 有时应当、有时不应当　　　　D. 说不清楚

21. 您认为极端化思想和行为对社会和人的生活?（　　）

A. 有很大危害　　　　　　　B. 有较大危害

C. 没有危害　　　　　　　　D. 说不清楚

22. 您对自己的孩子学习汉语感到?（　　）

A. 很高兴　　　　　　　　B. 比较高兴

C. 不太高兴   D. 很不高兴

23. 您的年均收入是？（   ）

A. 5000 元以下   B. 5000 ~ 10000 元

C. 10000 ~ 20000 元   D. 20000 元以上

24. 如果不算孩子的课本，您每年在买书、报纸和杂志方面的花费有多少？
（   ）

A. 100 元以下   B. 100 ~ 300 元

C. 300 ~ 500 元   D. 500 元以上

25. 您每年看电视和电影的花费有多少？（   ）

A. 100 元以下   B. 100 ~ 300 元

C. 300 ~ 500 元   D. 500 元以上

26. 您每年上网的费用是多少？（   ）

A. 100 元以下   B. 100 ~ 300 元

C. 300 ~ 500 元   D. 500 元以上

27. 您是否愿意花钱观看文艺演出？（   ）

A. 很愿意   B. 比较愿意

C. 不太愿意   D. 很不愿意

附录二　问卷统计分析

一、调查问卷基本情况

共发放问卷 328 份,回收有效问卷 306 份,回收率约 93%。

1. 被调查者中有半数以上为青年,占 51.6%;其次是壮年,占 40.8%,老年和少年占比相对较小。

2. 被调查者中半数以上为南疆,占 64.33%,北疆人数占 35.67%。

3. 在被调查者性别分布上,男性占比较多,为 64.46%,女性占比较少,为 35.54%。

4. 在被调查者的民族分布上,汉族占 47.3%,维吾尔族占 44.44%,其余民族包括哈萨克族、回族、蒙古族、乌兹别克族等。

5. 在被调查者文化程度中,占比最多的是初中,为 34.18%,其次是小学和本科,各占 17%,高中和大专占比较小,分别为 12.24% 和 11.22%。

二、问卷描述分析

1. 在经常听歌的民族类型中,占比最多的是本民族歌曲,为 41.77%,其次是本民族为主,还有其他民族和国家的歌曲占 38.11%,选择无所谓、哪个好听就听哪个的占比为 17.38%,选择其他的占比最小。

2. 对音乐融合的态度,在本民族的传统音乐中融进了一些现代音乐的元素后,有 60.24% 的人选择歌曲比以前丰富好听了;有 25.99% 的人选择时代发展了,应该适当吸取别的国家民族的先进元素发展自己的文化;有12.23%的人选择歌曲比以前差了、怀念以前的民族音乐;只有不到1%的人选择本民族的音乐快被流行的音乐取代了、本民族音乐很危险。

3. 最感兴趣的文化形式,有28.5%的人选择现代文化形式,有21.6%的人选择中国民间传统文化形式,有17.3%的人选择传统经典文化形式,其余的选项选择的人数相对较少,都在10%以下。

4. 穿衣类型,主要穿本民族的服装选择最多,占比为37.85%,其次是选择本民族的和流行的服装都喜欢、都穿的占25.54%,选择根据不同的场合穿不同的服装的占比为20%,而选择主要穿流行服装的占比最小,为16.62%。

5. 政府建立的文化设施和机构,有25.3%的被调查者居住地区有图书室/农家书屋,有24.7%的被调查者居住地区有文化站,有17.4%的被调查者居住地区有文化广场,有14.7%的被调查者居住地区有文化中心,有10%的被调查者居住地区有博物馆,有6.9%的人选择民族文化传习班(所)。

6. 经常去的文化设施和机构,有26.5%的人选择去图书室/农家书屋,去文化广场和文化站的人占比相同,都是22.5%,13.9%的人选择去文化中心,9.3%的人选择去博物馆,有4.4%的人选择民族文化传习班(所)。

7. 居住地区的文化生活或活动,有21.1%的被调查者居住地区有民族歌舞表演,有20.2%的被调查者居住地区有广场文化活动,有18.5%的被调查者居住地区会看电影电视,有10%的被调查者居住地区有书报,8.7%的人选择上网,游览文化景点的占7.4%,参观博物馆的占6.2%,5%的人选择了图书室或农家书屋。

8. 经常参加的文化生活或活动,选择民族歌舞表演和广场文化活动的较多,占比分别为22.1%和21.5%;其次是选择看电影电视的占比为16.5%,8.7%的人选择上网,游览文化景点的占6.5%。值得注意的是,选择到图书室或农家书屋看书学习的仅有4%。

9. 观看影视剧的设备,91.56%的人选择电视,5.94%的人选择电脑,2.5%的人选择手机。

10. 喜欢的影视剧作品,50.61%喜欢汉语言影视作品,少数民族语言影视作品占 35.28%,外国影视作品占 12.27%,其他种类的占 12.27%。

11. 本民族文化和中华文化从属关系,绝大部分人认为本民族文化从属于中华文化,占调查比例的 97.81%。

12. 新疆各民族是否要相互团结,98.46% 的人认为新疆各民族应该相互团结。

13. 国家发展前景的态度,绝大部分人认为,国家发展前景会越来越好,人数占调查比例的 97.87%,1.83% 认为国家发展前景会越来越差,而 0.30% 的人表示对国家的发展前景不清楚。

14. 对自己生活的看法,96.32% 的人群表示自己的生活越来越好,2.15% 的人群显示自己的生活越来越差,1.53% 的人群对自己的生活状态表示说不清楚。

15. 对村干部和"访惠聚"工作组的看法,81.40% 的人表示村干部和"访惠聚"工作组对自己很关心,帮助很大,12.20% 的人认为村干部和"访惠聚"工作组对自己比较关心,帮助比较大,只有 2.13% 的人表示对自己不关心、没帮助。

16. 极端化思想行为对社会和人的影响,95.98% 的人认为极端化思想行为对社会和人有很大的危害,3.1% 的人认为有较大的危害,其余选项几乎没有。

17. 对孩子学习汉语的态度,98.16% 的人选择很高兴孩子学习汉语,1.23% 的人选择比较高兴孩子学习汉语,其余选项几乎没有。

18. 超过半数的人年均收入在 5000 元以下,有 19.57% 的人年均收入在 5000~10000 元,17.39% 的人年均收入在 20000 元以上,仅有 6.83% 的人年均收入在 10000~20000 元。

19. 每年在书、报纸和杂志上的花费,100 元的占比最多,为 45.71%,有 33.74% 的人选择 100~300 元,有 11.66% 的人选择 300~500 元,8.9% 的人选择 500 元以上。

20. 每年在电视和电影的花费,选择 100 元以下的占比最多,为 40.87%,有 28.48% 的人选择 100~300 元,有 16.41% 的人选择 500 元以上,14.24% 的人选择 300～500 元。

21. 每年上网花费,近半数的人选择 100 元以下的上网费,有 22.68% 的人选择 500 元以上的上网费,有 16.93% 的人选择 100～300 元的上网费,只有 13.1% 的人选择 300～500 元的上网费。

22. 是否愿意花钱观看文艺演出,大多数人选择很愿意,占比有 72.31%,有 22.15% 的人选择比较愿意,而选择不太愿意和很不愿意的人占比较小,分别为 4.31% 和 1.23%。